엄남미 지음

나는
꿈이 있는
여우같은
아내입니다

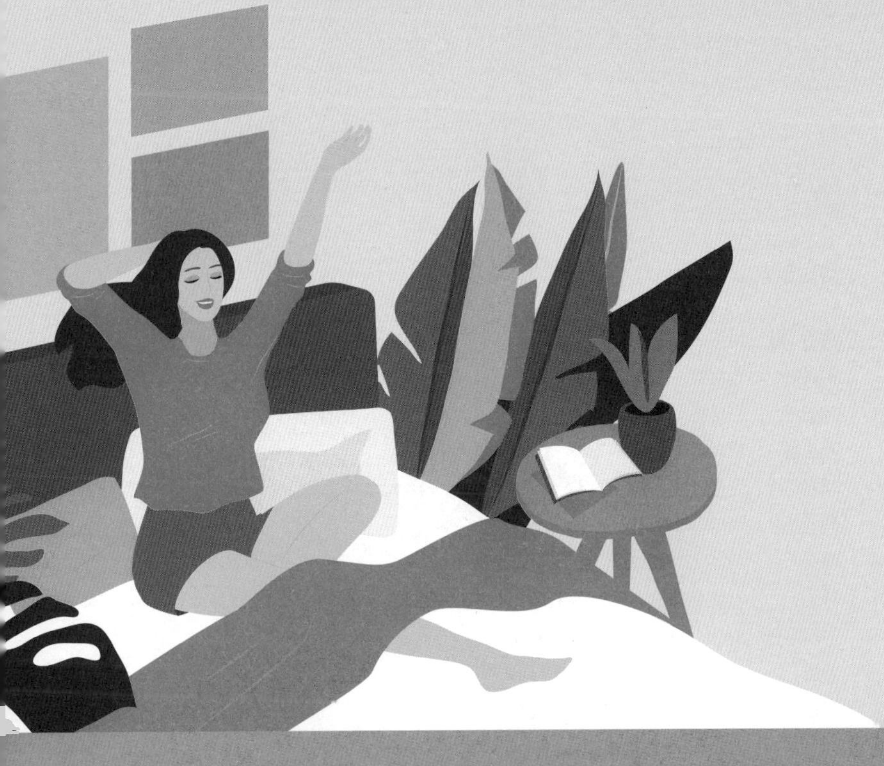

마침내 찾아낸 **아내**로, **엄마**로, 그리고 **진짜 나**로 살아가는 방법
명상·시각화·운동·독서·긍정확언·감사
아침마다 1분씩 했을 뿐인데 기적이 일어났다!

나는
꿈이 있는
여우같은
아내입니다

초판 1쇄 발행 2022년 4월 11일
지은이 엄남미
펴낸이 엄남미
편집팀 KMM
디자인 고은아
펴낸곳 케이미라클모닝
등록 제2021-000020 호
주소 서울 동대문구 전농로 16길 51, 102-604
전자우편 kmiraclemorning@naver.com
전화 070-8771-2052
ISBN 979-11-977597-3-4 (03330)
ⓒ 엄남미, 2022
값 15,000원

* 이 책은 저작권법에 따라 보호를 받는 저작물입니다. 무단 전제와 복제를 금합니다.
* 이 책의 내용의 전부 또는 일부를 사용하려면 반드시 저작권자와 케이미라클모닝 출판사의 동의를 받아야 합니다.
* 잘못된 책은 구입하신 서점에서 교환해 드립니다.
* 케이미라클모닝 출판사 문에 노크해 주십시오. 어떤 영감과 생각이라도 환영합니다.

나는
꿈이 있는
여우같은
아내입니다

엄남미 지음

Prologue
더 좋은 아침, 행복한 습관을 위하여

나는 매일 아침 이 시를 들으며 일어난다.

걸을 수만 있다면 더 큰 행복은 바라지 않겠습니다.

누군가는 지금 그렇게 기도합니다.

볼 수만 있다면 더 큰 행복은 바라지 않겠습니다.

누군가는 지금 그렇게 기도합니다.

말 할 수만 있다면, 들을 수만 있다면

더 큰 행복은 바라지 않겠습니다.

누군가는 그렇게 기도합니다.

단 하루라도 더 살 수 있다면 더 큰 행복은 바라지 않겠습니다.

누군가는 지금 그렇게 간절히 기도합니다.

이 시를 처음 접한 순간 내 가슴이 메 왔다.

평범하게 대학을 다니고 임용고시를 준비했다. 돈을 벌고 싶어 유나이티드 항공사에 취직해 공항에서 지상 근무했다. 그런데 9·11테러가 난 비행기가 유나이티드 항공사였다. 그 타격으로 항공사의 감원 정책에 의해 퇴사하게 되었다.

그 즉시 교사가 되겠다는 꿈을 이루기 위해 노력했다. 감원 당한 지 6개월 후 고등학교 교사로 임용되었다. 그리고 평범하게 학생들을 가르치던 내가 결혼을 하고 아들을 낳게 되면서 인생이 바뀌었다. 첫아들을 낳고 산후우울증이 왔다. 이제 여자로서 매력이 없어진 것 같아 세상이 다 무너지는 느낌이었다.

둘째 아들을 낳았을 때는 육아를 잘해 보겠다고 3년 동안 육아휴직했다. 그런데 이 아들이 교통사고가 나 걸음을 걸을 수가 없게 되었다. 여자로, 아내로, 두 아들의 엄마로 열심히 살아보려고 한 나에게 왜 이런 일이 생긴 것일까?

아들을 키우는 엄마의 심정이 위 시의 상황과 너무나 닮았다. 5살 때 사고가 난 아들은 지금도 걷고 밖에서 뛰며 축구 하길 간절히 기도한다.

평범하고 행복했던 내 가정이 평범할 수 없게 되어버려 좌절도 하고 속상한 날이 많았다. 삶 속의 잔잔한 평화로움이 그렇게 간절할 수가 없었다. 매일 아침 걱정 속에서 눈을 떴다.

그렇게 좌절과 우울한 날들 속에서 생활이 지속되다 보니 이래서는 안 되겠다는 생각이 들었다. 서점에 가서 아침을 바꾸면 행복이 찾아오고 기적이 찾아온다는 책을 읽고, 아침 일찍 일어나 자기계발 습관들을 실천했다.

평소보다 6분 정도 일찍 일어나 1분을 명상하는 데 보내고, 1분은 내 꿈들을 상상했으며, 1분은 간단한 운동을 했다. 독서를 1분 동안 했으며, 반드시 잘 될 것이라고 긍정과 확신의 말을 1분 동안 외쳤다. 나머지 1분은 살면서 마음 깊이 감사한 점을 일기장에 3개씩 적었다.

뭔가 무기력하고 힘들게 일어났던 아침이, 기적 같은 습관을 실천하니 마음속 깊이 밝은 빛이 반짝거리며 환하게 바뀌었다. '이 습관에는 무슨 힘이 있는가'라는 생각이 들었다. 매일 기적의 습관을 실천하기로 마음을 먹고 카페도 만들어 많은 분과 아침 일찍 일어나 성공 습관 6가지를 매일 공유하게 되었다. 그랬더니 회원들의 아침이 기적처럼 달라지는 게 아닌가. 그런 좋은 실천 이야기들을 나누고 정보를 교환했다. 수많은 분이 꿈을 이루는 것을 보고 네이버 카페 '한국 미라클모닝'을 운영하며 더 좋은 아침 행복 습관을 연구하게 되었다. 많은 분과 공유하니 혼자 일찍 일어나 좋은 습관을 실천하는 것보다 아침에 일어나는 것이 수월하다.

좋은 습관을 실천하기 전에는 아내와 엄마로서 후한 점수를 줄 수 없었다. 그만큼 부족한 면도 많았고 아이들과 남편에게 못해준 것들이 많았다.

하지만 아침마다 기적의 습관 6가지를 실천하고부터 매일 새로운 날을 행복하게 맞이하는 엄마이자 아내가 되었다. 남편도 아침에 항상 웃고 있는 아내를 보면서 긍정적으로 달라지기 시작했다. 두 아들도 엄마가 매일 아침 웃고 즐겁게 대해 주니 우리 가족의 아침이 예전보다 달라진 것 같다고 이야기했다. 예전에는 웃을 일이 별로 없었다면, 아침 6분 습관을 실천하고 나서는 매일 웃을 일이 가득해졌다. 기적처럼 좋은 일들이 많이 생기고 작가라는 꿈을 이뤘다. 이전에도 번역 일해서 책을 몇 권 출간했었지만, 아침 습관을 실천하며 꾸준히 내 글을 써 온 것이 '작가'라는 기적과 같은 결실맺게 되었다.

좋은 아침을 맞이하는 사람은 평생 행복한 인생으로 바뀐다. 그 하루가 운명을 바꿔줄 수 있다. 우리 아이의 교통사고라는 시련이 없었더라면 이 좋은 6가지 습관을 만나지 못했을 것이다.

6분 습관을 실천하기 전의 아침과 실천한 후의 아침은 180도로 달랐다. 실천 후 매일 아침 명랑하고 상쾌한 기분으로 엄마와 아내로서의 꿈을 하나씩 하나씩 이루고 있다. 아침 6분 습관을 실천하고부터는 불가능한 꿈들이 다 이루어지고 있다. 게다가 그 속도는 예전보다 빠르다.

매일 아침 명상을 통해 마음이 복귀되면서 평화로운 상태로 책을 보거나 운동하면 졸음은 어느새 달아난다. 내 미래에 이룰 비전을 상상하며 그 비전을 글로 써보거나 소리 내어 읽으면 이미 이루어진 것처럼 마음이 설레고 행복하다. 매일 감사 일기를 통해서 세상에는 감사할 일들이 너무 많다는 걸 가슴 속 깊이 느낀다.

이 책을 집어 든 독자 분도 내 말을 믿고 평소보다 딱 6분만 일찍 일어나보길 바란다. 1분은 독서, 1분은 운동, 1분은 시각화, 1분은 확신의 말 외치기, 1분은 감사일기 쓰기, 1분은 명상하는데 써 보면 이전과 다른 아침이 펼쳐진다.

지금의 아침이 무겁고 무기력할 때 이 책을 읽고 꼭 한번 실천해보길 바란다. 매일 우울한 아침에서 새로운 아침으로 바뀌고, 날마다 꿈을 향해 노력하게 될 것이다. 이 책에서 소개하는 습관들은 세상의 모든 성공한 사람들이 매일 실천하는 습관이라 확신하기 때문이다.

행복은 거창한 것이 아니다. 매일 스스로를 되돌아보며 지금 이 순간 여기에서 살아있는 것 자체를 느끼는 것이다. 매일 아침이 괴로운 여성들을 위해 이 책이 마음에 단비가 되어주길 바라는 마음만 간절하다.

책을 읽는 동안 언제나 응원하고 잘 되길 기도하는 마음으로 함께 한다는 걸 꼭 기억해 주길 바란다.

2022년 마음에 봄이 온

저자 **엄남미**

아침 6분,
모든 것이
잘되기
시작했다

목차

Prologue 더 좋은 아침, 행복한 습관을 위하여　　4

제1장
하루 6분, 기적이 일어나는 아침 습관

01 상쾌하게 아침을 맞이하는 기술 5가지　　16

02 새벽3시, 내 몸 사용 설명서　　30

03 상상력에 엔진을 달아라　　38

04 종이 위의 꿈은 그 자체가 씨앗이 된다　　52

05 1분, 기적의 독서법　　61

06 아침에 쓰는 감사일기　　69

07 소망을 이루는 시각화와 확언의 힘　　84

08 인생을 바꾸는 기적, 6분이면 충분하다　　94

제2장
나도 매일 특별하게 살고 싶었다

01 4살 아이의 마음을 울리던 슬픈 새벽종   104

02 주목받고 싶었던 착한 아이   112

03 유럽여행으로 시작된 젊음의 도전   120

04 금발의 면접관을 사로잡은 '엽기적인' 그녀   131

05 주지 스님을 울린 봉선사 대종   139

06 엄 선생, 그런 것 좀 가르치지 마   146

07 내 남자를 사로잡은 연애기술   156

08 세상에서 가장 아름다운 방황   163

제3장
여자인생, 결혼 후가 진짜다

01 1+1=2인 줄 알았던 결혼생활   172

02 애 키우기, 왜 이렇게 힘든 거야?   180

03 육아휴직이 독박 육아가 되다.   189

04 2011년, 아이의 교통사고   198

05 차가운 병원이 알려주지 않는 치유의 힘   214

06 몸이 불편한 아이의 엄마로 산다는 것   225

07 괜찮아! 다 잘 될 거야   235

제 4 장
나는 꿈이 있는 여우같은 아내입니다

01 꿈꾸는 아내의 독서는 섹시하다   244

02 10kg 감량으로 찾은 내 인생의 봄날   252

03 가족을 파트너로 만드는 관계의 기술   260

04 파티하듯 사회 관계망 넓히기   271

05 혼자 있으면 비로소 보이는 것들   276

06 여우같은 아내의 재테크   286

07 여보! 나 지금 애들이랑 한라산 정상이야   294

제 5 장
가족의 새로운 아침을 여는 아내

01 9시 취침, 새벽 3시 기상   302

02 즐거운 아내는 가족을 춤추게 한다   313

03 자연이 주는 초록 힐링 에너지   321

04 10초 청소, 새집 같은 우리 집   328

05 여유로운 아침을 만드는 아내의 식탁   336

06 가족의 날, 아내의 특별기획   342

07 엄마는 하나, 아이는 둘! 개성에 맞게 다르게 키우다   351

08 따로 또 같이, 부부간 사생활은 절대 사수   360

제1장

하루 6분,
기적이 일어나는
아침 습관

01
상쾌하게 아침을 맞이하는 기술 5가지

'아침 시간을 효율적으로 쓰느냐 마느냐'에 따라 하루의 기분이 달라진다. 아침 일찍 일어나는 아내들은 여유롭게 가족을 맞이한다. 그렇지 않은 아내들은 '오늘 직장에 갔다 오면 꼭 일찍 잠들어야지' 혹은 '가족들 다 출근, 등교시키고 쉬어야지'라고 생각하다가 어깨가 축 처진 채 잠에서 깨어 씻는다. 어쩔 수 없이 하루를 부스스하게 준비한다. 좀 더 자고 싶단 생각이 지배적일 때가 많다. 나도 그런 때가 많았다. 일어나는 것이 너무나 괴롭고 몸도 마음도 무겁고 만사가 다 귀찮았다. 하지만 아이들 등교시켜야 해서, 출근해야 하니까 일어나야만 했다.

성공한 많은 사람은 아침 일찍 일어나 독서를 하거나 운동하고 명상한다. 아침 일찍 일어나는 것이 좋다는 건 누구나 다 안다. 그러나 아침 일찍 일어나려고 해도 잘 안된다. 그 원인이 무엇인지 살펴보고 아침에 상쾌하게 일찍 일어나는 기술 5가지 제시하려고 한다.

왜 아침에 일찍 일어나는 것은 힘들까?

새해에는 누구나 '올해는 좀 일찍 일어나야지.'하면서 계획을 세운다. 여기서 문제는 너무 크게 목표를 설정하는 것이다. 아침 일찍 일어나 자기 계발하고자, 일어나는 시간을 처음부터 1시간씩 당기면 실패할 가능성이 크다. **일단은 평소에 일어나는 시간보다 6분만 일찍 일어나는 것을 목표로 잡는다.** 너무 큰 목표는 쉽게 좌절하게 만든다. 하지만 천 리 길도 한 걸음부터라는 말처럼 작게 시작하면 그 작은 성공 경험이 쌓이고 쌓여 큰 차이를 만들 수 있다.

미국의 소설가 마크 트웨인은 이렇게 말했다.
"습관은 습관이다. 누구든 당장 내던져버릴 수 있는 게 아니라 잘 구슬려 한 번에 한 계단씩 오르게 해야 한다. 습관은 단번에 고치기가 어렵기 때문에 천천히 한 계단씩 올라가야 목적지에 도달할 수 있다."

천천히 조금씩 단 6분만 일찍 일어나는 것으로 시작해 보자. 단, 이 습관을 매일 지속하는 것이 좋다. 하다가 안 하면 그전에 한 것도 제로가 되어 다시 좋은 습관으로 돌아가는 것이 힘들어진다.

아침 일찍 일어나기 위해선 **저녁 일찍 잠자리에 드는 것이 중요하다.** 저녁에는 하루 동안의 피로가 쌓여 감성적으로 되기 쉽다. 아무 생각없이 야식을 먹거나 밤을 새며 스마트폰이나 인터넷 쇼핑을 하게 된다. 그러나 이런 활동들이 정말 나에게 필요한 것인가 자문해볼 필요가 있다.

밤은 온종일 움직이며 지친 육체가 휴식을 필요로 하는 시간이다. 우리 몸은 해가 지면 자고, 해가 뜨면 일어나게 되어 있다. 밤에 자극적인 전자파에 노출이 되면 이 생체리듬에 역행해 건강에도 안 좋을 뿐만 아니라 아침에 일어날 때 피곤해진다.

아침에 맞이하는 햇빛은 행복 호르몬이라고 불리는 세로토닌을 우리 몸에서 대량 방출하게 한다. 이 호르몬은 마음을 안정시키고 평화로움을 맛보게 해 준다. 한밤중에 불을 켜 놓고 TV를 보거나 컴퓨터에 노출되어 있으면 세로토닌이 나오지 않는다.

따라서 불필요한 활동을 줄이고 아침 일찍 일어나고자 하는 결의를 강화할 필요가 있다.

시간이 무한정하다고 생각하여 하루를 시간 단위로 나누어 생활하는 것도 아침에 일찍 못 일어나게 하는 원인이다. 중요한 일을 아침에 처리하지 못하고 밤늦게까지 가져오면 피로가 쌓여 아침에 일찍 못 일어나는 악순환을 반복할 수 있으니 **시간을 분 단위로 나눠 자투리 시간을 늘릴 필요가 있다.** 그렇게 시간을 풍성하게 쓰면 하루가 여유로워질 수 있다.

미국에 가서 교육 연수를 받을 때의 일이다. 강사가 "8시 41분에서 8시 47분까지 휴식하고 오세요"라고 칠판에 썼다. '미국인들은 시간을 정말 잘 쪼개서 쓰는구나' 생각하며, 그렇게 시간을 분 단위로 보냈더니 휴식 시간을 더 알차게 쓸 수 있었다.

아침에 일찍 일어나기 힘든 이유가 늦게 자기 때문이다. 그렇다면 **작게 시작하기 위해서 6분 정도 일찍 자는 건 어떨까?** 잠재의식에 잠을 어제보다 6분 더 일찍 잤으니까 평소 일어나는 시간보다 6분 더 일찍 일어나도록 세팅해 놓도록 하자. 그렇게 쉬운 목표를 가지고 시작한다. 필자가 운영하는 네이버 카페 '한국 미라클 모닝'에서는 아침에 일어나는 게 지옥보다 싫었던 분들이 처음에 이렇게 작게 시작하여 매일 꾸준히 일찍 일어나기를 실행해, 지금은 삶의 목표와 꿈과 소원을 하나씩 이루고 있다

자기 3시간 전에는 식사를 마치고 2시간 전에는 운동을 마치고 1시간 전에 샤워를 마친다. 잠을 잘 때 위로 소화되는 에너지가

많이 작동하면 깊이 자기가 어렵다. 잠들기 2시간 전에 가벼운 스트레칭이나 걷기·명상·요가 등은 깊이 자는 데 도움된다. 자기 바로 전 샤워는 샤워기의 물줄기가 피부를 자극해 잠을 깨게 하니 잠들기 1시간 전에는 샤워를 끝내도록 한다.

평소보다 6분 일찍 일어나기 위해선 잠재의식을 이용하는 것도 좋은 방법이다. 일어나지 못한다는 생각을 바꿀 수 있는 가장 좋은 시간은 밤이다. **그중에서도 잠이 막 들려고 하는 그 시간이 바로 잠재의식이 모든 것을 받아들이는 시간이다.**

잠이 오려고 할 때 내일 평소 일어나는 시간이 7시라면 6시 54분에 일어나야 한다고 암시를 걸어놓고 이 말을 몇 번이고 반복하라. 말이 뇌에 각인되어 잠재의식에 전달되면 아침에 정확히 6시 54분에 일어날 수 있다. 매일 이 말을 자기 전에 계속 되뇌고 자면 일찍 일어날 가능성이 크다. 단, 이 말을 매일 하는 것이 좋다. 습관이 익숙해져 자연스럽게 될 때까지는 매일 반복한다.

딱, 6분만 일찍 일어나서 직장 가기 전, 혹은 아이들 학교나 유치원에 보내기 전에 자신을 위한 시간을 매일 가지면 내 미래는 어떻게 달라질까? 지금과 다른 새로운 아침을 맞이하기 위해서는 **나는 어떤 목표를 가지고 일어나야 하는지 자문해볼 필요가 있다.** 아침에 '5분만 더'를 외치다가는 다른 사람들보다 뒤처진다. 왜냐하면 수많은 사람이 아침에 일찍 일어나서 자신의 성장에 도움이 되는 자기 계발하고 있기 때문이다.

일단 아침에 현재보다 6분 일찍 일어나서 자기 계발하겠다는 목표를 세운다. 목표를 설정하면 이미 성공한 것이나 마찬가지이다. 목표를 설정한 순간 내 마음속에 스위치가 켜지고 온 근육이 움직이며 성취하려는 욕구가 솟아오른다.

아내들은 본인 혹은 남편이 직장에서 나올 때를 대비해야 한다. 그 일이 나에게 닥치지 않았기 때문에 그럴 수 없더라도 대비는 하고 있어야 한다. 특히 경제적인 생산 활동을 남편이 전적으로 하는 전업주부라면 삶을 정말 진지하게 생각해보아야 한다. 지금 내가 누리고 있는 이 행복이 계속되리라는 법은 없다. 언제든 은퇴해야 하고 경제적인 자유가 박탈될 때가 올 수도 있으니 아침 일찍 일어나서 미래에 올 모든 가능성에 대비해야 한다. 그냥 하루 시간을 보내고 있기에는 흘러가는 시간이 아깝다.

아침에 일단 일어나기 싫은 몸을 일으키기 위해서는 일어나자마자 양치질과 찬물로 세수하고 크림을 바른 후 물을 한잔 마신다. 직장에 출근해야 하는 분이라면 화장까지 해 놓는다.

브라이언 트레이시는 **아침에 하기 싫은 일을 다 하면 낮을 벌 수 있다**고 했다. 아침 한 시간은 오후 3시간에 필적한다. 그러므로 하기 싫은 일을 다 해놓고 자신만의 시간을 가지면 하루가 여유로워진다. 이렇게 여유로운 하루를 계속 맞이하다 보면 어느새 아침에 일어나는 것이 즐거운 습관이 될 것이다.

아침에 일어나자마자 불을 환하게 켜 놓는 것도 다시 이불로 들어가지 않는 좋은 방법이다. 몸을 조금 움직여서 스트레칭을 하거나 창문을 열고 환기를 시키고 상쾌한 아침 공기를 마시고 곧바로 꿈을 위해 하고 싶은 일을 책상 앞에 앉아서 한다. 이렇게 아침에 일찍 일어나서 하는 나만의 의식을 만들면 매일 아침 상쾌하게 일찍 일어나는 습관을 만들 수 있다.

'성공은 다음 성공을 불러들인다. 성공은 자취를 남긴다'라는 말이 있다. 어떤 일을 한 가지 성공시키면 그다음 경험이 성공할 가능성이 크다는 뜻인데, 이 말은 아침 일찍 일어나는 것에도 적용된다. 한두 번 아침에 일찍 일어나기를 성공했지만, 지속이 안 된다면 작심을 계속 3일씩 해 보자. 그렇게 **자꾸 성공의 자취를 남기다 보면 아침에 일찍 일어나는 좋은 습관을 잘 지속할 수 있다.**

아침에 상쾌하게 일어나는 기술

상쾌하게 일어날 수 있는 기술을 5가지로 요약하면 다음과 같다.

1. 기상 시간뿐만 아니라 취침 시간도 중요하다. 6분 일찍 자자.

2. 잠을 충분히 자서 포기하는 일이 없도록 한다. 15분의 낮잠이 필요하다.

3. 한 번에 한 가지 습관을 형성한다.

4. 강하게 이루고자 하는 목표를 하나 설정한다.

5. 야식이나 TV, 인터넷 등 유혹 요인을 제거한다.

스페인의 철학자 발타자르 그라시안의 말이다.

"잠자리에서 이불을 박차고 벌떡 일어나라. 새벽 시간을 잘 활용한다면 인생은 다른 세상으로 펼쳐질 것이다. 처음엔 다소 무리가 따르겠지만 참고 기다려라. 그대는 새벽 시간을 얻으면 또 하나의 인생을 가질 수 있다. 다만 자기 전에 하는 걱정은 수면을 방해할 뿐 문제해결에 도움이 되지 않는다. 걱정되는 일은 빈 종이에 적고 잊어버린다. 잠을 완벽하게 자고 난 뒤 새벽에 의외로 좋은 생각이 떠오르는 수도 있다."

필자는 새벽 3시에 일어난다. 처음부터 이렇게 일찍 일어난 건 아니었다. 하지만 아침에 일어날 때 뭔가 무기력하고 무겁고 "또 하루가 이렇게 시작되는 건가?", 하루가 다람쥐 쳇바퀴 돌 듯 그렇게 일상적으로 똑같이 돌아가는 게 싫었다. 그리고 이루고 싶은 꿈이 많았다. 일찍 일어나면서부터 작성한 드림리스트의 목록이 200개가 넘는다. 그걸 이루기 위해서는 지금까지 했던 생활과는 다른 습관을 들여야 했다. 그래서 처음에는 평소보다 6분 일찍 일어났는데 지금은 새벽 3시부터 일어나 운동, 명상, 확신의 말하기, 글쓰기, 감사 일기·행복 일기·감동 일기·반성 일기·칭찬 일기 쓰기, 시각화, 독서를 매일 하고 있다.

세계적으로 성공한 사람들은 아침 일찍 일어난다. 제너럴 모터스의 CEO, 대니얼 애커슨은 4시 30분에 일어난다. 월트디즈니 회장, 로버트 아이거도 4시 30분에 일어난다. 스타벅스 회장, 하워드 슐츠도 4:30분이 기상 시간이다. 애플 CEO, 티모시 팀 쿡 역시 새벽 4:30분에 일어난다. 유명 강사 김미경은 매일 4:30분에 일어나 공부했고, 정주영 회장은 새벽 3:15분에 기상했다. 《익숙한 것과의 결별》을 쓴 변화경영연구소 구본형 소장도 평범한 샐러리맨이었을 때 2년 동안 매일 새벽 4시에 일어나 집필한 결과 첫 책을 낼 수가 있었다

결심을 하는 것만으로도 아침에 일어날 수 있는 충분한 엔진이 된다. 자기 전에 일찍 일어날 수 있는 확신의 말을 큰 소리로 읽거나 조용히 마음속으로 읽었다. 확신의 말은 잠들기 전에 잠재의식

에다 신념을 새기는 의식이다. 사람이 생각하거나 강하게 감정을 가슴으로 느끼고 믿으면 그 사람의 마음이나 몸, 환경의 상태도 그와 같이 된다.

다음에 소개하는 '잠들기 전에 읽는 확신의 말'을 매일 읽으면, 아침에 일찍 일어나는 습관을 수월하게 들일 수 있다. 독자 여러분도 한번 시도했으면 하는 바람이다. 왜냐하면 이 습관은 내 삶을 완전히 기적같이 바꾸어주었기 때문이다. 나는 이 말을 지금도 자기 전에 계속 읽고 있다. 그래서 아무런 저항 없이 새벽 3시면 벌떡 일어난다.

처음 일찍 일어나기 시작할 때 쉽지는 않았다. 알람이 울리지 않아 아예 주말 아침 6시에 일어나 꿈을 이루기 위한 활동들을 하기도 했다. 처음에는 어렵지만 10일만 지나고 나면 이게 점점 습관으로 굳어지기 시작한다. 눈감고 딱 10일만 해 보자.

다음은 잠들기 전에 읽는 말이다. 매일 읽고 잠을 자면 아침 6분 일찍 일어나기를 성공시킬 수 있다.

> 잠들기 전에 읽는 확신의 말
>
> **첫째**, 내일 아침 ___시___분에 일어나기 위한 준비를 완전히 다 마쳤다. 지금 해야 할 일이 있지만, 내일 아침에 일어나서 하

는 것이 더 효율적이므로 나는 미련 없이 잠을 자고 내일 아침 일찍 일어나 중요한 일들을 처리할 것이다. 일어날 시간을 스마트폰 알람으로 설정했고, 스마트폰은 방 끝에 멀리 놓아둔다. 내가 일어나서 걸어야 하는 위치에 놓여 있으므로 그 알람을 끄기 위해서는 이불에서 나와야 하며, 일어난 뒤에 내가 할 일을 구체적으로 미리 정해 놓는다. 나는 긍정적인 기대와 설렘으로 아침을 기다리고 있다. 아침 일찍 일어나 아침 습관을 실천하게 될 때 내가 누리게 될 삶의 혜택을 잘 알고 있다. 아침 일찍 일어나는 습관은 내가 진정으로 원하는 삶을 쉽게 끌어당기고 만들고 유지할 수 있도록 해줄 것이다.

둘째, 나는 오늘 밤 ___:___ P.M.에 자서 ___:___ A.M.에 일어난다. 그러면 ___시간 잠을 잘 수 있다. 이걸로 충분히 깊이 잔다. 내일 최고의 컨디션으로 생활하기 위해 아주 적당한 양의 수면이다. 현실에서 나의 몸을 지배하는 것은 나의 마음이기 때문에 내가 필요하다고 말하는 만큼만 자면 된다. 역사상 위인들도 4시간에서 6시간만 잤다. 나의 행복은 내일 제시간에 일어나는 것에 달려 있다.

셋째, 나는 내일 아침 ___:___ A.M.에 일어난다. 그렇게 하는 것이 이번 주에, 이번 달에, 올해에, 그리고 앞으로의 삶 동안에 나의 목표들을 성취할 가능성을 크게 높여주기 때문이다. 나의 하루는 곧 나의 삶이다. 나는 더 최선을 다할 수 있는데도 행동하지 않는 나의 게으름을 극복할 것이다. 그리고 나의 발전에 필요한 행동을 지금 당장 실천할 것이다.

넷째, 잠들기 전에 편안한 명상 음악을 들으며 하루에 있었던 일 중에서 가장 좋았고 감사한 일을 떠올리고 가슴 깊이 감사함을 느낀다. 감사할 점을 한 가지만 일기장에 적는다. 그런 다음 꼭 이루고 싶은 소원 한 가지를 그 밑에다 적는다. 그리고 그것

> 이 이루어졌을 때의 행복한 느낌을 강하게 느끼며 잠에 스르르 빠진다. 일어나서 바로 화장실로 가서 양치하고 찬물로 세수한 다음 로션을 바른다. 그리고 물 한 잔을 떠 와서 방에 불을 환하게 켜 놓고 아침에 하고 싶은 독서를 하거나 명상을 하거나 하루 동안 할 일이나 목표를 설정하거나 운동한다. 일기 쓰기도 좋다. 특히 감사일기는 삶을 기적같이 바꾸어줄 것이다.

이런 확언들이 일찍 일어나는데 강력한 도움이 된다. 매일 자기 전에 읽으면 확언대로 이루어져 일찍 일어나게 된다. 아침에 일어나서 하고 싶은 강력한 나만의 의식이 있어야 한다. 아침에 일찍 일어나서 매일매일 하는 나만의 아침 의식은 명상, 확신의 말 읽고 쓰기, 꿈을 생생하게 시각화하기, 운동(요가, 근육운동, 달리기, 테니스, 등산), 일기쓰기(감사 일기, 행복 일기, 감동 일기, 칭찬 일기, 성장 일기, 반성 일기), 독서를 순서대로 하나씩 한다. 처음에는 힘들 수 있으니 1분씩 한다. 명상 1분, 확신의 말 1분, 시각화 1분, 운동 1분, 일기 쓰기 1분, 독서 1분을 하다 보면 아침 시간이 아주 뿌듯하고, 근사하게 보냈다는 자부심으로 내일 또 일어나고 싶어진다.

이렇게 매일 하다보면 삶의 목표들이 마구 생겨나고 의욕이 쏟아지며 하고 싶은 일이 많아진다. 하지만, 이런 아침 의식을 혼자서 실천하면 작심삼일로 끝나기 쉽다. 그래서 내가 제안하는 방법은 이렇게 실천하고 있는 SNS상의 모임에 가입하는 것이다.

현재 필자가 운영하고 있는 '한국 미라클모닝' 카페에는 여러 사람이 함께 일찍 일어나기를 실천하고 있다. 같이 응원해주고 지지해주고 실천하다 보면 습관을 지속할 수 있다. 아침 일찍 일어나는 걸 힘들어했던 분들이 지금은 4시나 5시에 일어나게 되었다. 그분들은 기적같은 습관들을 만들어 자신의 꿈을 이루기 위한 노력을 한다. 회원님들이 공통으로 하는 말이 혼자 일찍 일어나기를 실천할 때는 포기했었는데 이렇게 같이 하니까 계속하게 된다며 감사의 글을 올린다. 서로 격려하며 하다 보니 아침에 일어나는 것이 얼마나 좋은지를 몸소 체험한다.

궁금한 분들은 네이버 검색창에 '한국 미라클모닝'이라는 카페명을 입력하고 방문해 보길 바란다. 여기에서는 많은 분이 함께 아침 습관을 바꾸고 있어 일찍 일어나는 데 큰 도움을 받을 수 있다. 적극적으로 찾는 부지런함이 지금의 삶을 좀 더 낫게 개선할 수 있다.

요가 박사로 알려진 원정혜는 새벽 시간을 통해 눈부신 인생 2막을 창조할 수 있었다.

"인간의 몸이 자연의 정기를 받아들이기 가장 좋은 시간은 새벽 3~5시 사이다. 그 시간에 일어나 기도한다. 이 시간에는 호흡을 통해 천기를 받아들이게 돼 머리에 지혜가 샘솟는다. 5~7시는 두뇌가 가장 총명해지는 시간이므로 그날 필요한 가장 중요한 정신 활동을 하는 것이 좋다. 서서히 양기가 활성화되면서 암기력, 집중력, 창의력이 향상된다."

구본형 소장의 말을 기억하는 것도 도움이 되겠다.
"새벽 두 시간을 떼어 내어 가장 좋아하는 일을 하라. 하루를 좋아하는 일로부터 시작한다는 것 자체가 축복이며, 이에 따라 하루 전체가 여유로워진다."

처음부터 너무 크게 목표를 잡으면 쉽게 포기할 수 있으니 아침에 6분만 먼저 일찍 일어나보자. 매일 이 습관을 지속한다면 삶에 기적이 일어나리라.

02
새벽3시, 내 몸 사용 설명서

"그래 무엇을 깨달았느냐?"

"하루하루 나이만 먹어가고 있습니다."

중학교 1학년인 큰 아이한테 명상을 한번 해 보라고 시켰다. "눈을 감고 한번 조용히 내면을 바라봐라. 그리고 무엇을 깨달았느냐?"라고 물으니 위와 같은 답을 했다.

청소년의 눈에도 한 해 한 해 한 살을 먹고 시간이 가는 것이 아쉽게 보인다.

'또 한 해가 지나 한 살 먹는구나. 나이만 먹고 점점 체력은 떨어지고, 늙어가는구나. 내 얼굴이 왜 이리 변했지? 늙지 않는 약 같은 건 없을까? 늙는 게 싫어!'라며 세월이 흘러가는 걸 붙잡고 싶은 여성들이 많다. 이 때 몸에 에너지를 만드는 내 몸의 사용 설명서를 잘 익힌다면 노화를 막을 순 없지만 늦출 수는 있다.

내 몸 사용 설명서 : 운동하기

"운동하고 노력해도 예전처럼 힘이 나질 않는다."

"계단을 몇 개만 올라도 숨이 찬다."

"20~30대와 비교하면 피부가 탱탱하지 않다."

중년이 되면 젊었을 때보다 피곤할 때 몸을 쉬게 되는 경우가 많다. 피곤하니까 누워있고, 피곤하니까 걷는 대신 차를 타고 다니고, 계단을 올라다니는 대신 엘리베이터를 탄다. 몸이 약해진다는 것은 몸의 에너지를 만드는 능력이 저하된다는 뜻이다. 몸을 쉬게 하면 에너지를 별로 필요하지 않게 되므로 몸의 기운을 돋게 하는 능력은 오히려 떨어지고 쇠약해진다. 반대로 에너지를 만드는 능력이 좋아지면 체력이 올라가고 젊어지고 살도 잘 안찌는 몸이 된다.

몸을 부단히 움직여 에너지를 소비하면 살이 찌지 않는다는 사실은 누구나 안다. 그리고 근육이 면역력과 관계가 있으므로 운동해서 근육을 만드는 것이 중요하다는 것은 상식이다.

하지만 그게 쉬운 문제가 아니다. 운동할 시간도 없고, 막상 운동하려고 해도 피곤해서 헬스클럽이건 어떤 운동이건 끊어놓고 몇 번 가지 못하고 포기하는 경우가 대부분이다. 그렇게 작심삼일로 끝나면 돈도 너무 아깝고 매번 실패할 때마다 좌절하게 된다.

아침에 평소보다 6분만 일찍 일어나서 딱 1분, 그렇게 하기 싫었던 운동에 시간 투자한다면 하루가 달라질 것이다. 가볍게 스트레칭을 한다든지 제자리 뛰기를 하거나 팔 벌려 뛰기를 한다. 무릎을 대고 팔굽혀펴기와 윗몸 일으키기, 스쿼트 자세 같은 것들은 몸의 에너지를 활성화하여 정신을 깨우고 집중력이 높아지며 지구력을 키우는 데 효과가 있다. 짧은 운동법이 '한국 미라클모닝' 카페에 소개되어 있다.

내 몸 사용 설명서 : 의지를 가지기

필자도 처음부터 아침에 일찍 일어나는 것이 쉽지 않았다. 몸에 밴 습관 때문에 저항이 많이 일어났다. '좀 더 잘 수 없을까? 피곤한데 뭘 하나? 내가 무엇 때문에 일찍 일어나야 하지?' 하며 저항이 많았는데 아래의 마시멜로 이야기를 통해서 정신을 완전히 깨게 되었다. 처음에는 평소 일어나는 시간대보다 6분 일찍 일어났는데 지금은 새벽 3시대에 일어난다. 놀랍고 신기하다.

조나단은 매우 성공한 벤처기업의 사장이다. 조나단은 스탠포드 대학에서 시행한 실험에 참여한 적이 있었는데 그때 나이가 네 살이었다. 스탠포드 대학에서는 어린아이들 600명을 모집하여 각각 한 개씩 마시멜로를 주면서 이렇게 말했다.

"이 마시멜로를 먹어도 좋다. 그러나 만약 15분 동안 먹지 않는다면 상으로 한 개를 더 줄 거야."

그 실험을 한 후 수십 년이 지나 아이들이 어떻게 살고 있는지 조사해 보았다. 15분을 참았던 아이들이 훨씬 더 인생을 성공적으로 살고 있더라는 결과가 나왔다. 조나단은 그때 15분 동안 참은 아이다. 자신의 편안해지고 싶고 쉬고 싶은 욕구를 미래를 위해 과감히 버리고 새로운 습관을 들인 결과 모든 면에서 성공하게 된다는 이야기다.

"지금 자는 잠이 나에게 도움이 되는가? 아니면 미래를 위해 내가 지금 잠을 6분 더 자는 것을 참고 나 자신의 성장을 위해, 미래를 위해 일찍 일어나서 자기 계발을 할 것인가?"를 생각해보면 더는 '5분만 더, 10분만 더'를 외칠 수 없었다. 그렇게 아침 시간을 6분씩 일찍 일어나서 간단하게 운동하고 독서를 하며 내 삶의 목적과 미래를 그려보는 상상을 했다. 아침 시간이 즐거워지기 시작하면서 살이 빠졌다. 그것도 1~2kg이 아니라 아침 일찍 일어나기를 막 시작했을 때보다 10kg 이상이 빠졌다. 살이 찌다 말기를 반복하는 요요현상도 없어지고 빠진 몸무게를 그대로 유지하고 있다.

아침에 일찍 일어나는 것만으로도 생체 에너지를 만들 수 있으므로 지금 힘이 없거나 너무 피곤한 사람들은 평소에 일어나는 시간보다 6분만 일찍 일어나서 나 자신을 위해 운동한다면 에너지가 생기고 삶의 목표가 생겨 그것을 이루고자 하는 열정과 실행력이 생길 것이다.

운동도 너무 격렬하고 과하게 하면 오히려 수명을 단축할 수도 있다. 신체적으로 심리적으로 부담이 안 되는 운동을 매일 꾸준한 반복이 건강에도 좋고 장수하는 데 도움이 된다. 나이가 들어 장수하며 건강한 분들은 하나같이 긍정적인 마음 자세를 가지고 있다. 그리고 젊었을 때부터 일찍 일어나 몸을 부단히 움직였다는 공통점이 있다.

내 몸 사용 설명서 : 작은 것부터 시작하기

예전에 〈세상에 이런 일이〉라는 TV 프로그램에서 민덕기 할머니를 본 적이 있다. 그 할머니는 아흔 살에도 불구하고 아주 젊은 외모로 보였다. 육십 살 아주머니들도 들기 힘든 10킬로그램 쌀 포대 자루를 거뜬히 드는 것을 보고 그분의 생활 습관에 놀랐다. 아침에 일찍 일어나 몸을 부단히 움직이는 모습이 카메라에 찍혔다. 그분은 생활의 모든 부분을 운동이라고 생각하고 재미있게 움직였다.

　민덕기 할머니를 보고 그때부터 건강하게 장수하기 위해서는 운동을 생활 습관으로 완벽히 고정해야겠단 생각을 했다. 처음부터 이 할머니처럼 많이 움직일 수 없으니 아주 간단한 운동을 1분이라도 하는 것이다. TV를 보면서 앉지 않고 서 있다거나 물통을 두 개 들고 스쿼트를 하는 등, 생활 속에서 간단한 운동을 아침에 6분 일찍 일어나 해 보는 것이다.

　이렇게 간단한 습관을 매일 반복하다 보면 내 몸에 에너지가 생긴다. 그렇게 되면 1분을 운동했던 것에서 5분으로 늘릴 수 있고, 점차 운동시간이 늘어나면서 습관으로 굳히게 되면 내 몸의 에너지를 만드는 능력이 늘어나 활력 있는 몸이 될 것이다. 운동을 아침 시간에 하는 이유는 바쁜 아내들이 시간을 낼 수 있는 시간이 별로 없기 때문이다. 아침 시간은 만물이 소생하는 아주 활기찬 시간이기에 아침에 일어나서 운동하는 것이 건강과 회춘 두 마리 토끼를 다 잡을 수 있다.

　운동이 성인병 예방에 효과적이라는 사실은 많이 알고 있다. 운동하지 않던 사람이 운동을 시작하면 대장암·신장암·유방암·식도암 등이 예방된다고 매일 아침 주부 텔레비전 프로에서 볼 수 있을 것이다.

그런데 얼마나 운동해야 이러한 효과가 나타나는지 살펴보면, 결론은 조금만 운동해도 된다는 것이다. 꼭 바쁜 시간을 따로 내서 비싼 운동시설에 다니지 않아도 된다. 계단 오르내리기, 자전거 타기, 걷기, 화단 가꾸기, 집 안 청소하기도 충분히 좋은 운동이 될 수 있다. 하기 싫은 운동을 아침에 끝내 놓으면 하루가 꽉 찬 것처럼 뿌듯하고 생활에 활력이 솟는다.

내 몸 사용 설명서 : 일찍 자기

수면에도 황금시간대가 있는데 반드시 밤 10시에서 새벽 2시 사이에는 잠자리에 들어 있는 것이 좋다. 왜냐하면 이때가 바로 성장 호르몬과 회춘 호르몬이 나와 지방을 연소시키고 근육을 만드는 작용을 하기 때문이다. 성장 호르몬은 피부도 젊게 만든다. 우리 몸은 자외선을 막기 위해 멜라닌 색소를 만들어낸다. 하지만 멜라닌 색소가 지나치게 쌓이면 그 부위는 기미로 변해버린다. 성장 호르몬은 멜라닌 색소를 흡수하는 작용을 하여 기미를 방지해준다. 따라서 10시에서 2시까지 성장 호르몬이 나오는 시간에 잠자리에 들어 있으면 기미가 사라질 뿐만 아니라 기미가 잘 생기지 않는 피부가 된다.

밤늦게까지 안 자는 생활을 하는 사람들은 이 성장 호르몬의 혜택을 받지 못한다. 밤에 해야 할 일을 아침에 평소보다 몇 분만 일찍 일어나서 하면 훨씬 더 집중이 잘 되고 피부에도 여러모로 좋은 효과가 있을 것이다.

이 세상에서 가장 향기로운 향수는 발칸산맥의 장미에서 나온다고 한다. 그 가운데 가장 춥고 어두운 새벽 2시 사이에 딴 장미에서 최고급 향수가 생산된다. 그 이유는 장미가 그러한 한밤중에 가장 향기로운 향을 뿜어내기 때문이다.

오늘 인생의 겨울을 지내고 있는 이가 있다면 지금, 이 순간 어둠의 터널을 지나고 있는 이가 있다면, 거기서 행복을 건져 올릴 때 그것이야말로 발칸산맥의 장미처럼 가장 향기로운 행복이 될 수 있다는 희망을 품자. 고통 가운데 영근 행복이 가장 값진 행복임을 잊지 말자. 무지개 원리의 차동엽 신부가 한 말이다.

내 몸 사용 설명서 : 끈기를 가지기

오랫동안 형성되어온 습관을 바꾸는 것은 결코, 쉬운 일이 아니다. 습관은 관성의 법칙에 지배받아 아무리 고쳐서 지속하려 해도 원래의 습관대로 돌아가려는 성질이 있다. 습관을 고치는 것은 고통스럽다. 하지만 그렇다고 지금의 늦게 일어나는 습관을 고치지 않으면 잘못된 습관이 몸을 망치고 마음마저 다치게 한다. 그러므로 지금부터라도 차근차근 조금씩 습관을 바로 잡아 그 고통 속에 형성된 새로운 습관을 규칙적으로 지속한다면 더는 예전으로 돌아가지 않고 행복해질 것이다. **중요한 건 끈기를 가지고 꾸준히 반복하는 것이다.** 그래야 새로운 습관이 몸에 밴다.

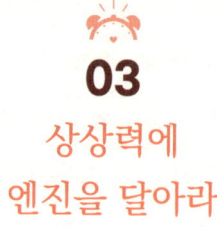

03
상상력에
엔진을 달아라

　많은 사람이 생생하게 꿈꾸면 이루어진다는 말을 들어본 적이 있을 것이다. 이 말은 사실이다. 간절하게 내가 원하는 꿈을 마음속에 그리고 그 그림을 지우지 않는 한, 반드시 꿈은 이루어진다. 왜냐하면 마음속에 새긴 이미지는 생각으로서 그려지는 것이고 생각은 현실이 되는 물리적인 힘이 있기 때문이다.

　아침 일찍 일어나는 습관을 매일 지속하면서, 비전보드에 강연하며 행복해하는 사진을 붙여 놓고 매일 보았더니 고려대학교에서도 강의하게 되었다. 그 외에 수많은 곳에서도 강연 요청이 들어온다. 목동에서도 수많은 탈북민을 대상으로 감동적인 강연을 하며 정말 행복했다. 강연을 더 많이 하게 된 것도 상상력의 힘이다. 원하고 바라는 것이 있으면 잡지나 신문 인터넷 등에서 꿈의 이미지들을 오려서 꼭 스케치북 혹은 보드 판이나 코르크 보드에 붙이고 반복해서 매일 보라. 그 이미지가 반드시 현실에 나타난다.

2009년 우리 가족은 양평에 있는, 영화에나 나올 법한 그림 같은 2층 목조전원주택으로 이사하게 되었다. 실제로 이 집은 이 사온 후, 신은경이 나오는 영화를 찍게 빌려달라고 요청받기도 했다. 꿈에 그리던 집으로 이사 가는 데에는 나의 상상력이 한몫했다. 평소에 컴퓨터 배경 화면 이미지 중 아주 평화롭고 멋있는 화면들을 찾아보았다. 그중에서 아주 자연적인 고급 전원주택 사진을 발견했다. 그것을 컬러로 프린트해서 아파트 거실 두꺼비집에다 붙여 놓았다. 하지만 3년 동안 그 그림을 까맣게 잊고 있었다. 그냥 생활 속에서 지나쳐가는 그림이었다. 그림의 떡처럼 '저런 고급스러운 전원주택에서 살아볼 수 있을까?'라는 생각만 들었다.

그런데 어느 날, 그 그림을 붙여 놓은 지 3년 만에 그 전원주택 잔디마당에서 우리 네 식구가 아주 즐겁게 뛰어놀며 아주 행복해하는 그림이 머릿속에 그려지면서 그 집에 실제로 가 있는 느낌이 강하게 들었다. 그 이미지에는 보이지 않는 강까지 머리에서 상상이 되면서 아주 행복한 느낌을 받았다. 신기했다.

"이렇게 녹음이 짙은 이곳 전원주택에서 가족들과 같이 살면 어떤 느낌일까?"라며 즐거운 느낌을 강하게 상상했다. 결국 그 꿈은 이루어졌다. 우리 가족이 실제로 그곳에 살게 된 것이다. 그림에는 없었던 강까지 있는 최고의 전망을 갖춘 양평의 강변마을에서 아이들이 어린 시절 정말 행복하게 자연에서 뛰어놀았다. 지금도 그 양평 집을 인생에서 가장 행복한 추억으로 기억하고 있다.

많은 아내가 가족과 행복하게 전원주택에서 사는 것을 꿈꾼다. 그렇게 한번 살아보니 아이들과 가족의 기억 속에 자연 속의 집이 항상 좋은 기억으로 회자(膾炙)한다. 가족이 아무도 방해하지 않는 자연 그 자체에서 정말 행복하게 사랑을 그리며 뛰어놀았다. 전원주택에 사는 꿈의 시작이 바로 원하는 주택의 사진을 두고 매일 보면서 행복한 느낌을 강하게 느끼는 것이다. 눈에 띄는 데 그리면 반드시 이루어진다.

사진이나 그림으로 보는 정보는 문자나 말에 비해 100배 이상의 영향력을 미친다. 그 정보는 잠재의식을 자극하는 우뇌에 입력되고 꿈을 반드시 실현하고자 하는 열정으로 사람을 스스로 움직이게 만든다. 《시크릿》이란 책에서도 비전보드를 만들라고 강조한다. 세계적으로 성공한 사람들도 시각화 기법을 이용해서 매일 자신이 원하는 걸 강력하게 상상하고 느끼라고 말한다. 반드시 어느 날 아내들이 가족과 행복하게 텃밭에서 물을 주고 있는 기적 같은 체험을 할 것이다.

양평 이사 이후로부터 무언가를 상상하고 그것을 얻었을 때의 행복한 느낌을 강하게 느끼면 이루어진다는 시각화의 힘을 믿기 시작했다. 시각화에 관한 책들을 많이 읽었다. 그리고 매년 비전보드를 만들어 벽에 붙여 놓은 이미지를 보니 사진에 있는 것들이 다 이루어지는 경험을 한다.

더 나아가 공병호의 《우문현답》이란 책에서 영감을 얻어 '꿈의 노트'와 '꿈의 책'도 매년 만든다. 원하는 소망들을 적고 이미지를 오려 붙여 소망을 이루고 있다. 그런 것들을 어떻게 만들었는지 방법을 소개하자면 이렇다. 살고 싶고, 가지고 싶고, 되고 싶은 것들의 행복한 이미지를 상상하며 잡지나 인터넷을 보다가 이거다 싶으면 스크랩을 하거나 오려서 공책에다 붙인다. 자신만의 꿈의 책을 만드는 것이다. 그 공책에다 이루고 싶은 이유와 날짜도 적는다.

이때 아주 중요한 것은 내가 이걸 가졌을 때 '행복한가'이다.
꿈의 이미지를 보면 행복해지는 것이어야만 한다. 그걸 잘 모르겠으면 보드 판 가운데에 세상에서 가장 행복하게 웃는 사진을 하나 중심으로 붙여두고 나머지 자리에 어떤 것을 붙일지를 고민하면

답이 나온다. 가지고 싶은 돈의 액수도 명확히 기입하고 그 돈을 얻었을 때 행복한 기분도 자주 상상해 본다. 그 돈이 큰 액수이건 적은 액수이건 바라고 상상하고 강하게 감정을 떠올리면 이루어질 가능성이 아주 크다.

현재 필자가 운영하는 '한국 미라클모닝' 카페에는 수많은 분이 시각화를 통해서 바라는 것을 신기하게 이루어 내신다. 카페의 K 회원님은 성실하고 꿈을 가지고 열심히 사는 분이다. 매일 시각화를 하면서 돈이 많이 들어오는 상상을 아침에 일어나자마자 했다. 구체적으로 매달 700만 원씩 버는 상상을 했다. 그러던 중, 처제의 결혼식에 가서 아내를 위해 처가 행사를 위해 열심히 도와주었다.

그런데 생각지도 않은 현금 200만 원을 장인어른께서 주시면서 "결혼식 잘 마치게 도와줘서 고마워, 우리 사위!"라며 칭찬해 주셔서 기분이 아주 좋았다고 글을 남겼다. 결혼식이 끝나고 아내의 친구들과 만나 재미나게 놀고 맛있는 음식도 먹고 나서 기분 좋게 현금으로 돈을 낼 수 있어서 감사한단 글을 읽으면서, 이렇게 상상하기 시작하면 좋은 일들이 일어나기 시작한다는 것을 깨달았다. 상상하며 '나는 돈벼락을 맞는다'와 '매달 기분 좋게 700만 원을 번다'라고 했는데 생각지도 못한 돈이 들어와서 '기분이 아주 좋다'라며 기분 좋은 에너지를 전달해 주어 회원님들이 모두 글을 읽고 기뻐한 기억이 난다.

    J님은 자신이 아침에 일찍 일어나서 베란다의 창문을 열고 하늘을 보며 간절하게 바라는 바를 강력하게 상상하면서 '집이 팔린다는 소원을 외친지 사흘 만에 바로 이루어져서 굳이 여러 번 상상하지 않아도 이루어진다'라는 생각했는데 상상한 그대로 이루어졌다.
    '좋은 직장으로 이직하겠다'라고 선언하신 분은 옮긴 직장에서 일을 아주 잘하고 바빠져서 행복한 고민을 하게 되었다.
    아침에 일어나는 것이 너무나도 힘들었던 어느 분은 '새벽에 일찍 일어나 자기 계발하는 상상'을 하고서 지금은 새벽 4시에 일어나서 즐거운 아침을 맞이하며 모든 것에 감사하고 있다. 꿈을 공유한 A 님은 공인 중계사 시험에 합격했다.

    서른여섯 살까지 이렇다 할 경력도 없고 실패만 거듭하며, 회사에서는 해고당하고 빚마저 진 평범한 사람이었던 모치즈키 도시타카는 자신이 바라는 바의 이미지를 코르크 보드에다 붙이고 그것이 이루어질 것을 매일 상상했더니 《보물지도》라는 책을 쓰게 되었다. 그 책은 일본에서 인기 도서 1위가 되었다. 그는 자신이 인기 도서 작가가 되어 아마존 서점에 인기 도서 1위가 되는 모습을 매일 상상했다.

그 결과 본인이 바라는 세미나도 하게 되었는데, 그의 세미나는 할 때마다 자리가 다 차서 좌석이 모자라 대기하는 사람들이 있을 정도다.

세계적인 베스트 셀러가 된《영혼을 위한 닭고기 수프》시리즈의 공저자 마크 빅터 한센은 처음에 자신의 TV쇼를 만들고 싶다는 목표를 적을 때만 해도 무일푼의 파산상태였다. 하지만 꿈을 상상하는 걸 포기하지 않았다. 9년 후 한센은 모 TV 방송국의 연출자로부터 '당신의 이름을 내건 TV쇼를 만들고 싶다'라는 전화를 받았고 그의 꿈은 이뤄졌다.

우리나라의 유명 강사 김미경도 강사가 되는 꿈을 매일 상상하며 새벽 4시 30분에 일어나 8년 동안 자신의 TV쇼를 가지며 많은 사람 앞에서 강연하는 꿈을 마음속에 그린 결과 지금의 행복한 강연자가 되었다. 그 과정이 있기까지의 꾸준한 노력과 포기하지 않는 정신이 꿈을 현실로 만든 것이다.

리처드 바크의《갈매기의 꿈》이야기가 세상에 나오기까지는 여러 우여곡절이 있었다. 자신이 쓴 원고를 가지고 수많은 출판사에 찾아가도 돌아오는 건 거절뿐이었다. 하지만 리처드 바크는 포기하지 않았다. 반드시 내 책이 세상 사람들에게 인정받을 날이 올

것으로 상상하며 꿈의 문장을 써서 벽에 붙이고는 아침에 눈을 뜨는 대로 이를 소리 내어 읽고 꿈이 이뤄지는 상상을 계속해서 반복하였다. 9년이 지나 히피들 사이에서 그 원고가 성경처럼 읽히기 시작하여 그의 책이 출판사의 눈에 띄어 20여 개국에서 번역 출간되었고 자그마치 1천만 부가 넘는 초대형 베스트셀러가 되었다.

실제로 우리나라의 여러 베스트셀러 작가들도 꿈을 종이에 적고 강력하게 상상하여 판권이 많은 나라에 수출이 되어 비행기로 계약서 봉투가 오고 가는 것을 상상한 결과 꿈이 실현되었다. 그 주인공 중 한 명이 《꿈꾸는 다락방》의 저자 이지성이다. 그는 생생하게 꿈꾸면 이루어진다는 꿈의 공식 'R=VD(Realization= Vivid Dream)'을 만들어 책을 출간하여 수많은 사람의 꿈을 이루어 준 베스트셀러 작가가 되었다.

잠재의식의 대가 조셉 머피는 잠재의식에 새겨진 것은 현실로 나타난다고 말했다. 그렇기에 강력한 상상으로 우리의 꿈을 잠재의식에 입력시키면 시간의 차이가 있지만 그것이 현실로 나타날 것이다.

"바다 표면은 늘 파도가 일고 사납지만, 바닷속은 평화롭다. 바다보다도 광대하고 영원한 현실을 파악한 자에게는 자신의 운명이 시시각각으로 변화되는 모양은 그렇게 중요하지 않다."라고 말한 미국 심리학의 아버지, 윌리엄 제임스는 잠재의식 안에는 세상을 움직이는 힘이 있다고 했다.

잠재의식은 하늘과 땅을 움직여서라도 생생하게 상상한 것을 실현한다. 그러므로 잠재의식에 올바른 생각과 삶의 목적, 행복한 이미지를 상상하면 반드시 그것이 현실 속에 나타난다.

직장 일하느라, 아이들과 가정을 돌보느라 바쁜 시간을 내어 자신에 대해서 생각할 시간을 찾기 어려운가? 아침 6분 일찍 일어나 1분은 운동하는 데 쓰고 1분은 자신이 강하게 바라는 꿈을 상상력을 동원해 강력하게 시각화하면 어떨까?

세계적인 부자인 빌게이츠도 10대 시절부터 세계의 모든 가정에 컴퓨터가 한 대씩 있게 만들 것이라는 생각을 강하게 했고, 또 반드시 그렇게 만들겠다고 외쳤다. 그래서 그가 꿈꾼 것이 현실이 되었다. **자신이 간절하게 바라는 것을 생생하게 상상하는 것은 소망을 달성해 줄 꿈의 엔진이다.**

상상력에 엔진을 달고 더 빨리 꿈을 실현하기 위해서는 다양한 방법이 있는데 요즘은 스마트폰에 비전보드 앱이 있다. 자신이 가지고 싶고, 되고 싶고, 소망하는 이미지를 쉽게 손에 들고 다닐 수 있도록 이미지를 저장해서 붙일 수도 있고 확신의 말도 쓸 수 있으며 자신의 목소리도 녹음할 수 있다.

필자가 사용하는 앱은 앞에서 말한 마크 빅터 한센과 공동 저

술한 《영혼을 위한 닭고기 수프》의 저자 잭 캔필드의 비전보드이다. 이 비전보드에 내가 바라는 꿈들을 시각화하거나 청각화하여 매일 자기 전에 보고 듣다 보면, 마치 듣고만 있어도 그 꿈이 이루진 기분을 생생하게 느끼도록 해준다. 그 꿈의 상상력에 엔진을 달아 차츰 하나씩 이루어 가고 있다.

이 스마트폰 비전보드는 원하는 걸 아주 빨리 강력하게 가져다 준다. 매일 자기 전, 내 목소리로 녹음을 해서 들은 것 중에 '일 년에 두 번 가족과 해외여행 가기'가 있었다. 이 소망은 일주일에 이루어졌다. 그만큼 강력하다. 가족의 행복을 위해 이 어플을 찾아서 스마트폰 비전보드를 만들어 보길 바란다.

아침에 일어나자마자 어플을 틀어서 또다시 꿈을 잠재의식 속에 각인시키면 눈을 뜰 때 기분이 참 좋다. 비전보드에는 어떤 것도 상상할 수 있고 적을 수 있고 녹음할 수 있다. 그리고 공간이 무한하다.

또 하나의 목표 중에 '큰 아이 해외 영어 캠프 보내기'가 있었다. 매일 들으며 잠을 자니 그 꿈을 실현해보고 싶다는 생각이 들었다 보내겠다고 결심한 처음에는 남편의 반대가 있었다. 그런데도 어린 시절부터 부모를 떠나 외국에서 여행하게 하는 유대인들의 교육철학에서 영감을 받아 해외의 다양한 경험을 할 수 있도록 해 보고 싶었다. '만약 내가 중학생이라면, 부모님이 나를 이곳에 보냈을 때 행복할까'를 상상해 보았는데 아주 느낌이 좋았다. 그래서 여름 방학 때 싱가포르에 영어 캠프 보내기 꿈을 이뤘다.

또 내가 바라는 몸매의 롤 모델인 '몸짱' 아줌마 정다연의 사진을 아침저녁으로 보면서 시각화했더니 정말 놀랍게 몸무게가 20대 때처럼 돌아왔다.

'깨달음을 얻은 세계적인 성인 만나기'란 드림 리스트도 이루었다. 기적과 같이 태국의 아라한 아잔간하(Luang Phor Ganha) 성인을 만나게 되었다. 우리 둘째와 태국에서 신비한 경험을 많이 했다. 아침 일찍 일어나 원하는 상상을 1분 동안 반복했는데 정말 이루어졌다. 목표를 아주 즐겁고 행복하게 그려보며 종이에 써 보는 것만으로도 이루어지는 경험을 수도 없이 많이 했다.

자신이 원하는 이미지를 상상하고, 붙여 놓고, 그것을 생생하게 그리는 것만으로도 상상력이 엔진이 되어 곧 그 현실이 되게 해준다. 왜냐하면 끌어당김의 법칙은 우리가 원하는 것을 그대로 현실에 가져다주기 때문이다. 생각과 상상을 긍정적으로 할 필요가 있다. 기왕이면 인생에 좋은 것을 끌어당기는 것이 행복한 삶을 유지할 수 있지 않을까?

피카소와 고흐는 유명한 화가이다. 하지만 두 사람의 생활은 상상력으로 인해 완전히 달라졌다. 피카소는 삼십 대 초반에 이미

백만장자가 되는 상상을 하여 그렇게 되었다. 반면 고흐는 마음속으로 세상에서 쓸쓸하게 사라지는 모습을 그렸다. 고흐는 "항상 나는 이렇게 평생 비참하게 살 것 같아. 나는 돈과는 인연이 없어. 나는 평생 불행할 거야."라는 말을 했고, 피카소는 "나는 그림으로 억만장자가 될 것이다. 갑부로 살다가 갑부로 죽을 것이야"라고 말을 했다. 마음속으로 부정적인 시각화를 한 고흐는 피카소보다 더 뛰어난 화가로서의 재능이 있었음에도 불구하고 피카소보다 더 불행한 삶을 살았다. 반면 긍정적인 상상을 한 피카소는 억만장자가 되어 살아 있을 때 세계적으로 인정받는 화가가 되었다.

영화배우 짐 캐리도 자신이 영화배우가 된 모습을 상상하며 산에 가서 크게 외치고 왔다. 삼성그룹 이건희 회장도 취임하자마자 그룹의 임원들 앞에서 그룹의 이익은 1조 원으로 임직원의 급여는 지금보다 2~3배로 올리겠다고 오랜 시간 상상해 온 꿈을 말로써 공표했다. 세계적으로 가장 큰 도시락 기업을 운영하는 스노우폭스의 김승호 회장도 30년 동안 자신이 원하는 기업의 매출을 종이에 적고 그것이 이루어진 모습을 생생히 시각화하여 매출 1조 원을 달성했다. 그리고 또다시 새로운 목표들을 적고 구체적으로 상상하고 있다.

세계적으로 성공한 사람들은 생생하고 구체적으로 명확하게 이루고 싶고 소망하는 바를 상상하는 걸 아주 중요하게 생각한다. 종이에 적는 이 행위를 성공의 아주 중요한 요소로 본다. 그 사례는 수도 없이 많다. 우리도 가정을 위해, 자신의 꿈을 위해, 자녀들의 꿈을 위해 아침에 일어나는 시간을 6분 당기고 1분 만이라도 자신이 인생에서 꼭 이루고자 하는 목표를 생생하게 비전보드를 보면서 그려보는 건 어떨까?

아무리 큰 사업을 일으킨 사람도, 큰 개혁도 처음에는 한 사람의 상상력에서부터 시작되었다. 전구를 발명한 에디슨에게 세상을 환하게 밝히겠다는 그 상상력이 없었으면 우리 인류는 이렇게 밝은 빛을 보지 못했을 것이다. 그의 꿈이 있었기에 우리는 생활의 편리함을 누리고 있다. 마음속에 분명하고 명확하고 구체적으로 바라는 것을 떠올리는 것은 그것을 통해서 꿈이 실현될 것이라고 약속받는 것과 같은 아주 중요한 행위이다. **원하는 것을 얻고 싶다면 자신에게 그럴 자격이 있다고 믿는 것이 중요하다.** 스스로 가치에 대한 믿음을 키우는 방법은 부탁할 것은 부탁하고 요구할 것은 당당히 요구하는 것이다. 허공에 소리치기만 해도 꿈이 이루어진다. 우주의 가능성은 무한하다. 단 그것을 믿는 사람만이 그렇게 된다.

몇 분만이라도 짬을 내어 자신이 가지고 싶고, 되고 싶고, 원하는 것을 이루게 해주는 백만장자 게임을 해보자. 만약 나에게 100억이 있다면 뭘 하고 싶은지 100가지 목록을 쭉 생각 없이 적어보는 것이다. 그리고 그것이 이루어졌을 때 느낌이 정말 좋을 것 같은 10가지를 추려 내어 보자. 그 10가지는 반드시 죽기 전에 꼭 이뤄보고 싶은 것이어야 한다. 그렇게 10가지를 추린 다음 매일 아침에 이 10가지가 이루어진 모습을 상상하는데 6분 중 1분을 써 보자. 놀라운 일이 벌어질 것이다.

성공법칙과 행복을 연구했던 사람이라면 누구나 위대한 성취자, 철학자, 종교가들이 이미 이천 년 전부터 해 온 이 말이 사실임을 보증한다.

그러나 남다르게 강한 의지가 있는 사람이 아니라면 실천하기는 힘들다. 왜냐하면 이 상상을 이루어질 때까지 지속해서 생각하고 느껴야 하기 때문이다.

아주 쉬운 방법부터 시작해 보자. 아침에 6분 일찍 일어나서 매일 나의 꿈을 위한 시간으로 떼어놓는다. 1분 동안만 지속해서 일상에서 실천하면 그 강력한 상상의 힘, 생각하는 힘이 내 꿈을 이루어 주리라.

04
종이 위의 꿈은
그 자체가 씨앗이 된다

　고대 이집트인들은 "기록하는 것은 반드시 현실로 이루어진다"라는 믿음을 가지고 있었다. 기록하면 그 후에 기록한 것을 이루기 위한 행동들이 반드시 다가온다는 것이다.

　이루어진다는 신념과 행동이 뒷받침되기에 목표를 이룰 수 있는 것이다. 기록만 해놓고 정화수 떠 놓고 "우리 아들, 딸 공부 잘하게 해 주십시오. 승진하게 해 주십시오. 성공하게 해 주십시오."라고 비는 것은 기복신앙에 불과하다. 결과적으로 목표가 이뤄지기 위한 행동을 하지 않는 한 이루어지는 확률은 낮다.

하지만 그렇게 목표를 종이 위에 적는 것만으로도 그 꿈 자체가 씨앗이 된다. 이제 적절한 햇빛과 비료와 물을 주어 비옥한 토지에다 정성 들여 가꾸면 그 씨앗이 발아된다. 여기서 중요한 시작이 씨를 뿌리는 것이다. 우리는 모두 엄마 아빠의 씨앗에서 나왔다. 그 씨앗을 가지고 태어난 소중한 생명이 살면서 수많은 기적을 경험하게 된다. 아이를 키워본 적이 없는 내가 아이를 낳아서 키우고 또 그 아이가 성장하여 또 다른 아이를 낳는다. 이런 기적들은 애초에 엄마 아빠의 씨앗이 있었기 때문이다.

헨리에트 앤 클라우저는 저서 《종이 위의 기적, 쓰면 이루어진다》에서 이렇게 말했다.

"목표를 달성하고 싶으면 그것을 기록하라. 목표 달성에 헌신하겠다는 마음으로 목표를 기록하라. 그러면 그 행동이 다른 곳에서의 움직임을 끌어낼 것이다. 목표를 이루려면 일단 목표를 종이 위에 기록하라."

성공한 사람들의 특징 중에서 가장 공통으로 보이는 점은 자신이 원하는 바를 종이 위에 적어서 수첩 혹은 지갑에 넣어서 다녔다는 것이다. 그 목표가 이루어질 때까지 매일 계속 들여다보고 시각화하는 정성과 노력을 기울였다. 이를 믿지 않는 사람은 삶의 목표라는 씨앗을 적는 것 자체를 거부한다. 하지만 이런 단순한 행동이 성공에 큰 영향을 미친다.

하버드 대학에서 졸업생을 대상으로 인생의 목표를 정해서 그것을 종이 위에 적었는지에 관한 실험을 했다. 그 결과 하버드생의 27%는 목표가 없고, 60%는 목표가 뭔지 잘 모르겠다고 대답했으며, 10%는 가까운 미래에 대한 목표가 있다고만 대답했고, 3%만이 먼 장래에 대한 목표가 있어 그것을 종이 위에 적었다고 답했다.

그리고 25년이 흐른 후 추적조사를 해 보니 그때 답했던 3%에 해당하는 사람들이 나머지 97%의 사람들보다 연봉도 많고 재산도 많고 경제적인 성공과 부(富)를 누리고 있었다. 연구 결과에서 보는 바와 같이 목표를 종이를 위에 적는 것이 나중에 큰 성공의 차이를 만들어낸다.

'내 아이가 반에서 일등을 할 것이다.' '일류 대학에 들어갈 것이다.' 이런 목표는 없는 것보다 낫겠지만 더 멀리 길게 내다보는 목표를 깊이 생각하고, 그것들을 종이에 적는 행위를 엄마가 같이 해주는 것이 중요하다.

아나운서 신은경 씨도 이 종이 위의 기적을 실험해 보고 싶어서 소원을 적었다. 엄마 아빠가 말을 하는 직업임에도 불구하고 딸이 인사도 안 하고 선생님이 물어도 대답을 안 하고 발표도 안 했다고 한다. 신은경은 사람들 앞에서 아이에게 "똑바로 서, 인사해!"와 같은 명령조로 말했다. 더 이상 그러면 안 되겠다 싶어 자신 행동을 반성했다. 그녀는 《종이 위의 기적, 쓰면 이루어진다》를 읽고 딸이 말하기 전국대회에서 수상을 했으면 좋겠다고 생각해 "우리 아이가 영어 대회에서 금상을 받는다."라고 2005년 9월에 적었는데 그 꿈이 2007년에 이루어지는 것을 눈으로 확인했다. '정말 쓰면 이루어지는구나' 깨닫고 매번 목표를 현재형으로 종이 위에 적는다고 한다.

최근에 유행하는 단어가 버킷리스트이다. 버킷리스트란 죽기 전에 꼭 해야 할 일이나 달성하고 싶은 목표들의 목록을 말한다. 단순히 꿈을 생각해 보는 것만이 아니라 종이에 적어보는 것이 중요하다고 말하는 영화가 있다.

영화 〈버킷리스트〉를 꼭 한 번 보기 바란다. 죽음을 앞둔 두 남자가 병원에서 만나 죽기 전에 꼭 이루고 싶은 소원들을 종이에 적는다. 그 버킷리스트들을 하나씩 이루어 가는 과정에서 가족의 소중함을 느끼게 된다. 그리고 원하는 것이 있으면 그걸 종이에다 적는 것이 목표를 달성하기 위한 행동의 실천으로 이어진다는 것을 잘 보여준다.

영화를 보고 바로 나만의 버킷리스트를 작성했다. 누구에게나 꼭 이루고 싶은 꿈이 있을 것이다. 아주 작은 것에서부터 큰 꿈까지 마음에 담아둔 나만의 꿈들이 있다. 어느 정도의 무모함이 있더라도 과감하게 도전한다면 생각보다 멀지 않은 곳에 꿈을 이룰 전환점을 맞이하게 된다. 마음속에 담아만 두고 이루고 싶다는 단순한 기대감이나 마음가짐으로는 꿈이 이루어지지는 않는다. 꼭 이루고 싶은 자신과의 약속을 종이 위에 작성해 리스트를 가지고 다니며 어떻게 이룰지 생각한다. 나의 버킷리스트가 나를 더 성장하게 한다. 지금이라도 당장 종이를 꺼내어 꿈을 이루어주는 버킷리스트를 작성해 지갑에 지니고 다니는 건 어떨까?

버킷리스트라는 영화가 나오기 전에 《버킷리스트》라는 책도 읽었다. 이 책은 여러 매체를 통해 많이 알려진 책이기도 하다. 책의 줄거리는 건성건성 살아가는 호텔 요리부 보조로 있는 청년 정태양 군을 중심으로 흘러가는 이야기이다. 호텔 직원 데이비드 씨로부터 버킷리스트를 알게 되고 스프링 노트 한 권을 선물 받게 된 후, 생각을 정리하고 이루고 싶은 것들을 적어나가라고 전해 듣는다. 그렇게 태양 군은 요리 수업을 위해서 프랑스 유학을 꿈꾸며 노트를 사용하며 자신의 꿈이 무엇인지, 이루기 위해 어떻게 하면 되는지를 생각한다. 그리고 그 생각들을 하나 둘 스프링 노트에 적어나간다. 그 노트가 결국 태양군의 꿈을 이루어 주었다.
종이 위에 내 생각을 적는 것만으로도 진심으로 무엇을 하고 싶은지 내 꿈은 무엇인지 잊고 살았던 것들이 무엇인지 정리가 된다. 그러면서 자가 치유도 일어난다. 오늘부터 당장 노트를 한권 사서 아침에 평소보다 6분 일찍 일어나 꿈과 목표를 1분 동안만 적어보자. 그 꿈이 '이루어질까?'라고 의심하지 말고 일단 적는다. 혹시 꿈이 너무 멀리 있다고 생각된다면 오늘 하루 자신을 위해서 내가 나에게 해 주고 싶은 활동이 뭐가 있는지 사색하며 적는 것도 좋다. 종이가 꿈을 향한 지도가 될 것이다. 언젠가는 그 지도가 원하는 목적지로 데려다줄 것이다. 하루 24시간 중에 1분 동안 종이에 적을 시간은 충분히 확보할 수 있다.

버킷리스트의 중요한 점은 작성에서 그치지 않고 실천하는 것이다. 정확한 기한을 정해서 스스로 일깨우는 것이 중요하다. 이 책은 여러 번 이야기한다. 버킷리스트는 단순한 위시리스트가 아니라고 말이다. 이루고자 하는 것들이 구체적으로 적혀지고 이미 이루어진 것들이 점차 많아지면 많아질수록 점점 버킷리스트의 목록도 늘어나고, 그것을 이루고 난 뒤 보람과 행복감도 함께 커질 것이다. 아이들이 좀 크면 아이들과 하고 싶은 것을 적는 것도 아주 좋은 버킷리스트가 된다.

필자도 둘째가 사고가 나서 병원에서 금식하며 아무것도 못 먹고 있을 때 아이가 배가 고프니 "엄마 나 뭐 먹고 싶어, 엄마 나 배고파. 언제 먹을 수 있어? 언제 금식 끝나?"라고 물었을 때 그 아이를 달래기 위해서 종이에 금식이 풀리면 무엇이 먹고 싶은지 그 리스트를 쭉 종이에 작성했다. 적는 것만으로도 이미 그 음식을 먹은 것처럼 행복했다. 얼마 후 금식이 풀리고 서서히 미음부터 먹기 시작했을 때의 감사함은 천국이 따로 없었다. 얼마나 배가 고팠는지 2주 동안 아무것도 못 먹은 아이는 김칫국까지 후루룩 마셨다. 이렇듯 지금은 할 수 없지만, 반드시 나중에 할 수 있는 것들을 행복하게 적다 보면 어느새 그 꿈들이 이루어진다. 그 꿈들이 사소한 것이라도 상관없다. 종이 위에 적은 것들은 반드시 이루어진다. 그 종이를 버리지 않는 한….

인디언들은 기우제를 지내는 데 실패를 한 적이 없다고 한다. 왜냐하면 그들은 비가 올 때까지 기우제를 지내니까 실패할 확률이 거의 없다. 비가 올 때까지 기도하는 걸 멈추지 않는 인디언들의 지혜를 배울 필요가 있다. 꿈이 이루어지지 않는다고 핑계를 대면서 포기할 것이 아니라 그 꿈을 이룰 때까지 계속 노력한다. 그러면서 시행착오를 거쳐 행동하고 실행한다면 반드시 꿈이 이루어지는 날이 온다.

필자가 운영하는 카페에서는 목표를 적어서 공유하는 활동을 한다. 언제까지 무엇을 꼭 이루겠다고 공개선언을 하여 긍정적인 압력을 받는 것이다. 목표를 적어 공유하고 같이 이루겠다고 하는 행동은 꿈을 더 빨리 이루게 해준다. 그 목표라는 씨앗을 한 사람만이 아니라 여러 사람이 가꾸므로 더 수월하게 빨리 이루어진다.

아침에 일찍 일어나는 시도를 하는 분들은 혼자 하면 의지가 약해지고 습관 때문에 안 되는 부분이 많으니, 일단 일찍 일어나겠다고 선언한다. 그렇게 일찍 일어나겠다는 다짐을 종이와 같은 역할을 하는 웹상에다 올린다. 그러면 다른 회원들이 봐주고 그러다 보면 아침에 일어나는 것이 나 혼자만의 의지가 아니란 생각에 벌떡 일어나게 된다.

한 법무사 회원은 남편과 떨어져 주말부부를 하고 아이를 혼자 돌보는 워킹맘이다. 아침 일찍 일어나고자 하는 마음이 간절하여 아침 몇 시에 일어나겠다고 선언했다. 그래서 카페 회원들이 응원하고 격려했다. 힘든 독박 육아를 하면서 사람들과 소통하고 공감도 받고 지지받았다. 그렇게 자기 계발의 목표를 공유하니 더 많은 시너지 효과가 났다.

어떤 분은 목표를 적자마자 바로 이루어져서 놀란 적도 있다. 이렇듯 스스로 의지가 약하다고 생각하는 분들은 여러 사람이 같이 일찍 일어나는 모임에 가입해 적극적인 의지를 표출할 필요가 있다.

너무 절실한 소원이 있는가? 그러면 간단하게 그 소원을 이룰 방법이 있다. 소원이 이루어진 걸 알 수 있는 문장을 10자 내외로 만들어 종이에 적는다. 그리고 그 종이에 적은 소원을 매일 지갑에다 가지고 다니면서 100번씩 100일 동안 읽고 외치면 반드시 그 꿈이 이루어지는 날이 온다. 조금 더 의지가 있는 분에게는 100번씩 매일 소원을 100일 동안 쓰기를 권해드린다. 그렇게 하는 것은 내 목표를 강력히 인식해 그것과 관련된 것들을 끌어당기는 아주 간단하지만 하기 어려운 작업이다. 하지만 효과는 아주좋다.

우리 인간은 습관적인 유형에 빠지는 고질적인 경향을 보인다. 사람들은 보통 하루에 6만 가지를 생각한다. 그중 1,000가지를 제외한 나머지 전부는 어제 했던 것과 같은 생각이다. 과학자들은 6만 가지 생각 중 98%는 전날 했던 생각의 반복이라고 말한다. 자신의 습관을 깨는 것은 수많은 어제와 똑같은 생각을 깨는 작업과 같다. 그렇기에 아주 큰 노력이 필요하다. 하지만 처음부터 너무 크게 목표를 잡으면 실패하여 좌절하기 쉬우므로 하루에 딱 6분만 일찍 일어나자고 정하고 1분은 내 목표를 적고, 1분은 운동해 신체를 깨우고 1분은 그 목표가 이루어진 기분 좋은 상상을 하면 새로운 아침을 나날이 열 게 될 것이다.

05
1분, 기적의 독서법

근대 철학의 아버지라 일컬어지는 데카르트는 독서를 다음과 같이 표현했다.

"좋은 책을 읽는 것은 몇 세기의 훌륭한 사람들과 이야기를 나누는 것과 같다."

많은 사람이 독서의 중요성은 알고 있다. 그러나 요즘 어린아이에서부터 어른들까지 스마트폰을 보는 재미에 빠져 독서를 예전처럼 많이 안 한다. 독서라는 쌍방향 배움을 간과하고 일방적인 혼자만의 재미만을 추구한다. 좋은 책을 읽는 것은 훌륭한 사람들과 대화를 나눈 것과 같은데 현대인들은 바쁘고 시간이 없고 스마트폰 때문에 독서에서 얻는 즐거움과 점점 멀어진다. 요즘과 같은 스마트폰 시대에는 인내를 요구하는 독서보다는 원하는 지식을 빨리 얻을 수 있는 스마트폰을 더 선호한다. 그래서 독서인구가 줄어들고 있다.

독서인구가 지속해서 감소하는 가운데 발간된 도서 종류의 수가 5%가량 줄어든 것으로 나타났다. 대한출판문화협회가 지난해 국립중앙도서관에 신간을 제출한 출판사의 도서 발행 종수와 부수 등을 조사한 결과, 신간 종수는 45,213종, 발행부수는 85,018,354부로 집계됐다. 2014년과 비교하면 발행 종수는 5.0%, 발행 부수는 9.7% 각각 감소한 규모다.

대다수 사람은 '스마트폰이나 인터넷에서 찾아보면 다 있는데 왜 굳이 책을 읽어야 하지?'라고 생각한다. 이제 무엇인가를 배우거나 삶의 지침이 필요할 때면 책이 아니라 기계를 꺼낸다. 하지만 이렇게 얻은 정보는 메모해 두지 않는 이상 다 흘러가는 것이기 때문에 스쳐 지나가기가 쉽다. 인터넷은 많은 양의 정보가 쏟아진다. 이렇게 얻은 것은, 내가 가지고 있는 지식과 상호작용 해 생활 속에 응용하고 적용할 수 있는 깊은 의미의 지혜 습득이 아닌 단순한 지식 습득에 불과하다.

반면 독서는 책을 펼치는 행위부터 자신 생각에 온 신경을 집중시킨다. 책을 읽기 위해서는 주위에 관한 관심을 끊고 의식적으로 몰입해야 하기 때문이다. 즉 독서는 책을 사들이고 펼치는 단계에서부터 '이 책을 읽어야 겠다'라는 의지가 반드시 투입되어야 하는 행위이다. 그리고 그 의지는 책을 읽으면서 잠시 뇌가 생각하는 시간을 가지게 한다. 의지가 독서 습관을 만들게 한다. 습관은 운명도 바꾼다. 활자를 읽다 보면 생각을 하게 되고 잠시 쉬어서 그 생각이 맞는지 검열하여 여백에 메모하기도 한다. 또 눈으로 글자 한 자씩 쫓아가면서 읽는다. 그러면 머릿속에는 그 의미에 대한 해석을 덧붙이는 과정을 통해 자연스럽게 지식이 체화(體化)되고 생각하는 힘과 응용력이 함께 길러진다. 머릿속이 바쁘게 돌아가는 동안 기억에도 더 오래 남게 된다. 그러므로 무언가를 배우려고 한다면 인터넷이나 스마트폰보다는 책을 읽는 것이 더 효율적이다.

독서가 인생을 변화시켰으며 그래서 후회 없는 인생을 살고 있다고 말하는 사람들의 공통점은 꾸준히 책을 읽었다는 것이다. 역사상 가장 위대한 인물들의 공통점은 무엇인가? 모든 위인은 독서를 많이 했다. 세종대왕은 돌상에서도 책을 집어들 정도로 독서광이었고, 나폴레옹은 어린 시절 키가 작아 학교에서 놀림 받아 외로움을 극복하기 위해 독서를 했는데, 후에는 전쟁 중에 독서를 할 정도로 독서광이 되었다. 링컨 대통령도 어린 시절 집안이 가난하여 책 읽을 형편이 안 돼서 새어머니께서 성경을 읽어 주시는 양육

속에 책을 가까이하였다. 정약용도 책을 많이 읽고 실제 삶에 적용하는 실용적이면서도 실천적인 독서를 강조했다. 에디슨의 어머니는 초등학교에서 열등아로 쫓겨난 아들을 포기하지 않고 독서로 가르쳤다. 김대중 대통령도 이희호 여사가 감옥에 수감 중인 남편을 위해 여러 분야의 책을 보내 독서를 많이 했다. 오프라 윈프리도 불행한 어린 시절을 극복하기 위해 독서를 했다. 지도자들은 모두 다 공통으로 독서 애호가였다는 것을 부인할 사람은 아무도 없다.

책을 읽는 것은 내 인생에 관한 공부이다. '나 자신이 무엇을 좋아하는가? 내가 하고 싶은 건 무엇인가? 어떻게 살아야 하나? 삶에 대한 목적이 무엇인가?' 이런 질문에 관한 대답을 해 줄 수 있는 곳은 바로 독서라는 지혜의 창고다. 이 지혜의 창고가 내 옆에 수도 없이 많이 있다. 집 근처에 찾아보면 도서관이 아주 많다는 걸 알 수 있다. 서점도 찾아 보면 많다.

책 한 권을 가지고 있다면 언제 어디서든 시간과 장소에 구애받지 않고 즉시 공부를 시작할 수 있다. 일부러 시간을 내 학원에 갈 필요도 없고 시험공부에 제한받지 않는다. 시험과 숙제가 없으므로 그만큼 부담도 없다. 굳이 가르쳐주는 사람이 없더라도 책의 저자라는 아주 똑똑한 교사가 친절하게 공부시켜 준다. 책을 읽는 동안 지식을 쌓을 수 있고 그 지식을 일상생활에 적용해 삶이 조금씩 달라진다면 독서야말로 훌륭한 교사와 학생이 있는 학교인 셈이다.

요즘은 평생교육 시대다. 배움을 학교에서 끝내지 않고 평생 배우면서 살아야 할 시대에 우리는 살고 있다. 이 시대에 뒤처지지 않기 위해서라도 반드시 공부해야 한다. 어제와 다른 새로운 삶을 살지 않는다면 그날이 그날이고 어제와 똑같은 내일을 맞이하게 될 것이다. 독서를 통해 새로운 사색 거리를 찾는 사람은 행복한 사람이다. 왜냐하면 어제 했던 생각과는 다른 생각을 오늘 해볼 수 있기에 가족과 자신의 미래 성공에 대한 가능성을 충분히 심어 놓을 수 있다.

영국의 저명한 수필가, 리처드 스틸은 이렇게 말했다.
"독서가 정신에 미치는 효과는 운동이 신체에 미치는 효과와 같다."

그렇다면 독서는 좋은 줄 알겠는데 직장에서 일하느라 힘들고, 집에서 아이들 보느라 힘들고 시간을 내기가 힘든 사람은 자신의 성장을 위한 독서를 할 시간을 어떻게 낼 수 있을까? 그래서 제안하는 것이 하루 1분 독서이다. 아침에 평소보다 6분 일찍 일어나 1분을 집에 있는 자기 계발서나 무슨 책이든 한 권 뽑아 읽는 데 사용한다. 하루 중 1분은 누구나 다 시간을 낼 수 있다. 변화하고자 하는데 시간을 내지 못한다 해도, 1분만 투자하는 걸 매일 한다면 1년이면 365분이다. 6시간이 넘는다. 6시간은 10년이면 60시간이다. 이 시간을 매일 자신의 성장을 위해서 책을 읽는 데 투자한다면 분명 삶이 지금과 달라지리라.

작은 시간을 소홀히 하면 안 된다. 모든 위대한 것들은 원래 작은 것이 하나씩 쌓여 이루어진 것이다. '하루에 1시간을 독서에 투자하겠어. 반드시 오늘은 책을 읽어야겠어.' '하지만 너무 피곤한데 시간을 어떻게 내지?'라는 질문을 속으로 하면서 내 안의 두려움이 감지되는 순간 원래의 습관대로 그냥 쉬고 안 하는 쪽으로 결정을 내릴 가능성이 크다. 그래서 하루에 더도 말고 덜도 말고 딱 1분만 독서를 한다고 생각하며 그 습관을 매일 지속하면 내면의 큰 성찰이 일어난다.

저자가 운영하는 '한국 미라클모닝' 카페에서는 매일 책에서 읽은 내용을 공유하고 무슨 책을 읽었는지 기록하는 분들이 많다. 그분들은 혼자서 책을 읽을 때는 잘 안 읽혔는데 같이 읽으니 꾸준히 지속해서 아침에 독서를 하게 된다고 말한다. 그런 독서 습관이 자신과 가정생활에 변화를 갖는 데 힘이 된다고 카페에 글을 올린다. 혼자서 하면 의지가 약해질 수 있으니 사람들과 함께 독서모임을 하는 것도 좋다.

구체적으로 하루 1분, 그것도 아침에 출근하기 전에, 아이들 학교에 보내기 전에 정신이 가장 맑고 또렷한 때에 독서를 한다. 그 아침 시간에 매일 1분만 투자한다. 그러면 그 시간은 오후 시간의 3배나 마찬가지라서 하루를 더 알차게 보낼 수 있다. 매일 새로운 하루를 열 수 있는 가장 간단한 방법이 하루 1분 독서 시간 투자이다.

평소에 '아침 시간에 1분 독서를 좀 더 효율적으로 하는 방법은 없을까? 삶을 더욱 풍요롭게 하려면 아침 일찍 일어나 1분 동안 책을 읽는 방법은 어떻게 마련해야 하지? 자기 계발하고 싶은데 어떤 책이 나에게 도움이 될까?'라는 작은 질문들을 먼저 던져보라. 분명 삶이 달라질 것이다.

아인슈타인은 아침에 면도할 때 작은 질문을 던짐으로써 최고의 아이디어를 얻었다.

테레사 수녀님은 "위대한 행동이라는 것은 없다. 위대한 사랑으로 행한 작은 행동들이 있을 뿐이다."라고 말했다. 작은 행동을 취해야만 번번이 좌절을 경험했던 과거의 기억을 갈아치우고 새로운 좋은 습관을 들일 수 있다. 너무 크게 목표를 가지지 말자. 작은 행동을 매일 하는 것이 지속의 습관을 들이게 해준다. 그리고 그 습관은 모든 일에서 성공할 수 있도록 끈기를 길러준다. '나도 할 수 있다'라는 자신감과 성공의 경험을 가져다줄 것이다. 하루 1분 독서는 너무나 작아서 마음만 먹으면 실패할 수 없는 좋은 습관이다. 그만큼 **실패할 수 없는 작은 단위로 목표를 잡아 성취 경험을 자주 하게 된다면 꿈을 쉽게 이룰 수 있을 것이다.** 중요한 건 지속하는 힘이다. 잠드는 시간과 일어나는 시간을 1분만 앞당겨 일찍 일어난다. 아침 시간 중 1분만 성장을 위해서 투자하자고 굳게 결심하기를 21일만 해 보면 그것은 좋은 습관으로 자리 잡아 반드시 어제와는 다른 새로운 기적의 오늘을 맞이하게 되리라.

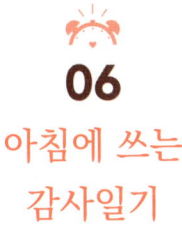

06
아침에 쓰는 감사일기

"오늘 선생님의 강연을 들어 너무도 감사합니다."
"오늘 이렇게 강연을 주최해주신 여러 선생님께 감사합니다."
"밝게 웃으시는 환한 미소가 감사합니다."
"오늘 수업을 아주 집중적으로 잘 들어주셔서 감사합니다."

이 대회는 필자가 강연에 가서 하는 감사게임이다. 감사게임은 두 명이 짝을 지어 서로의 눈을 보며 감사한 점을 한 가지씩 번갈아 가며 이야기하는 것이다. 감사 거리가 떨어진 사람이 지는 아주 재미있고 유쾌한 기분 전환 방법이다. 이 게임을 하면 강연장이 아주 긍정의 바다가 된다. 청중들의 얼굴에서는 미소가 꽃피고 강의실에서는 따뜻한 체온이 느껴진다. 시무룩하던 남자분의 얼굴에서도 생기가 가득해진다. 아주 행복해진다.

《이유 없이 행복하라》의 저자 마시 시모프는 미국에서 아주 성공한 동기부여 강연자이다. 어느 날 삶이 너무 공허해서 돈이 많아도 행복하지 않은 이 마음의 문제를 해결하기 위해 행복한 사람들 100인을 찾아가 인터뷰했다. '행복한 사람들은 도대체 무엇 덕분에 행복할까?'라는 질문으로 100인을 찾아다닌 결과 행복한 사람들은 공통으로 매일 감사할 점을 5가지씩 일기장에 꼭 적는다는 걸 발견했다. 감사하기는 삶을 더 풍요롭게 해 주는 확실한 방법이라 생각하여 저자는 매일 5가지씩 감사할 일들을 적었다고 한다. 그 결과 삶이 더 풍요롭고 행복해져 공허함이 사라졌다고 말한다. 그때 그 말에 신선한 충격을 받아 나도 하루도 빠짐없이 1년 365일 동안 감사할 점을 하루에 5개씩 적었다. 1,825개가 되던 때에는 잘 풀리지 않던 일이 풀리는 경험을 하여 감사일기의 좋은 점을 알게 되었다.

우리는 감사를 많이 해야 하는 것을 마음으로는 잘 안다. 하지만 감사하는 걸 어떻게 하라고 하는지 막막하고 막상 감사하려고 해도 내 인생에는 감사할 일들이 별로 없는 것 같은 생각에 감사

일기를 써 보려고 해도 잘 안 된다. 하지만 아주 간단하다. 어떠한 종이라도 꺼내, 살면서 감사한 점을 단어만 나열해도 되고 긴 문장으로 이유까지 써도 된다. 구체적으로 명확히 적으면 더 좋긴 하다. 하지만 감사라는 단어만 적어도 감사하는 감정이 솟아오른다.

필자가 운영하는 '한국 미라클모닝' 카페에는 '감사일기 쓰기'란이 있다. 요즘은 다들 스마트폰이 있으므로 언제든지 어디서든지 감사하고 싶은 내용을 카페 게시판에다 올리면 사람들로부터 피드백이 온다. 하나의 감사가 수백 명에게 감사 에너지를 전달하게 되고 감사의 행복 바이러스가 전염되어 읽는 사람도 행복해진다. 다음은 매일 자기 전에 감사 일기를 올리시는 N회원님의 감사 내용이다.

1. 오늘 우천으로 인한 한기로 컬러런 완주하지 못하였지만, ○○의 차 타고 즐겁게 주말 아침 좋은 얘기, 생산적인 얘기 나누고 맛있는 점심까지 먹어 감사합니다.
2. 창문 밖에서 들어오는 바람이 시원하고 상쾌하여 감사합니다.
3. 하루하루 내적으로 성장해 감에 감사합니다.
4. 내가 원하는 것이 무엇인지, 또 해야 하는 것이 무엇인지 알아 감사합니다.
5. 하고자 하는 것이 있을 때 같이 할 수 있는 분들, 혹은 안내해

줄 수 있는 분들이 나타나 방향을 잡고 그것을 행할 수 있음에 감사합니다.

6. 항상 겸손하고 예의 바르고 단정해야 한다는 것 - 특히 나이 들어갈수록 - 을 상기할 수 있음에 감사합니다.

7. 아닌 것은 아니라는 것을 다시금 깨닫고, 아닌 것은 내 인생에서 빨리 떼어 내어 제거해야 한다는 것을 각인함에 감사합니다.

8. 멀리서 들려오는 벌레 소리에, 마음과 머리를 맑게 해주는 자연의 소리에 감사합니다.

9. 사소한 것, 다른 사람에게는 얘기하지 못하는 것을 깔깔거리며 나눌 수 있는 오래된 친구가 있어 감사합니다.

10. 장맛비로 인하여 시원한 하루를 가질 수 있었음에 감사합니다.

11. 맑은 기운을 유지하고자 하는 나의 정신과, 그 진동을 찾아가려는 나의 노력에 감사합니다.

12. 요즘 가끔 흔들리는 나의 마음과 정신이, 한 단계 더 성장하고 앞으로 나아가기 위하여 받는 테스트여서 감사합니다.

13. 꾸준함도 제대로 실천되는 꾸준함이어야 한다는 것을 깨닫고 있음에 감사합니다.

14. 아빠가 담배 끊으시고 술 줄이시고 운동하시며 건강한 활력 있는 삶을 되찾을 것이라 감사합니다.

15. 생각의 힘에 다시금 놀라며, 그만큼 생각하고 원할 때는 신중해야겠다고 마음먹은 나에게 감사합니다.

16. 한국 미라클모닝 한 후의 모든 기적에 감사합니다.

17. 매일매일 배움의 연속으로 나의 삶이 좋은 궤도에 접어들어 굴러가고 있음에 감사합니다.

18. 감사할 일이 풍족한 나의 인생에 감사합니다.

19. 일요일인 것 같은데 토요일이어서 하루 더 번 것 같은 느낌에 감사합니다.

20. 결정은 신중도 하긴 해야 하지만, 직감에 따라 빨리 할 수 있도록 점점 성장해 가는 나에게 감사합니다.

21. 행운이 가득한 나의 하루에 감사합니다.

22. 열정에 따뜻한 마음, 그리고 서로를 보듬을 수 있고 서로 조언도 하여 주시고 또 기회와 지식을 나누려는 스터디 멤버들에게 감사하고, 그분들과 함께 할 수 있음에 감사하고, 그러면서 배워가는 나에게 감사합니다.

23. 한국 미라클모닝을 시작한 후 점점 다양한 분들, 새로운 분들을 만나고 그로 인해 새로운 눈, 새로운 배움을 얻어가고 있는 나의 삶에 감사합니다.

24. 요즘보다 많은 것에 감사함을 느끼는 나의 마음에 감사합니다.

25. 지혜롭고 현명한 사람이 되어가고 있음에 감사합니다.

26. 오늘 하루도 잘 보내고 행운이 가득한 내일도 잘 보낼 것이라 감사합니다.

27. 삶의 모든 것이 감동이라 감사합니다.

28. 한국 미라클모닝에게 감사합니다.

이렇게 길게 구체적으로 감사일기 쓰기를 실천하시는 분도 계시고 간단하게 적는 분도 계신다.

1. 감사일기를 쓰는 나에게 감사합니다.

2. 좋은 사람들을 알게 되어 감사합니다.

3. 끊임없는 풍요에 감사합니다.

4. 나에게 일어나고 있는 모든 것들에 감사합니다.

5. 다시 이곳에 온 나에게 감사합니다.

한국 미라클모닝 카페에 감사일기 쓰기와 메모하기 공간이 있다. 이곳에 감사할 점이 있으면 수시로 적는다. 자기 전에 하루를 돌아보며 반성하는 감사일기는 삶을 더욱 풍요롭게 만들어 준다. 일기의 종류는 여러 가지가 있지만 가족과 자신에 대한 감사일기 쓰기를 추천하고 싶다. 왜냐하면 우리가 가장 소중히 여기는 가족에 대한 감사가 선행되지 않으면 존재 이유 자체에 대해서 고민하게 된다.

우리가 이 세상을 떠날 때 우리에게 가장 감사를 전할 사람은 누구인가? 바로 내 옆에 있는 내 가족이다. 나에게 감사하는 행위는 있는 그대로의 자신을 사랑하는 방법이라 인생에 기적을 선물해 줄 것이다. 다음은 필자가 쓴 감사일기의 내용이다.

1. 오늘 하루 시원한 느낌이어서 감사합니다.

2. 남편이 밥 먹고 들어온다고 해서 아주 행복하게 두 아들 밥 먹이고 운동하고 잘 수 있어 감사합니다.

3. 때론 남편과 아내도 좀 떨어져 있어 봐야 서로의 고마움을 알 수 있다고 생각하여 올 초에 혼자 휴양림에 가서 텐트 치고 하루 지내봤는데 그때 가족의 소중함을 아주 절실히 깨달았습니다. 감사합니다.

4. 자두와 천도복숭아가 맛있어서 감사합니다.

5. 블루베리를 체코와 미국산 냉동으로 먹다가 국산을 사 먹었는데 맛이 괜찮아 감사합니다.

6. 내일 있을 아이들의 이벤트에 보물찾기도 넣고 수건돌리기, 풍선 불기, 눈 가리고 술래잡기, 동대문, 피구, 숨바꼭질 등 어린 시절 내가 좋아했던 놀이로 이벤트를 꾸며 봐서 너무 재미있을 것 같아 감사합니다.

7. 아이들과 놀아주는 나는 항상 어린이의 마음이 있어서 감사합니다.

8. 아이들과 놀 때 너무 신나고 아이들이 참 좋습니다. 그래서 항상 아이 같은 면이 있는 나에게 감사합니다.

9. 오늘 하루도 의미 있는 하루를 보내고 낮에 서점에 갔을 때 세 시간만 자도 건강한 사람들의 연구 결과를 보면서 수면 시간과 건강에는 그리 상관관계가 없다는 것을 읽어 감사합니다.

10. 도서관에 책 빌리러 갔는데 휴관이라서 감사합니다. 그 대신 오디오 북으로 더 좋은 책을 들어 감사합니다.

11. 오늘 조조 영화 〈봉이 김선달〉의 마지막 반전이 너무나도 재미있어 감사합니다. 권력과 가진 자들의 입법도 바꿀 수 있고 힘이 있는 그 비리들을 지금까지도 느낄 수 있고, 예로부터의 접대문화 가진 자들의 착취 등 많은 것을 깨달으며 볼 수 있어 감사합니다.

12. 내일 아침에 비가 오지만 아쿠아 슈즈 신고 뛸 것이며 비가 안 올 것에 미리 감사합니다.

13. 대한민국 경제활동을 하시는 분들 덕분에 우리가 이렇게 편안하게 먹고살 수 있어 감사합니다.

14. 북한의 김정은 체제에서 젊은이들에게 인터넷을 허용한다는 기사를 보고 이제 북한도 자유주의 체제 바람이 불 것이 예상되어 감사합니다.

15. 공부하고 책을 읽고 삶의 목적과 목표에 대해 생각해보고 '내가 통일되면 무엇을 할 수 있을까? 나는 어떻게 살아야 할까?' 미래를 어떻게 준비해야 할지를 매일 고민해서 감사합니다.

16. 한미모 회원 여러분께 2022년에 기적이 일어날 것을 믿고 그에 대해 미리 축하하며 2023년의 목표를 같이 공개하고 내가 아는 모든 소원성취 방법을 동원하여 2022년 12월을

계획하는 날로 정하고 그것들이 이미 2023년에 다 이루어짐에 감사합니다.

17. 혼자 가는 것보다 여럿이 가는 것이 멀리 간다는 말이 있듯이 혼자면 절대 해낼 수 없는 것을 많은 분과 협업해서 감사합니다.

18. 아이들이 항상 밥을 먹거나 무엇을 먹을 때 '맛있다', '감사하게 잘 먹었다'라는 말을 해 줘서 감사합니다.

19. 항상 웃고 있는 아이들을 볼 때마다 이 행복이 이제 부모 곁을 떠나면 보지 못할 것이기에 지금, 이 순간을 많이 즐기고 아이들에게 사랑을 주기 위해 칭찬, 공감, 놀이, 스킨십을 많이 해 줌에 감사합니다.

20. 날씨가 시원하고 비가 와서 농작물이 타지 않아 감사합니다.

21. 대한민국의 모든 분이 열심히 살아주셔서 감사합니다.

인생을 전환하기 위해 감사할 점들의 목록을 하루 한 가지라도 좋으니 써 보자. 아침에 일어나서 1분씩 감사 일기를 꼭 써보자. 이렇게 하면 에너지가 긍정적으로 바뀌고 삶이 달라진다. 감사 일기 쓰기 전에는 자신에게 부족한 점들을 불평하고 불만족스럽게 살았는데 감사 일기 쓰면서는 좋은 방향으로 행복한 방향으로 삶이 바뀌고 있다.

필자는 우연히, 하루에 100가지 감사할 점들을 쓰고 나서 삶이 달라졌다고 하는 분의 책을 읽었다. 책의 맨 마지막 부록에 '남편에 대한 감사를 100가지 쓰기'란이 있었는데 66가지에서 멈췄다. 더 이상 쓸 감사가 없었다. 생각보다 100가지씩 감사한 점을 쓰기란 참으로 어렵다. 하지만 하루에 한 가지씩 아내가 남편에게 감사한 점을 생각하여 그것을 표현하는 작은 행동 목표는 실천할 수 있다. 매일 이 습관을 실천해 남편에게 감사한다면 남편은 아내에게 어떻게 대해 줄까? 더 잘해주고 싶어진다.

감사한 점을 표현하는 것은 참으로 어렵지만 《종이 위의 기적》, 《쓰면 이루어지는 감사일기의 힘》이란 책처럼 감사한 점을 쓰는 것만으로도 기적을 일으키고 가정에 평화를 되찾을 수 있다.

이루지 못한 꿈을 가지고 있는가? 그럼 먼저 하루에 아침 6분 일찍 일어나 1분을 감사 일기를 쓰는 시간으로 활용하자. 자신의 꿈을 끌어당겨 이루고 싶다면 진정으로 그 꿈에 미리 감사해야 한다. 감사하는 마음은 몸의 에너지를 환하게 긍정적으로 바꾸고 불가능을 가능하게 해 준다. 화창한 날씨에 감사할 수도 있고, 남편이 일찍 들어와서 아이들과 놀아줘서 감사할 수도 있고, 아침 일찍 일어나 자신을 위한 시간을 가진 것에 대해 감사할 수도 있다.

한 줄이라도 좋으니 그것을 종이 위에 꼭 적자. 그리고 이루어지지 않은 것들도 미리 감사함으로써 그 일을 더 빨리 끌어당기도록 할 수 있다. 그리고 그 감사한 점들을 혼자만 느끼는 것보다, SNS상의 여러 사람과 공유하게 되면 감사의 에너지가 증폭된다.

감사하는 마음은 길러지는 것이다. 저절로 나오지 않는다. 평소 감사하기를 습관적으로 매일 아침 혹은 저녁에 일기장에다 씀으로써 한국 아내들의 가정에 행복과 평화의 불씨가 점화될 것이다. 이 행복이 전체적으로 퍼지면 모든 분이 행복해질 수 있는 날이 온다. 감사하는 마음 밭에는 실망의 씨가 자랄 수 없다.

감사할 줄 모르면서 행복한 사람을 만나지 못했다. 행복한 사람들은 공통으로 '감사합니다'라는 말을 실제로 자주 한다.

감사하는 마음은 기적을 일으킨다. 아침에 일어나서 '하루에 일어날 일에 미리 감사하기'는 실제로 그런 좋은 하루를 끌어당긴다. 행복해지고 싶으면 감사일기를 쓰자. 생각보다 어렵지 않다. 혼자 하면 습관이 지속되기 어려우니 한국 미라클모닝 카페나 감사일기 쓰기 카페에 가입하거나, 감사일기 앱을 사용해 매일 쓰는 게 효과적이다. 다른 사람들이 쓴 감사일기를 읽으며 더 세세한 부분까지 감사할 수 있단 것을 느낄 수 있고, 스스로 할 수 있단 긍정적인 생각이 들 것이다.

어린 시절 부모의 이혼과 흑인에 대한 차별, 사생아를 낳은 암울한 시기에서 지금의 오프라 윈프리가 되기까지, 그 밑바탕이 된 것이 바로 감사일기였다. 세상에서 가장 바쁜 사람 중 하나임에도 그녀는 밥 먹는 일 외에 수십 년째 하루도 빼먹지 않고 날마다 감사일기를 쓰고 있다. 오프라 윈프리가 제시하는 '감사일기 작성법'을 알아보자.

오프라 윈프리의 감사일기 쓰는 10가지 방법

1. 내 맘에 쏙 드는 노트를 장만한다.

2. 감사할 일이 생기면 언제 어디서든 기록한다.

3. 아침에 일어날 때나 저녁 잠자리에 들 때, 언제든 하루를 돌아보며 감사의 제목을 찾아 기록하는 시간을 갖는다.

4. 거창한 데서 감사의 제목을 찾기보다 일상의 소박한 제목을 놓치지 않는다.

5. 사람들을 만날 때 그 사람으로부터 받은 느낌, 만남이 가져다 준 기쁨 등을 기록해나간다.

6. 사람들과 같이 '윈프리 감사 일기 쓰기 모임'을 만들어 함께 쓴 것을 공유한다.

7. 버스에 있거나 혼자 공공장소에 있을 때 그동안의 감사 제목들을 훑어본다.

8. 정기적으로 감사의 기록을 나누고 격려한다.

9. 나의 감사 제목이 어떻게 변화하고 있는지 지켜본다.

10. 카페나 정원 등 나만의 조용하고 편안한 장소를 선택해 자주 그곳에 앉아 감사일기를 쓴다.

감사일기를 혼자 쓰는 것도 좋지만 같이 공유하면 더 큰 효과가 있기에 같이 쓰는 감사일기를 추천한다. 친구도 좋고, 온라인 카페 블로그에다 감사 글을 남겨도 좋다. 어떤 방법이라도 좋으니 감사일기를 하루에 1분만 내어 꼭 써보길 바란다.

감사하는 마음과 부정적인 생각은 동시에 존재할 수 없다. 감사하는 마음과 비판하는 마음, 탓하는 마음이 동시에 일어나지는 않는다. 감사하는 마음이 있을 때는 슬프거나 부정적인 감정에 사로잡히지 않는다.

기분이 안 좋거나 우울할 때 종이를 꺼내거나 스마트폰을 꺼내서 그 상황에서도 감사한 점들을 적으면 그 부정적인 에너지가 즉각 사라지는 것은 감사와 부정적인 감정이 동시에 존재하지 못하고 감사가 부정을 이기기 때문이다.

감사의 힘에 대해서는 수천 년 전에 붓다가 이미 이렇게 말해 검증했다.

"자리에서 일어나 감사합시다. 우리가 오늘 많은 것을 깨닫지 못했더라도 적어도 조금은 깨닫지 않았습니까? 조금도 깨닫지 못했다면 적어도 우리는 병들지 않지 않습니까? 병이 들어 있다면 적어도 죽지는 않았지 않았습니까?"

앞에서 작성한 꿈에 대한 목록들이 있을 것이다. 그 꿈이 이루어진 것을 미리 감사하면 실현되는 시간을 앞당길 수 있다. 감사하는 마음이 지닌 힘을 이용하기 위해선 감사하는 것이 습관화되어야 한다. 하지만 너무 막막해서 어떻게 감사해야 할지 모르겠다면 매일 아침 평소보다 6분 일찍 일어나서 1분만 종이에 감사할 점을 쓴다.

그 습관을 매일 지속한다. 그리고 쓸 말이 없으면 단지 "일어나서 감사합니다."라고만 써도 좋은 일이 일어날 것이다. 그리고 더 구체적으로 감사를 실천하고 싶다면 네이버에서 '한국 미라클모닝' 카페를 찾아오면 된다.

행복해지고 싶은가? 그럼 지금 당장 '행복하다'라고, '내 마음은 평화롭고 기쁘다'라고 말하며 가슴에 손을 얹고 심장이 뛰는 걸 느껴보자.

행복이라는 감정은 매 순간 살아있음에 감사하고 하루를 살 수 있게 주어진 시간에 감사하며 무슨 일이 있더라도 거기에서 긍정적인 교훈을 얻어 감사함을 느끼는 것이다.

매일 아침 1분을 감사 일기를 쓰는 데 사용한다면 내 인생에는 행복이 가득하다는 걸 느낄 것이다.

07
소망을 이루는
시각화와 확언의 힘

김민경이라는 보험설계사가 있었다. 아무리 노력해도 실적이 나지 않아 노련한 선배 아주머니에게 "제가 들으니 선배님은 웬만한 회사의 중역들보다 수입이 낫다던데 저에게 한 수 가르쳐 주십시오. 저는 정말 죽겠습니다."라며 도움을 요청했다.

"내가 하는 말이 아무리 시시해도 정말 존중하며 듣고 열정을 가지고 실천하겠다는 결심이 보이지 않는 한 이야기 안 할 거야."

의외로 아주머니의 태도는 엄숙했다.

김민경은 어떻게 하면 자신의 열정을 보여 줄 수 있을지 고민한 끝에 '열정'이란 단어를 종이에 2만 번 써서 보여드렸다.

그것을 본 선배는 후배의 얼굴을 빤히 쳐다보며 이렇게 말한다.

"민경 씨는 자신의 표정이 어떻다고 생각해요?"

"별로 생각해 본 적이 없는데요."

"약간 수심에 찬 것 같은 표정이야. 좀 우울한 것 같기도 하고 자신이 없는 사람 같기도 한 거 알아? 민경 씨에게 알려줄 교훈은 거울을 보고 크게 웃으며 자신을 칭찬하고 희망이 달성된 상황을 상상해서 '나는 해 냈다, 신난다'하고 큰소리로 매일 산에 가서든지 어디에서든지 외쳐보는 거야."

김민경은 그날부터 당장 화장실에 가서 거울을 보며 크게 외쳤다.

"김민경, 너는 멋진 여자다. 김민경, 사람들이 너를 보면 호감을 갖는다."

"나는 우리 회사 최고의 판매원이다."

"나는 매일 열 사람을 만난다."

"나는 영업에 성공해서 우리 선배처럼 후배를 지도한다."

"나는 영업에 성공해서 벤츠를 산다."

"나는 영업에 성공해서 부모님 모시고 세계여행을 떠난다."

"나는 신난다."

"나는 행복하다."

그 뒤로 김민경은 활기차고 명랑해졌다. 사람들은 그녀를 좋아했다. 보험회사에서의 성적도 놀랄 만큼 좋아졌다.

긍정적인 자기 주문을 확신 있게 말하는 것은 삶에 큰 성공을 가져다준다. 확신의 말을 하는 것은 모든 성공한 사람들이 쓰는 공통적인 습관이다. 마음속으로 대화하는 말과 일상생활에서 하는 말들은 다 확언들이다. 그렇게 무심코 지나치는 말들은 꽤 부정적일 때가 많고, 그 말들을 함으로써 얻는 경험은 우리에게 즐거움을 선사하지 못한다. 하지만 부정적인 생각과 말을 긍정적으로 바꾸는 훈련과, 바라는 것 상상하기를 지속한다면 위의 김민경 씨의 예처럼 모든 분야에서 원하는 성취와 좋은 결과를 낼 수 있을 것이다.

확언을 큰 소리로 말하는 것은 미래에 긍정적인 영향을 미칠 특정한 생각을 의식적으로 선택하는 것을 의미한다. 이 확언은 우리의 사고 패턴을 바꿔주기도 한다. 현재 사용하고 있는 단어를 통해 현실을 뛰어넘어 미래를 행복하게 해 준다.

만약 은행에 돈이 많이 없더라도 '나는 돈을 많이 벌 거야'라고 말을 하는 것은 미래의 풍요를 위한 씨앗을 심는 행동이다. 이 확언을 되풀이하는 동안 이미 마음이라는 환경에 심어 놓은 씨앗은 싹을 틔우고 있다. 바로 그 확언을 하는 행위가 본인이 원하는 행복한 환경을 만들어 밑거름이다. 이 과정에서 씨앗이 자랄지 안 자랄지는 지켜보면 된다. 비옥하고 풍부한 흙에서는 바라는 것들이 더 빨리 이루어진다. 그러므로 마음을 항상 부정에서 비옥한 토양인 긍정으로 바꿀 필요가 있다.

긍정적인 생각은 삶에 좋은 것을 많이 가져다준다. 반면 부정적인 생각들은 좋은 일들을 밀어내고 원치 않는 것들만 가져다준다. 부정적인 생각을 평소에 많이 하는 사람들이 있다. 이것은 자신 삶에 안 좋은 것들을 계속 끌어당기게 한다. 이 생각을 알아차리고 그런 생각이 들어올 때마다 바로 긍정적으로 바꿔줘야 한다. **모든 생각들은 현실이 되는 물리적인 힘을 가지고 있다.** 그러므로 바로 긍정적인 생각으로 바꾸지 않으면 그 부정적인 생각들이 현실에 나타날 가능성이 아주 크다. 그렇기에 생각을 바로 바꾸어야 한다.

생각을 전환할 수 있는 책은 바이런 케이티의 《네 가지 질문》이란 책과 《그 생각이 없다면 당신은 누구일까요?》를 추천한다. 그리고 '한국 미라클모닝' 카페에 '모른다, 괜찮아' 명상법이 있다. 그걸 해 보면 생각이 많이 비워진다.

긍정적인 확언은 자신감, 안정감, 자존감, 편안함을 가져 준다. 기분이 좋아지고 마음이 행복해지는 중요한 수단인 확언을 매일 아침에 6분 일찍 일어나서 1분 동안 하루에 있을 좋은 일들, 원하는 일들을 미리 상상하여 긍정적인 간단한 단어로 크게 외쳐보는 것은 보람찬 새로운 하루를 지내는 좋은 방법이다. 마음속에서 이 확언을 말함으로써 자신에게 이로운 방식으로 느끼고 행동하는 능력을 키운다. 또한 상상한 대로 이루어지는 효과를 경험할 수 있다.

예를 들어 '나는 오늘 만나는 모든 사람에게 아주 기쁜 마음으로 대한다'라는 확언을 외치면, 많은 사람 앞에서 말하는 것이 편안해져 기쁜 감정을 더 많이 발산할 것이다. 또한 자신에게 '나는 좋은 사람이 되려고 노력 중이다'라고 말하면 자신에 대해 좋은 기분이 생길 뿐만 아니라 실제로 그런 행동을 하게 된다. 좋은 생각과 말은 좋은 감정과 행동의 원천이다. '내 외모가 싫어'와 같은 자기 회의적인 믿음을 '내 외모에 편안함을 느껴'라고 암시를 주거나 혹은 '한 단계 더 발전한 내 모습이 맘에 들어'로 바꾼다. '돈이 없어'를 '돈이 삶에 아주 풍족하게 들어와', '돈은 예상한 곳에서 들어오기도 하고 예상치 못한 곳에서도 들어오기도 해', '나는 돈을 자석처럼 끌어당겨' 같은 긍정적인 믿음으로 바꾸는 일은 긍정적인 확언을 간단하게 적용해 자신에 대해 좋은 느낌이 들도록 만드는 아주 좋은 방법이다.

이 과정에서 원하는 모습이 된 나의 이미지를 상상한다. 내가 되고 싶고 바라는 몸이 된 나의 모습, 돈이 나에게로 많이 들어오고 있는 모습, 가족들과 행복하게 지내는 모습은 전부 마음이라는 텃밭에 씨앗을 뿌리는 행위와 같아서 좋은 사람들과 좋은 환경을 만나게 되면서 그것들이 싹이 트고 이내 현실이 될 것이다. 이것은 우주의 원리이다. 모든 성공한 사람들은 공통으로 긍정의 확신의 말을 아침마다 외치고 소망이 이루어진 모습을 상상한다. 이것은 고대로부터 전해 내려온 방법이다.

 긍정적 확언의 힘이란 자신이 생각하는 그대로 현재의 모습이 되듯이, 자신이 말하는 그대로 말이 씨가 되어 현실로 나타나게 하는 힘을 말한다. 하지만 뇌는 초기 설정이 부정적인 것으로 되어 있다. 원하는 것과 이뤄낼 방식을 일부러 긍정적으로 생각하지 않으면, 마음속에 부정적인 사고가 가득 차서 발목을 잡을 것이다.
 당신의 잠재력은 확언의 힘과 함께 무한하다. 긍정적이고 희망적인 말을 되풀이하면, 그 말은 곧 스스로 힘을 지니기 시작한다. 그러면 새롭고 긍정적인 메시지 또는 마음속에 짜둔 프로그램에 걸맞게 생각하고 느끼기 시작한다. 긍정적인 새 태도는 마치 카세트테이프에 녹음할 때 이전의 내용이 지워지듯, 부정적인 생각과 경험을 지워내고 쫓아낼 수 있다. 그러므로 뇌라는 신비한 영역에 강력한 '긍정 확언시스템'을 개발하자.

 조용히 자신의 시간을 가지고 삶의 목표나 내가 이 세상에 존재하는 목적에 대해서 생각하지 않으면 자신이 무얼 원하는지 꿈이 무엇인지 정확한 삶의 목표가 무엇인지 잊어버리게 된다. 마치 배가 목적지를 잃고 헤매듯이….

 강연을 다니며 혼자 조용히 자신에 대해 긍정 확언하는 시간을 가지라고 알려 드리면 많은 분이 공감한다. 삶을 즐기면서 무엇이든 행복하게 하는 것과 말을 많이 하지 않고 잘 들어주는 것 그리고 고요하게 미래의 꿈을 그리는 시간을 갖는 것이 성공의 아주 큰 핵심 요소라는 것을 알려드리면 많은 분이 고개를 끄덕이며 필기한다.
 어떻게 보면 이렇게 간단한 원리와 법칙을 실천하는 것이 무척 어렵다. 하지만 그것을 이루고 사는 사람들이 많다.

 바쁜 일상에서 자신이 하는 말과 현실의 상황을 깊이 조용하게 생각할 수 있는 시간이 아침이다. 새로운 하루를 시작하는 순간에 1분을 따로 내서 아내들과 가족들의 미래 행복한 모습을 상상한다. 그 행복한 상상이 현실이 되기 위해서 어떤 행동을 해야 하는지도 생각해 긍정 확언을 잠깐 소리 내어 외쳐본다. 그러면 긍정적인 하루가 될 것이고 그 하루가 모여 한 달, 일 년이 되고 나의 인생 전체가 될 것이다.
 다음은 필자가 새벽에 일어나 소리 내어 외칠 수 없으므로 조용히 노트에다 적는, 인생의 지침인 긍정 확언이다.

1. 나는 생을 다 할 때까지 새로운 긍정적인 도전과 모험을 하여 긍정적인 평화와 행복을 만끽하겠습니다.

2. 나는 나의 건강, 행복, 부, 풍요와 다른 사람들의 건강, 행복, 부, 풍요를 위해 기꺼이 나 자신과 다른 사람들을 돕겠습니다.

3. 나는 반드시 모든 것에서 밝은 면과 낙천적인 면만을 발견하겠습니다.

4. 나는 항상 최선의 행동을 하겠습니다.

5. 타인의 성공을 마치 내가 이룬 것처럼 팔짝팔짝 뛰면서 기뻐하겠습니다.

6. 과거의 실패는 있는 그대로 받아들이고 미래의 희망만을 바라보며 지금, 이 순간, 여기에 있는 나를 있는 그대로 받아들이겠습니다.

7. 타인에게 본보기가 되기 위해서라도 자기 향상, 자기 계발, 자기 성장에 힘쓰겠습니다.

8. 어떤 사람과 상황도 두려워하지 않는 강인함을 지니겠습니다.

9. 인내하고 노고하고 참고 견디어 내가 목표한 도달점에 이르겠습니다.

10. 고난을 기회로 생각하여 기쁘게 나아가겠습니다.

필자도 긍정 확언을 알기 전에는 내 마음속에 있는 생각이 얼마나 부정적인지를 깨닫지 못했다. 하지만 생각에 주의를 기울이면서 의식해 보니 너무도 많은 생각이 부정적이었다. 그 생각이 부정적인 말들로 튀어나와서 화내는 말, 짜증스러운 말, 불평, 불만을 많이 했던 탓에 많이 반성했다. 이 말들이 나의 삶에 큰 영향을 끼쳐 행복하지 못한 방향으로 이끌었다. 얼마나 생각 힘과 말의 힘이 강력한지를 몸소 큰 사고로 체험을 한 것이다.

그러나 긍정 확언을 하고 나서는 어떤 일이 있더라도 '모든 일은 좋다. 모든 것은 순조롭게 진행되고 있다. 이 상황에서 나에게 좋은 것만 주어진다. 괜찮다. 나는 안전하다.'라는 확언을 속으로 외침으로써 어떠한 상황이라도 극복할 수 있었다. 하지만 이 상황에서 '나는 왜 안 되는 걸까? 왜 나한테만 이런 일이 일어나는 걸까? 나는 왜 행복하지 않을까?'라고 생각한다면? 삶에 나아지거나 도움이 되는 것이 아무것도 없다.

필자가 운영하는 '한국 미라클모닝' 카페에서는 매일 아침 일찍 일어나셔서 자기 계발하시는 분들이 확언을 올리신다. 다음은 그 확언 중의 일부분이다.

> ✔ 나는 하루 동안 내 삶에 최선을 다한다.

- 나는 자기 전에 아주 편안하고 행복하고 가벼운 몸 상태를 유지한다.
- 나는 6월 20일까지 5kg을 빼고 7월 20일까지 뺀 몸무게를 유지한다.
- 나이키 앱을 통해서 마라톤 코치를 받는다. 그래서 내년 봄에 핑크 마라톤 대회에 참여한다.
- 근력운동을 하여 체질량 지수를 줄이고 근력을 늘린다.
- 13회 PT를 받으면서 내 몸의 균형을 찾고, 혼자 웨이트할 수 있는 능력을 기른다.

오늘부터라도 당장 부정의 언어를 버리고 새로운 긍정의 확언을 만들어 아내들의 인생을 새롭게 다시 쓰는 것은 어떨까? 그런 새로운 인생을 그려볼 수 있는 시간이 아침 시간 1분이다. 이 시간만큼은 누구에게도 방해받지 않는 고요한 장소에서 행복한 상상을 하는 시간으로 꼭 매일 떼어 놓는다. 삶이 정말 풍요로워질 것이다.

08
인생을 바꾸는 기적,
6분이면 충분하다

"엄마 나도 미라클 모닝 해 볼래."

"정말 그렇게 일찍 일어날 수 있겠어?"

"어, 엄마가 하는 습관이 올바른 것 같아. 일찍 자고 일찍 일어나니, 엄마의 얼굴이 아주 환해졌잖아. 엄마가 요즘 많이 행복해 보여. 나도 한번 해 볼래."

큰아이가 엄마의 일찍 일어나는 습관이 좋아 보였는지 아침 밥을 먹으면서 그런 질문을 한다. 우리 가정은 엄마의 아침 일찍 일어나는 습관 덕분에 가족의 아침 풍경이 달라졌다. 밥상머리 교육에서 대화의 주제가 삶의 깊이 있는 것들이다. 사춘기 아들과 나누는 대화에 행복의 꽃이 핀다. 이 모든 것들이 시련의 과정을 통해서 많은 성장과 교훈을 얻고 포기하고 싶은 순간에 포기하지 않았기에 가능했다.

일찍 일어나서 자기 계발을 하기 전에는 아이들을 학교 가라고 힘들게 깨우고, 주말이면 늦잠 자는 아이들과 TV 보는 남편을 못 마땅하게 생각하여 불평이 많았는데 엄마가 아침에 일찍 일어나 즐겁게 아침밥을 차려주고 주말에도 운동하고 기쁘게 생활하니 아이들과 남편도 덩달아 즐거워졌다.

우리 가족은 이제 주말에도 일찍 일어나 하루의 시간을 많이 버는 가족이 되었다. 주말이면 소파에 앉아 텔레비전의 리모컨만 돌리는 남편도 이제는 운동하러 스포츠 센터에 두 번이나 갔다 오는 신기한 일이 벌어진다. 그리고 남편이 우리말 퀴즈 대회에 나가고 싶다는 꿈이 생겨 도서관에 가서 책을 빌려 퇴근하고 소파에 앉아 공부하는 기적 같은 일이 벌어졌다. 아이들이 행복하게 더 많이 웃는 것은 덤이다. 이렇듯 우리 가족은 엄마 한 명의 아침 습관 변화로 일상생활에서 참 좋은 일들이 많이 생기고 있다.

세상은 5시를 두 번 만나는 사람들이 지배한다. 어느 분야에서 성취를 이룬 대부분 사람이 공통으로 하는 말이다. 하루에는 두 번의 5시가 있다. 아침 5시와 저녁 5시다. 해가 오를 때 일어나지 않는 사람은 하루가 해의 아래 지배에 들어갈 때의 장엄한 기운을 결코 배울 수 없다. 그때가 가장 좋은 기운이 나오는 때라서 집중력도 좋고 어떤 결정을 하기에 아주 좋은 시간이다. 아내들이 하루를 행복하게 보내고 건강하여지고자 한다면 현시점에서 아침 6분 일찍 일어나는 습관을 매일 가지길 바란다. 너무 처음부터 무리하면 지속할 수 없으니 실패할 수 없을 정도의 아주 작은 목표 6분으로 정하고 평소보다 6분 일찍 일어나는 것으로 시작하고 익숙해질 때 시간을 늘린다.

인류의 역사가 시작된 이래 자수성가한 인물 중에 늦잠을 자며 성공한 인물은 거의 없다. 해는 이 땅의 모든 만물을 키워내고 성장시키고 번성시킨다. 아침 해가 떠오를 때 그와 함께 활동하고 운동하고 자기 계발을 한 사람은 성공의 첫 계단을 올라가고 있다. 아침을 환하게 밝고 기분 좋게 맞이하면 가정의 평화가 이뤄진다. 아침은 만물을 다 깨우는 시간이다. 이 시간에 잠을 자고 있으면 건강과 활력과 에너지가 다 빼앗기고 나보다 더 먼저 일어나 자기 계발하는 사람들에게 내 모든 밝은 빛을 주게 될 것이다.

현재 스스로가 부지런하다고 생각하고 잘살고 있고 열심히 살고 있다고 생각하지만, 뭔가 삶이 고통스럽고 만족스럽지 못하고 우울하다면 아침잠을 못 깨서 이불에서 일어나는 것이 곤혹스러운지 질문해 봐야 한다.

해는 모든 생명과 활기의 근원이다. 아침에 떠오르는 태양과 함께 일어나고 그 태양을 보면서 아침 6분 일찍 자신을 위해 독서를 1분 동안 하고 운동을 잠깐 1분 동안 하며 자신의 소원을 글로 1분 동안 써보고 감사한 점을 느끼며 1분 동안 감사일기를 쓰면서 1분 하루에 있을 일을 미리 좋게 상상하고, 1분 명상을 매일 하는 습관을 들인다면 나의 1년 후, 5년 후, 10년 후는 어떻게 변해 있을까?

꿈을 실현하고 목표를 달성하는 데 있어, 바람직한 행동을 꾸준히 실천하는 일보다 더 중요한 건 없다. 성공한 사람들이나 아침에 일찍 일어나는 사람들은 반드시 정해 놓은 시간에 벌떡 일어나서, 하루를 늦게 시작하는 사람들과 다르게 생활하는 습관을 매일 지속하고 있다. **습관을 바꾸면 인생도 바뀌게 되고 운명도 바뀐다.** 생각나면 그때 한 번 하는 단발성이 아니라, 꾸준히 실천해서 습관으로 굳히기 때문에 매일 좋은 습관을 실천하는 사람들의 인생이 바뀌는 것이다. 단 하루만 하는 것은 누구나 할 수 있다. 그러나 꾸준히 실천해야 한다면 생각이 중간에 바뀐다.

하루 6분이라는 시간은 24시간 중에 정말 작은 시간이다. 하지만 이 시간을 잘 활용한다면 내 삶 전체가 달라질 것이다. 좋은 일들이 많이 일어난다. 멋진 습관이 생겼기 때문에 좋은 일이 일어나는 것은 어떻게 보면 당연한 일이다.

필자가 운영하는 카페에는 수많은 분이 아침 6분 일찍 일어나는 습관을 통해 삶을 변화시키고 있다. 아침에 일어나는 걸 죽기보다 싫어했던 분은 매 주말만 되면 주중에 못 잔 잠을 만회하려고 온종일 주무셨다는 분도 계셨는데, 그분은 새벽 4시에 일어나 운동하고 독서하고 자신을 있는 그대로 받아들이는 치유 연습을 하면서 내면의 소리에 집중하게 되어 주말에도 행복하게 일찍 일어나서 자기 계발 한다. 그분은 아침 일찍 일어나는 걸 처음부터 크게 잡지 않았다. 6분만 일찍 일어나자고 스스로 다짐했다.

습관이란 것은 혼자서 시작하면 작심 3일로 끝날 가능성이 많다. 그래서 같이 일찍 일어나는 모임을 만들고 그 일어난 시간을 기록하고 일지를 남긴다. 혼자만 일찍 일어나는 것이 아니라 여러 사람과 공유하는 것은 서로의 긍정적인 격려와 응원을 통해서 습관을 지속하기에 아주 좋은 방법이다. 이 습관을 실천하고 나서 하루가 크리스마스를 기다리는 것처럼 즐겁고 행복하다는 분들이 많다. 6분 일찍 일어나기 전과 후는 기적이라고 말할 수 있을 정도로 삶이 많이 달라졌다고 후기로 남긴다.

이충무공이 명량 해전을 앞두었을 때, 조선 수군은 배가 13척이었고 왜군의 배는 1,000척이 넘었다. 이때 조정에선 13척밖에 없는 배로는 싸우나 마나 질 것이 불 보듯 뻔하니 아예 해전을 포기하고 육군에 편입해서 서울로 향하여 밀려오는 왜군을 육상에서 막는 전투에 투입하라고 했다.

이때 충무공은 생각했다.

조선 수군은 그래도 싸울 배가 13척이나 있으니 이것으로 반드시 이기는 전술을 세워야 한다고….

목이 마를 때 물이 반 컵이 있다고 하자. 이때 사람의 반응은 두 가지로 나뉜다.

하나는 "반 컵밖에 없잖아." 이는 비관적이고 소극적인 태도이다. 다른 하나는 "반 컵이나 있네. 이거 다행이야."라는 적극적인 태도가 있다.

이 두 가지 반응 중 어떤 사고를 할 것인가?

'물이 반 컵밖에 없잖아. 오늘 어차피 일어나지 못했으니 난 내일도 못할 거야'라며 비관적인 태도와 소극적인 태도로 행복할 수 있는 아침 시간 6분을 포기할 것인가? 아니면 '앞으로 아침 일찍 일어날 수 있는 습관을 실천할 수 있는 시간은 많으니 오늘 못했다고 좌절하지 말고 내일 다시 한번 시도해 보는 건 어떨까?'라고 긍정적으로 생각하는 적극적인 태도를 보일 것인가?

큰일을 성공한 사람들의 심리를 조사한 연구에 의하면 사람의 정신 자세가 성공 요인의 85%나 차지하고 나머지 15%는 지능, 교육, 특기, 운이라고 한다.

이것은 세상을 밝게 보고 일을 긍정적으로 생각하고 행동을 능동적으로 하는 패러다임을 갖는 것이 성공적인 삶을 사는 데 결정적인 요인이라는 것은 의미한다. 세상을 살아가는 데 소극적인 태도를 보이면 될 일도 안 되고 적극적 태도를 보이면 안 될 것처럼 보이는 일도 이루어질 수가 있다.

아침마다 일어나서 외우며 듣는 시를 소개한다.
마음먹고 결심하는 데는 딱 1분이면 된다.
세상을 바꾸기 위해서는 1분이면 된다.
지금 울고불고 불평만 하는가?
삶이 공정하지 못하다고 생각하는가?
당신이 아무 데도 가지 못하는 동안에 많은 사람이 전진하고 있는 것을 아는가?
진정 당신 자신이 할 수 있는 것이 아무것도 없다고 생각하는가?
잠시 거울을 보라.
그러면 실제로 누가 당신의 미래를 맡고 있는지 보게 될 것이다.
우리가 원하는 바대로 삶을 변화시키는 것은 우리 각자의 60초 선택의 순간에 달려있다.

그것이 시간이 오래 걸린다고 생각된다면 다시 생각해 보아라.

마음을 정하는 데는 단지 1분이면 된다.

이제 나아가야 할 때이다.

인생을 변화시키는 데는 딱 1분이면 된다.

시작하고 이길 수 있다는 마음을 가지고 도전하는 데는 딱 60초면 된다.

모든 다른 선택을 차단하라.

그런 다음 정말로 한번 해 보겠다는 결심하라.

모든 사람의 여행은 더도 덜도 아닌, 단 한걸음에서부터 시작된다.

이제 나아가자.

인생을 변화시키는 데는 단지 1분이면 된다.

시작하고 이길 수 있다는 마음가짐을 가지고 도전하는 데는 단지 60초면 된다.

인생을 살아가는 데 있어 적극적으로 아침에 6분 일찍 일어나서 능동적으로 자기 계발하는 아내들은 분명 가정뿐만 아니라 인생의 전반적인 부분들에 있어서 예상하지도 못했던 놀라운 좋은 변화를 발견하게 될 것이다. 이미 수많은 사람이 아침에 일찍 일어나서 수많은 부(富)와 풍요로움을 성취한 것을 우리가 누리고 있지 않은가? 이젠 이 책을 읽고 지금까지 잘 따라와 준 당신의 차례이다.

제 2 장

나도
매일 특별하게
살고 싶었다

01
4살 아이의 마음을 울리던
슬픈 새벽종

"아저씨 저 너무 무서워요. 우리 집에, 우리 엄마한테 데려다주세요."

언젠가 부산행 영화를 보았다. 마지막 장면에서 대기업 상무가 좀비가 되어 어린아이처럼 울며 허공에다 애원했다.

"나 좀 집에 데려다 주세요."

이 울부짖음은 나의 외침이기도 했다. 어린 시절 집이 가난하여 4살 때 시골 외갓집에 보내졌다. 어느 순간 아무도 모르는 낯선 공간으로 이동한 나는 엄마가 너무 그립고 보고 싶었다. 그래서 매일 마음속으로 엄마에게 나 좀 집에 데려가 달라고 외쳤다. 영화의 한 장면과 너무 닮았다.

누구나 다 내면에 어린아이가 살고 있다. 겉모양은 성인이지만 크고 작은 문제가 생겼을 때 반응하는 생각이 어린아이와 같은 것이다. 나는 그 어린아이를 슬픔으로 만났다.

어린 시절 부모를 떠나서 외할머니나 친할머니에게 맡겨진 아이들은 조숙하다. 엄마의 사랑을 충분히 받지 못했다. 그래서인지 어렸을 때부터 존재의 가치와 삶의 근본적인 질문들, '나는 누구일까? 어떻게 살아야 할까? 죽음이란 무엇일까?'와 같은 질문들을 일찍 던진다. 이런 물음들은 누구나 살아가면서 반드시 맞닥뜨린다. 하지만 이런 고민이 꼭 나쁜 것만은 아니다. 누구나 한 번쯤 태어나면 고민하게 되는 매우 가치 있는 생각이다. 삶에 대한 성찰을 어린나이에 상처받아 평범한 사람들보다 좀 더 이른 시기에 했던 것이다.

일찍 삶의 고민을 시작한 나는 외갓집에서 새벽 5시면 잠에서 깨야만 했다. '새벽종이 울리네. 새 아침이 밝았네. 너도나도 일어나 새마을을 가꾸세.' 매일 새벽 정각 5시에 마을 회관에서 스피커로 노래가 흘러나왔다. 삼촌, 할머니, 할아버지 모두 다 그 시간에 일어나서 논일하러 나갔다. 나는 더 자고 싶어도 잘 수가 없었다. 그분들을 따라가야 했기 때문이다. 하지만 더 잘 수만 있었다면 좀 더 자고 싶었다. 더 자도 된다고 내 이름을 불러 주는 따뜻한 엄마가 필요했다.

'내가 그의 이름을 불러준 것처럼 나의 이 빛깔과 향기에 알맞은 누가 나의 이름을 불러 다오. 그에게로 가서 나도 그의 꽃이 되고 싶다.'

김춘수 시인의 《꽃》처럼, 내 이름을 정겹게 엄마가 불러줬으면 좋았을 텐데…. 항상 아쉽고 외로웠다. 사랑스럽게 내 이름을 불러주었던 사람이 있었을 텐데 나는 지금 그 존재들과 떨어져 있다.

내 이름이 '남미'인데도 할머니는 항상 나를 '나미야'라고 불렀다. 나는 엄마가 내 이름을 정확히, 의미 있게 불러주길 바랐다. 사랑이 없는, 삭막하고 뭔가 허전함의 근원이 남원 외갓집에 혼자 남겨진 경험으로부터 시작된 것이다. 누군가의 꽃이라는 존재가 되어 사랑받으며 특별하게 살고 싶었다.

하지만 무섭고 불안한 아침 풍경만 존재할 뿐이다. 새벽에 일찍 일어나면 무섭게 눈초리를 붉히던 할아버지가 무섭고 두려웠다. 아침마다 일어나는 게 상쾌할 수 없었다. 아침이 허전하고 공허한 느낌이 들 때가 많았다. 이런 느낌으로 일어나 문지방을 밟았다고 할아버지께서 꾸중하시면 너무 무서웠다. '오늘은 혼나면 안 될 텐데.' 어린 나이에 항상 긴장하면서 일어났다. 새벽이 나에게는 행복이 아니라 무기력함이고 무서움의 시간이었다. 하지만 이것 역시도 나를 더욱 알아가게 하고 훗날 새벽에 일어나서 행복해지려는 방법을 연구하는 중요한 계기가 되었다.

아이를 낳아서 키우다보니 커가면서 아침을 대하는 자세가 삶에서 아주 중요하단 걸 깨달았다. 그래서 지금은 두 아들을 세상에서 가장 행복한 누군가의 꽃이 될 수 있도록 의미 있게 부르면서 아침을 맞이하고 있다.

잠을 자고 일어나는 방식은 하루 생활에 큰 영향을 끼친다. 아침에 일어나는 느낌이 행복하고 즐거우면 온종일 기분 좋은 일들이 일어난다. 하지만 우울하고 불안하고 두려움에 떨면서 일어나면 하루를 부정적인 느낌으로 생활하게 된다. 그러면 그런 기분이 매일 지속되는가? 그렇지 않다. 왜냐하면 어린 시절 상처 때문에 행복한 삶에 대해 고민하다 보면 자기성찰이 이루어지기 때문이다.

감정적이고 따뜻한 화풍으로 널리 사랑받는 화가 이수동의 책 《토닥토닥 그림 편지》를 읽으면서 맘에 드는 시를 발견했다. 삶에 대해 그래도 내가 행복하다는 다음의 시가 인상 깊어 인용해 본다.

"그래도"란 섬이 있습니다.
우리들의 마음속에만 있는 이어도만큼
신비한 섬입니다.

미칠 듯 괴로울 때 한없이 슬플 때
증오와 좌절이 온몸을 휘감을 때

비로소 마음 한구석에서 조용히 빛을 내며 나타나는 섬
그게 "그래도" 입니다.

"그래도" 섬 곳곳에는
"그래도 너는 멋진 사람이야."
"그래도 너는 건강하잖니?"

"그래도 너에겐 가족과 친구들이 있잖아"
"그래도 세상은 살 만 하단다"같은
격려문들이 나붙어 있습니다.

'그래도'는 자신을
다시 돌아볼 수 있는
용서와 위로의 섬입니다

어린 시절 무서운 할아버지라는 상처가 있었다. 그래도 시골의 자연과 할머니, 나를 아껴주셨던 증조할머니, 멀리 떨어져 있는 가족, 건강한 신체, 마당의 꽃들, '독구'라는 강아지, 두꺼비, 샘물 등은 나에게 큰 위로와 놀이가 되어 훗날 삶을 풍요롭게 만들었다.

새벽에 일찍 일어나는 습관을 매일 지속한 나는 어른들한테 부지런하다는 소릴 들었다. 그것이 나에게는 칭찬으로 들렸다. 더욱더 칭찬받기 위해 부지런하게 청소도 하고 어른들 말도 잘 들었다. 외갓집에서 살아남기 위해서는 그곳의 삶에 적응해야 했다. 인정받기 위해 했던 행동들이 살면서 좋은 습관을 갖게 된 계기가 되었다.

"습관이란 인간으로 하여금 어떤 일이든지 하게 만든다."라고 도스토옙스키가 말했다.

어린 시절 시골에서 살며 아침에 일찍 일어나는 습관이 나중에 어떤 일이든 하게 만들었다. 사람은 큰 고통이나 큰 사건 이후 스스로 변화하지 않는 한 습관은 쉽게 변하지 않는다. 나는 다행히도 2년 동안 엄마 없는 큰 고통을 통해 훗날 아침에 일어나는 습관을 바꾸게 된다. 지금 책을 읽는 독자 중에도 아이를 할머니와 누군가에게 맡기고 죄책감을 느끼고 있다면 그럴 필요가 전혀 없다. 그 아이는 누구보다도 더 열심히 삶을 살아가며 자신을 알아갈 것이다. 그리고 엄마가 어떻게 대해 주느냐에 따라 훗날 멋지게 성장해 가고 있을 것이다.

아침 일찍 논두렁으로 나가 할머니 할아버지는 논일하실 때 나는 자연과 놀았다. 아침 공기 마시며 풀냄새를 맡으며 개구리와 샘물과 달팽이와 놀았다. 자연에서 있는 시간만이 엄마와 떨어져 있는 외로움을 달래게 해 주었다. 인간의 고독과 외로움의 근원적인 질문이 자연에서 해결되었다. 자연이 가지는 치유적인 기능 즉, 스트레스가 해소되는 것을 어린 시절부터 경험했다. 아침 이슬과 풀잎 그리고 시골의 모든 풍경이 좋은 기억으로 남아 있다.

논두렁에 앉아서 할 일이 자연과 노는 것밖에 없었던 나는 심심했다. 그래서 비행장 옆에 있는 할아버지 논에서 날아다니는 비행기를 관찰했다. 하늘을 자유롭게 날아다니는 비행기가 나의 떠나고 싶은 마음을 잘 보여줬다. 엄마한테로 가고 싶은 아이, 하지만 엄마가 없어 외로운 아이는 어디론가 저 비행기처럼 날아가고 싶었다.

이런 어린 시절의 경험이 훗날 내가 직업을 선택하게 될 때 큰 영향을 미칠 줄은 그때는 몰랐다. 비행기처럼 새처럼 훨훨 날아서 더 넓은 세상을 보고 싶다는 꿈도 가졌다. 《갈매기의 꿈》에서 조나단 리빙스턴처럼 자유롭게 훨훨 날아가고 싶었다. 그래서 하늘을 나는 상상을 자주 했다. 상상하면 이루어진다고 하는 말을 어린 시절부터 체험했다. 훗날 그런 상상이 이루어지게 된다.

어린 시절 남들이 흔히 겪지 못한 큰 상처로 삶이 혼란스러웠지만 지금 돌이켜 보면 슬펐던 기억들이 성장의 동력으로 작용해 어떤 것이든 성취할 수 있는 강한 믿음으로 자리 잡게 되었다. 그러니 우리가 이 세상에서 겪는 모든 고통과 상처는 의미 있는 삶의 학습 자료이고 재료이다. 새벽에 일찍 일어나는 어린 시절의 습관이 나에게 아주 좋은 삶의 재원이 되어주었다.

삶은 여행이라고들 한다. 그 여행길에서 나는 정말 행복해지고 싶다. 행복이 아침 일찍 일어나는 습관에서 비롯될 수 있다는 걸 이른 나이에 경험으로 이미 체득했다. 어린 시절 흔치 않은 경험을 통해 이후에 펼쳐지는 삶이 평범하지 않은 새로운 삶의 역경과 삶의 재료가 되어 잘 이겨내고 있다. 진주는 진흙 속에 숨어있지 않은가? 연꽃도 흙탕물에서 아름답게 피어난다. 나는 정말 진주와 연꽃처럼 특별하게 살고 싶었다.

02
주목받고 싶었던 착한 아이

'나를 찾아가는 여행'

어린 시절 흔하게 겪지 못하는 경험 때문에 내면으로의 여행을 많이 했다. 여행이 항상 좋긴 하다. 그러나 그 과정에서 만나는 불편한 요소도 감내해야 한다. 내 안에 있는 이 불안감의 근원은 어디일까? 무엇이 나를 불만족하게 하는가? 이 분노, 화, 걱정이라는 부정적인 감정의 근원은 무엇일까? 나는 조용히 나 자신 안에 있는 나를 바라보았다.

평생토록 나를 옭아맬 것 같은 이, 참을 수 없는 '존재를 인정받고 싶은 욕구'는 과연 무엇일까? 이런 질문들을 너무 이른 나이에 하게 되었다. 다른 어린아이들은 해맑게 뛰어노는 그런 시기에 나는 존재 본질에 대한 심오한 의문들을 던졌다.

살면서 누구나 다 이런 물음을 가지고 산다. '열심히 살고 착하게 잘살고 있는데 왜 내면은 행복하지 않지? 다른 사람들은 성공과 성취도 잘하는데 왜 나는 안 된단 말인가?'

이런 질문들은 하루에도 몇 번씩 하게 된다. 그 근원이 어린 시절에 착한 아이로 살아가길 강요받는 사회로부터 시작된 것으로 생각한다. 자신의 의견을 잘 표출하는 아이들은 진짜 자신이 원하는 것이 무엇인지를 알려고 노력하기 때문에 남에게 맞추어서 사는 것이 아닌 참된 자아로 살아간다. 그렇지 않았던 어린 시절의 나는 어른들의 요구에 맞춰서 살았다. 그래서 삶의 어느 순간 불행한 요소들을 더 많이 찾았다.

엄마가 심부름시켜도 "네."

작은엄마가 약국에 가서 생리대 사 오라는 심부름시켜도 "네."

설거지를 하라고 해도 "네."

시장에 같이 가자고 해도 "네."

선생님이 무엇을 시켜도 "네."

항상 "네."라고 대답하면서 상대방의 마음에 들고자 했다. 그것이 생존 방법이라고 생각했기 때문이다. 이상하게 너무 쉽게 남의 부탁을 들어줘서인지 상대방은 "고맙다"라는 말을 하기는커녕 당연한 것으로 받아들였다. 그게 싫어 다음번에도 부탁을 하면 하기 싫은 조건을 달아서 겨우 부탁들을 들어줘야 '고마워' 할 텐데 그렇지 못하고 착하게 굴었다.

"아니요. 다른 일이 있어요"라고 감히 거절한 적이 없었을 정도로 인정받고자 하는 착하고 말 잘 듣는 아이가 되었다. 하지만 자신의 의견을 표현하지 못하고 남들이 시키는 대로 사는 삶은 겉으로는 괜찮아 보이지만 내면에 불만이 쌓이기 시작한다. 어느 순간 그 불만이 극에 달하면 시한폭탄처럼 폭발한다.

착한 아이가 되어 사람들의 관심을 받으려고 하는 마음은 불행을 만든다. 왜냐하면 본래 있는 그대로의 모습으로 존재하지 못하기 때문이다. 가짜인 자아로 평생 남에게 꿰맞춰서 살기 때문에 항상 알 수 없는 공허감과 무기력감에 시달리게 된다. 그 거짓된 감정에 사로잡히면 내가 무엇을 원하는지, 무엇을 하고 싶은지, 어떤 것을 할 때 가장 행복한지 알 수 없다. 진실한 나로 살아가지 못한다. 진실은 자신이 언제든지 자유롭게 원하는 걸 마음껏 해 볼 수 있는 자율 의지가 내 안에 있는 걸 아는 것이다.

행복한 방법을 잘 알고 있는 달라이 라마는 "어떤 습관이 행복을 만들고 어떤 습관이 불행을 만드는지 알아야 한다"고 말했다. 그는 《달라이 라마의 행복론》에서 다음과 같이 말한다.

"행복에 이르는 요소와 고통에 이르는 요소를 인식해야 한다. 그다음엔 점차 고통에 이르는 요소를 제거하고 행복에 이르는 요소를 개발하기 시작한다. 이것이 행복해지는 길이다."

나는 행복한 요소를 많이 가지고 있는 사람이었다. 그런데도 그것을 보지 못하고 내 안에 가지고 있지 못한 것, 남에게 나를 꿰맞추려고 한 것, 진정한 나로 살아가지 못한 것 등이 고통에 이르는 요소로 작용했다. 그런 것들을 없앨 수 있는 수많은 방법을 어린 시절에 배우지 못했으므로 행복에 이르는 요소를 그냥 공부하고 노는 것으로 풀었다. 공부할 때와 놀 때는 몰입이 잘 되었기 때문이다. 그때만큼은 내 자아가 스트레스를 받고 있지 않았다. 몰입했을 때 거짓 생각이 많이 줄어드는 듯했다.

착한 아이가 아니라 내가 원하는 것이 무엇인지를 항상 질문해보고 "아닌 것은 아니다"라고 표현하는 삶, 나와 의견이 같지 않을 때 상대방을 설득해서 내가 진정 원하는 것을 할 수 있는 삶이 중요하다. 내가 진정 원하는 것을 마음껏 할 수 있는 부모는 아이에게도 착한 아이로 살기를 강요하지 않고 아이가 그대로의 모습으로 살아가길 바랄 것이다. 우리 부모 세대가 그런 교육을 받지 못했는데 자식들에게 그런 모습을 보여줄 수가 없었다.

착한 아이로 살아가는 사람들은 가슴의 소리를 따라 자신이 진정 원하는 일을 하는 게 아니기 때문에 아침에 일어날 때 괴롭다. 하기 싫은 일을 억지로 하는 사람들은 아침에 일어나는 게 행복할 수가 없다. 진짜 자아로 살아가는 사람들은 잠을 잘 때도 아침을 즐겁게 상상한다. 자기 전에 마음이 평화로울 수 있는 습관을 꾸준히 실천한다. 예를 들어 하루의 일과를 떠올리면서 반성하고, 오늘을 감사하며 내일 할 일들을 조용히 떠올리는 의식을 갖는다.

반면 불행한 사람들은 학교에 가거나 직장에 가기 위해 아침에 일어나는 것이 지옥처럼 괴롭다. 나는 어린 시절 아침에 일어났을 때의 불안함, 무기력감, 무거움, 두려운 감정을 이겨내기 위해서 수많은 방법을 시도했다. 성서도 읽어보고 아침에 운동해 보기도 했다. 하지만 그런 감정들이 쉽게 없어지진 않았다. 하지만 1장에서 밝혔듯이 그런 방법을 결국 찾아내어 행복해지는 아침 습관을 꾸준히 실천해 매일 아침이 즐거워졌다.

어린 시절 착한 아이가 되어 인정받고 주목받기 위해서 열심히 공부만 했다. 딱히 뭔가 다른 선택이 없었다. 이때 진정한 자아가 나와서 어떤 것이 나를 행복하게 해 줄 것인지를 말해 주었더라면 진짜 '나'를 발견했을 것이다. '나'란 정말 무엇을 해도 걱정이 없고 행복한 상태의 자아를 말한다. 그래도 중학교 때 열심히 공부하는 친구 따라 무작정 공부하며 재미를 느끼려고 했다. 영어 공부가 재미있어 학원을 열심히 다니고 외국인들을 만나서 이야기하고 그때부터 자신감이 생겨 영어를 더 열심히 공부했다. 인정받고 주목받기 위해 선생님에게 질문을 많이 함으로써 나라는 존재를 드러내고 싶었다.

중학교 1학년 때 태릉선수촌으로 소풍 갔다. 1990년대 초에는 외국인이 거리에 흔하지 않은 시절이라 외국인을 보니 신기해서 친구들이 나에게 영어로 말을 걸어 보라고 했다. 나는 교과서에서 배운 영어문장을 말해 보았다. 그랬더니 그 외국인들이 나에게 막 뭐라고 대답했다. 친구들과 사진도 찍었다. 친구들이 영어를 잘한다고 칭찬을 해주는 게 아닌가? 그 인정이 너무 좋아서 그때부터 더 열심히 영어 공부에 몰입했다. 주말마다 광화문과 덕수궁에 나가서 외국인이 보이면 무조건 말을 걸었다. 그때 사귄 핀란드 친구와 지금까지 연락하며 산다. 지금 생각해 보면 그때의 용기가 어디서 나왔는지 궁금하다.

'바르게 사는 사람'을 이야기할 때의 '바르게'라는 다른 측면이 의미도 갖는다. '바르게' 산다는 뜻에는 용기가 내포되어 있는데 안셀름 그륀 신부님을 통해 용기내는 것이 올바로 사는 것임을 알게 되었다.

바르게 사는 사람은 용기 있는 사람이다. 삶 앞에, 문제 앞에 용기 있게 서는 사람이다. (안셀름 그륀의《지금과 다르게 살고 싶다》중에서)

주목받기 위해 착하게 살았던 용기가 나를 알아가는 여정에 도움이 되었다는 것을 커서 알게 된다. 어린 시절 깨달은 것은 무엇이든 "용기 내어 말을 걸어보면 어떤 일이 이루어지는구나."였다. 나는 그 이후 학교에서 성적으로 주목받기 위해서 열심히 공부만 했다. 그 외에는 특별한 재미가 없었다. 영어를 하면서 주목을 받게 되니 더 열심히 영어 공부했다. 중학생이 단과학원에 가서 고등학교 언니 오빠들이 듣는 수강을 하고 매일 학원 도서관에서 앉아서 공부만 했다. 영어 공부가 재미있었다. 텔레비전에 나오는 EBS 회화도 듣고 라디오에서 나오는 영어 회화를 대학생이 듣는 수준으로 공부했다.

인문계 고등학교에 들어가서 입시 공부를 본격적으로 하게 된 계기가 있었다. 당시 언니가 고3이고 나는 고1이었다. 언니가 새벽 2시까지 동네 독서실에서 공부하고 온다고 했다. 나는 언니를 보호해야 한다는 명목으로 착한 아이처럼 야간 자율학습이 끝나면 독서실에 다녔다. 밤 10시까지 자율학습하고 새벽 2시까지 독서실에서 공부하고 새벽 6시에 일어나 학교 자율학습실에 가서 공부했다. 그때부터 나는 3년 동안 줄곧 공부만 하고 주말에는 광화문과 교보문고를 다니며 외국인을 만나고 책을 보며 혼자 덕수궁을 걸으며 마음을 차분히 가라앉혔다. 이런 습관들이 커서 명상하며 내가 진정으로 원하는 것이 무엇인지 아는 데 참 많은 도움이 되었다.

그렇게 평범하게 공부만 하며 착하게 살았던 나는 그렇게 가고 싶었던 대학의 영어과를 가게 되었고 그 이후 내 삶은 약간의 자유가 허락되었다. 하지만 내면은 뭔가 채워지지 않는 공허함이 있었고 마음이 항상 허전했다. 지금 글을 읽는 독자들도 어떤 시기에 인정받기 위해 착하게 살았지만 공허한 느낌이 갑자기 들어 우울할 때가 있었을 것이다. 진정한 자신으로 살아가고 있는지 아니면 다른 사람들에게 맞춰진 삶을 살고 있는지 마음속 깊이 되새겨 볼 필요가 있다. 다른 사람들에게서 오는 칭찬이 좋아 열심히 공부한 아이는 그렇게 대학에 들어가면서 또 미래를 걱정하며 방황하게 된다.

03
유럽여행으로 시작된
젊음의 도전

대학에서 전공한 영어 공부가 재미있었다. 좋아하는 공부여서 몰입도 잘 되었다. 동아리 활동도 해 보고 각종 모임에 참석하는 등 새로운 활동을 많이 했다.

어린 시절 새벽에 일어나는 것이 습관이 되어서일까? 대학 다닐 때 전공 공부가 재미있어 새벽 5시에 일어나 도서관에 가서 공부했다. 그 덕분에 자연스럽게 장학금을 타게 되었다. 별다른 노력을 하지 않았는데도 새벽에 일찍 일어나는 것만으로도 장학금을 타는 것이 가능하다. 조기 졸업까지도 가능하게 한 것이 아침에 일찍 일어나는 습관 때문이었다.

그러나 20대 청춘 시절에는 방황하게 된다. 미래에 내가 어떤 일을 하고 살까? 부전공은 어떤 걸로 해야 할까? 결혼에 대한 생각, 직업여성으로서 삶에 대한 고민과 방황이 많았다. 미래는 어떤 모습으로 펼쳐질 것인지, 나는 앞으로 어떤 모습으로 살아가고 있을지 상상이 잘안 되었다. 그저 하루를 충실히 살 뿐이었다.

대학 2학년 때는 삼성본관에서 번역 아르바이트했는데 삼성이라는 기업이 아침 7시에 출근해서 4시에 퇴근하는 체제라서 근무하면서 좋은 출퇴근 시스템이라고 생각했다. 하지만 4시 정각에 퇴근하시는 분들은 거의 없었고 아르바이트생만 퇴근했다. 직원 몇몇 분은 밤 11시까지 근무했다. 아르바이트하면서 느낀 건 세상에는 쉬운 일이 없다는 것이었다. 사람들이 회사에서 근무하는 것도 보고 학원에서 아이들을 가르쳐 보기도 하고 갖가지 경험을 통해서 이 세상에는 뭔가 아르바이트 말고 더 재미있는 게 없을까 찾고 있었다. 마침 친언니가 유럽으로 배낭여행을 가자는 것이었다.

언니가 몇 개월 동안 준비를 많이 했다. 나는 그냥 언니를 따라갔다. 부모님께서 허락해 주셔서 언니랑 각각 200만 원씩 400만 원으로 유럽을 40일 동안 다녀왔다. 그 당시에는 유럽 전체를 기차로 갈 수 있는 유레일패스가 30만 원밖에 안 했다. 25살 이전까지는 할인을 많이 해 준다. 지금 생각하면 있을 수 없는 가격이다.

그래서 여행은 젊은 시절에 많이 해 보라고 하나 보다. 맞는 말이다. 많은 할인에 체력까지 좋으니 어디에서든지 잘 수 있고 자유롭게 여러 곳을 여행하면서 수많은 사람과 쉽게 어울릴 수 있었다.

언니는 대학 4학년, 나는 2학년, 언니는 취업의 스펙을 쌓기 위해 그때 당시 유행한 유럽 배낭여행을 꼭 스펙으로 넣고 싶어 오래전부터 준비했다. 나는 그냥 따라가기만 했던 것이니 얼마나 편했을까? 하지만 출발 때부터 비행기를 너무 많이 갈아탄다는 느낌이 들었다. 조금만 비행하면 또 내리고 또 탑승하자마자 기내식 먹고 또 내리고 기내식 먹고, 나중에 알고 봤더니 저가 항공은 경유를 많이 해서 가야 한다는 단점이 있었다. 200만 원 예산안에서 모든 것을 다 짜야 했으니 그렇게 가는 것이 정상이었다. 모든 것이 젊음이 있었기에 가능했다.

"여행은 서서 하는 독서이고 독서는 앉아서 하는 여행이다. 여행은 가슴 떨릴 때 해야지 다리 떨릴 때 해서는 안 된다." 정현수 작가가 한 말이다.

다리가 떨릴 때는 이미 다른 곳을 돌아보기에는 자유가 제한된다. 가슴이 떨려 어디든지 갈 수 있을 때 많이 여행 가보는 것이 훗날 좋은 체험이 되어 삶의 이야기가 풍성해진다. 사람들은 돈으로 사는 물건을 추억으로 이야기하지 않지만, 여행에서 얻은 경험, 삶에서 겪은 이야기를 사람들과 나누는 것은 좋아한다.

처음 비행기를 타본 소감은 안이 너무 춥다는 것이었다. 여름이라서 반바지를 입었는데 비행기 안은 추워 승무원이 주는 담요를 덮었다. 처음 하는 외국 여행이 설레기보다는 추웠고 비행기를 5번 갈아타는 바람에 긴 비행시간이 지루했다.

처음 내린 곳은 영국 런던 히드로 공항이었다. 모든 것이 낯설고 언니를 따라 10kg의 배낭을 메고 우리의 숙소인 도미토리로 가기 위해 지하철을 탔다. 어떻게 이렇게 공간을 이동해 온 걸까 생각하며 신기하고 재미있었다. 하지만 장시간 비행을 하면서 몸은 지쳐 있었다.

시차가 적응이 안 되어 도미토리에 도착한 순간 이층 침대에 누워서 자고 싶었다. 언니는 그때부터 부지런히 움직이며 여행의 루트를 짜기 시작했다. 언니는 첫째라서인지 참으로 강하다. 체력도 강하고 정신력도 강하다.

"언니는 어쩜 그렇게 강철 체력이야, 좀 쉬었다 여행하면 안 되냐?"

"안 돼. 정해진 여행 경로대로 움직여야 해."

나는 언니의 그 강인함과 정신력을 따라가기는커녕 시차로 지친 몸과 마음을 잠으로 달래고 싶었다.

런던에 도착하자마자 여행이 시작되었는데 일단은 먹어야 했다. 배가 고팠다. 그래서 시내로 나가서 샌드위치 같은 먹을거리를 찾으러 거리를 거닐었다.

빨간색 이층 버스, 우리나라와 다른 차선의 방향, 바쁘게 어딘가로 향하는 사람들의 모습, 거리의 스산함과 우중충함, 공기의 탁함이 서울과 다를 것 없는 도시의 모습으로 느껴졌다. 여행에 대한 환상은 어디로 사라지고 그냥 현실에서 시공간을 옮겨 놓은 듯했다. 이왕 왔으니 여행을 통해서 삶의 의미와 미래에 대한 방향을 찾고 싶었던 나의 목적은 어디로 가고 여행하며 힘드니 먹을 것만 찾고 있는 나를 발견했다. '금강산도 식후경'이라고 했던가? 나는 배가 너무 고팠다.

웨인 다이어 박사는 "의미에 이르는 여행을 시작하려고 노력할 때 자신의 위대한 소명을 실천할 수 있다."고 말했다.

내가 왜 이곳에서 여행하고 있는가를 계속 생각해 봤다. 언니를 따라오긴 했지만, 삶을 어떻게 살아야 할 것이고 미래에 어떤 모습으로 살아가고 싶은 것인지 생각할 시간이 참 많이 주어졌다. 그런데 여행하면 할수록 나의 사명이 생겼다. 사람들이 가는 길을 좀 더 쉽게 갈 수 있도록 길을 안내해주는 표지판이 되기로 했다.

고등학교 때 제2외국어로 독일어를 했기 때문에 나는 독일어의 단어를 아주 조금 안다. 독일어를 가르치시는 여선생님이 너무 좋았다. 영어와 다른 독일어 발음을 거의 원어민처럼 잘하는 선생님을 존경하게 되었다. 그래서 그 선생님께 편지도 자주 썼다. 그때 그 선생님께 배운 노래와 단어들을 조합해 실제로 독일어 회화를 해 보았다. 그리고 독일 사람들은 아주 친절하게 길을 안내해 주었다.

"이히 빈 아우슬란더 스프레케 니히트 굿 도이치." "비테 랑잠?"

무리의 한국 사람들이 내가 독일어를 하는 것을 보자 잘한다고 칭찬해주었다. 수업 시간에 배운 노래 하나가 여행에 추억을 남긴다.

삶에서 아주 소소한 작은 것들이 나중에는 큰 추억이 된다. 여행이 주목받고 싶었던 착한 아이에게 진짜 내가 좋아하고 재미있어 하는 것이 무엇인지 깨닫게 해 주었다. 중학교 1학년 때 소풍 가서 외국인에게 영어로 말을 건 생각이 났다. 그때 받은 칭찬이 참으로 내 인생에 도움이 많이 되었다.

"야, 너 독일어 너무 잘한다. 진짜 잘한다. 독일어는 어디에서 배운 거야?"

무리의 사람들이 그렇게 나에게 질문을 했다. 나는 움찔하면서 속으로 "되게 간단한 단어들인데 오른쪽, 왼쪽 기타 등등 인데…" 했다. 이때 깨달은 것은 '칭찬은 모든 사람을 춤추게 만든다'라는 것이다. 칭찬은 행운의 씨앗이라 한다. 행운의 씨앗을 많이 심을수록 좋은 것이다. 칭찬을 하는 사람도 즐겁고 받는 나도 즐거우니 긍정적인 에너지가 서로를 행복하게 해준다. 이때 나의 또 다른 소명도 알았다.

"사람들에게 칭찬으로 도움이 되는 사람이 되자."

그렇게 결심하고 그 이후부터는 칭찬을 많이 하는 사람이 되어 나 자신도 긍정적으로 많이 바뀌게 되었다.

본격적으로 유럽을 여행하기 시작했다. 영국, 노르웨이, 스웨덴, 아일랜드, 네델란드, 독일, 벨기에, 체코, 오스트리아, 루마니아, 프랑스, 모나코, 이탈리아, 불가리아, 헝가리, 폴란드, 스페인, 포르투갈, 스위스, 덴마크 등 20개국을 40일 동안 왕복 항공권과 숙소, 유레일패스 등을 다 포함해서 200만 원에 다녀왔으니 지금 생각해도 정말 싸게 알차게 다녀왔다. 정말 좋은 추억을 많이 만들고 왔다.

젊은 시절 여행은 꼭 많이 해 보길 추천한다. 26년 전이지만 지금도 기억에 생생하게 남아 삶의 활력이 필요할 때 가슴 속에서 꺼내어 본다. 많은 여성이 결혼한 후에는 가정일과 남편, 아이들 때문에 여행을 못하는 것을 가장 아쉬워하는데 여행이야 말로 삶에서 가정과 더불어 가장 우선시되어야 할 요소 중 하나다.

서울대학교 행복연구센터장인 최인철 교수는 행복하기 위한 요건 중 여행이 가장 행복해지는 방법이라고 말한다. 텔레비전 보기, SNS 하기 등도 사람들이 잠시 스트레스를 잊기 위해서 하는 활동이지만 큰 행복은 얻지 못한다는 것이 연구 결과에서 나왔다. 사람들과 같이 얘기하고 먹으며 걷는 이런 활동이 행복에 중요한 요소인데 여행은 그것이 다 포함되어 있다는 것이다. 나도 어린 시절부터 계속되어온 삶의 질문들을 여행으로 많은 해답을 얻었다.

"익숙한 삶에서 벗어나 현지인들과 만나는 여행은 생각의 근육을 단련하는 비법이다."라고 《너무 애쓰지 말아요》의 작가 이노우에 히로유키가 말했다.

여행을 통해 현지인들과 직접 대화하고 부딪히면서 인생에 대해서 많은 것들을 배운다. 독일어로 칭찬받은 이후 더욱 적극적으로 사람들에게 칭찬으로 도움을 주자고 생각하면서 현지인들에게 용기 있게 다가가 말을 걸고 또 그 사람들과의 대화를 통해서 내 경험의 폭을 넓히게 되었다.

가장 생각나는 현지인과의 체험은 벨기에 브뤼셀에서였다. 한

벨기에 부부가 결혼기념일에 맥줏집에서 서로 맥주 한 잔만 가지고 안주 없이 대화하고 있었다. 나는 그 맥줏집에서 한국인들과 친해져 같이 흑맥주를 한 잔씩 마시고 있었다. 분위기가 좋아서 '원 샷'을 외치며 생맥주를 한 번에 들이마시기를 두어 번 한 것 같다. 그때 그 젊은 부부가 나를 쳐다보며 호기심 강하게 이렇게 물었다.

"원 샷이 무슨 뜻입니까?"

나도 그 부부가 궁금해 그들의 테이블로 옮겨 갔다.

"한국에서는 맥주를 한꺼번에 마시는 걸 원 샷이라고 말합니다."

대화가 이어졌다. 영어로 벨기에에서 현지인과 대화하는 것이 그렇게 즐거울 수가 없었다. 그런데 이 부부가 그날 밤 언니와 나를 집에 초대하는 것이었다. 그 깜깜한 밤에 재워주겠다는 것이다. 나는 재빨리 다락방 숙소에서 자는 언니를 깨워 빨리 짐을 싸서 가자고 말했다.

"언니, 빨리 일어나. 벨기에 부부가 우릴 재워주겠대."

언니가 비몽사몽 하면서 대답했다.

"뭐, 그 사람들을 어떻게 믿어. 도둑 아니야?"라면서 걱정했다.

그런 언니에게 재촉해서 행동을 빨리하라고 하며 아래층으로 내려와 기다리고 있는 부부와 함께 벨기에의 고풍스러운 거리를 걸어서 집에 도착했다. 벨기에 현지인의 집에서 자게 된 것이다.

'이게 웬일인가? 너무 좋다. 유스호스텔 같은 곳에서만 자다가

현지인에게 초대받다니…'

그 부부에게는 '에바'라는 귀여운 딸이 있었다. 딸이 있는 이층침대 방에서 우리는 하룻밤을 자고 다음 날 벨기에 가정의 현지식인 생선 요리를 먹었다. 생선을 푹 쪄서 소스랑 먹었는데 내 입맛에 안 맞았다. 하지만 주목받기 위해 내면의 진짜 얘기는 못 꺼내고 정말 맛있다고 칭찬해주었다.

"아주 맛있어요. 정말 훌륭해요. 생선이 아주 싱싱하고 소스가 맛있네요."라고 구체적으로 칭찬하며 먹었더니 더 가져다주는 것이 아닌가? 그래도 정성을 생각해 맛있게 먹었다. 새로운 경험에 대한 도전과 모험이 즐겁고 흥미진진했다. 그 부부의 성의에 감사하며 네덜란드에서 기차를 타고 여행하다가 와인을 사서 선물했다. 그랬더니 너무나 좋아했다.

원래 그 부부는 외국 관광객을 상대로 숙식을 제공하고자 하는 계획을 세운 사람들로서 외국인들의 새로운 문화에 관심이 많았다. 그들이 참 고마웠다. 지금도 그분들이 생각난다.

모든 나라들에서 배운 경험과 느낌이 다 좋았는데 특히 모나코의 이쁜 바다, 스위스의 경이로운 자연풍경, 헝가리 부다페스트의 야경, 체코 프라하의 예술의 거리 등이 잊을 수 없는 마음속 추억의 사진이 되었다. 지금도 그 추억의 앨범을 가슴 속에서 꺼내 보며 즐거워한다. 나는 유럽 여행을 통해서 정처 없이 여행해 보는 것이 늘 새로움을 가져다준다는 것을 깨달았다. 늘 아는 길만 다니는 것은 안전하긴 해도 지루하다. 독자들도 삶이 정체되는 것 같을 때 여행을 무작정 떠나보라고 권하고 싶다. 모르는 길을 헤매면서 새로운 것을 많이 배운다. 유럽 배낭여행이 젊은 날 방황하는 나에게 큰 새로움과 배움, 도전을 가져다주었다.

04
금발의 면접관을 사로잡은 '엽기적인' 그녀

"선배, 나 이렇게 공부만 하다가는 미래가 걱정돼. 임용시험만 믿고 있다가 시간이 가면 직장도 못 구할 것 같아. 이제 공부보다 돈을 벌고 싶어. 어디 원서 낼 곳이 없나 한번 찾아봐 줘."

"그래 알았어."

"여기가 딱 맞겠더라. '유나이티드 항공사' 여기 지원해 봐. 그런데 원서 마감일이 이번 주 토요일이야."

"뭐라고?"

나는 선배에게 "와, 미국 항공사네."라고 놀라며 말했다.

'내가 과연 이곳에 지원이나 할 수 있을까?' 걱정했다. 평소에 외국계 회사에서 근무하고 싶었던 꿈이 있었다. 전공을 살릴 수도 있고, 왠지 재미있을 것 같았다. 그런데 입사지원서를 내는 날이 얼마 남지 않았다. 토요일까지 접수라고 하는데 오늘은 수요일이다. "안 되겠다. 빨리 서둘러야겠다." 다급한 마음에 원서를 들고 김포공항으로 직접 달려갔다.

새로운 삶을 살고 싶어 대학 다닐 때도 새벽 일찍 일어났다. 아침 일찍 도서관으로 향해 아무도 없는 빈 책상에서 조용히 공부했다. 새벽 종소리를 듣고 5시마다 깨며 부지런했던 어린 시절의 습관이 도움이 되었다. 아침 일찍 도서관으로 향하는 삶을 3년 6개월 하다 보니 자연스럽게 조기 졸업을 했다. 시험 공부 할 때 저녁에는 집중이 잘 안 되었다. 하지만 새벽에 일어나 공부를 하니 몰입을 더 잘 할 수 있었다. 일찍 자고 일찍 일어나는 삶을 반복하는 삶은 건강에도 도움이 되었다.

남들보다 빨리 졸업한 것은 시간을 버는 듯했다. 부전공으로 교육학을 선택했기에 임용시험 준비해서 교사가 되려 했다. 졸업 후에도 저녁이 되면 학원에서 애들 가르치는 아르바이트 하였다. 새벽에는 도서관에서 시험공부 했다. 하지만 미래를 위해 공부하면서도 알 수 없는 걱정에 사로잡혔다. 아침이 무섭고 불안하고 무기력했다. 미래에 대한 방황과 알 수 없는 길에 대한 불확실성, 그래서 일어나는 것이 무거웠다. 하지만 새벽 교정의 새소리와 자연이 어두컴컴한 마음을 치유해주곤 했다.

유나이티드 항공 면접 때 입었던 옷은 상의로는 체크무늬에 허리가 잘록하게 들어간 황색 계통의 모직 정장이었다. 하의로는 약간 카키색의 긴 플래어스커트를 입었다. 신발은 롱부츠를 신고 갔다. 화장과 옷매무새를 최대한 단정하게 하고 자신감 있는 표정으로 '오늘이 내 인생에 마지막 면접'이라고 생각하고 온 정성을 쏟아 부었다. 엽기적인 차림을 한 내가 공항 사무실에서 차장님을 만나 원서 접수하러 왔다고 말했다. 나의 특유의 적극성과 옷매무새에서 풍겨 나오는 개성 강한 모습, 자신감 있고 밝은 얼굴 표정이 마음에 드셨는지 바로 영어 면접하셨다. 내 생애 첫 면접이었다. 새벽에 일찍 일어나 무엇이든 준비하는 습관은 자신감을 가지게 만든다.

떨리기보다는 이 면접에 모든 것을 다 걸어야 한다고 생각했다. 그래서 아주 적극적으로 차장님께서 물어보는 질문에 대답했다. 공항이 인천으로 옮겨가는데 출퇴근을 할 수 있냐는 질문에서부터 나의 대학 시절 이야기, 어떤 생각을 가지고 살고 있으며 앞으로 근무할 때 어떤 자세로 할 것이냐는 질문에 대해서 연습도 하지 않았지만 자신감 있게 대답했다. 결과는 바로 그 자리에서 1차 서류 전형 합격이었다. 나중에 안 사실이지만 내 동기들은 일상생활을 하다가 갑자기 전화를 받아 영어 면접했다고 한다. 유나이트 항공사는 면접관이 즉석에서 전화 영어 면접한다. 2차 한국 사장님과의 면접도 통과다.

"유~후~" 그때의 기분은 대학 합격 때처럼 날아갈 것 같았다. 외국인 교수님께서 써 주신 추천서가 도움이 많이 됐다. 살아가면서 사람들과 맺는 인연은 보통 관계가 아니다. 한 사람을 아주 소중히 생각하고 대할 필요가 있다. 중학교 때 용기 있게 외국인들과 만나 대화한 것들이 아주 큰 도움이 되었다.

다음으로 3차 명동 본사에 있는 미국 지사장과의 영어 면접이 있었다. 이날 모인 면접자들은 10명이었는데 하나같이 나보다 키도 크고 자신감 넘쳐 보이고 다들 스펙이 대단했다. 마음속으로 '긴장하지 말고 자신감 있게 하자'고 다짐했다. 이 마지막 관문이 아주 중요한 만큼 면접 의상에 최대한 신경을 썼다. 상하를 같은 색의 정장을 입고 구두도 최대한 깔끔하게 닦아 신었다. 최고로 예쁘게 보이도록 화장하는 데 시간을 많이 들였다. 면접에 모든 것을 걸어야 하므로 새벽부터 일찍 일어나 준비했다. 그리고 면접 시간보다 일찍 가 있었다. 아침 일찍 일어나는 것이 습관이 된 나는 약속 시간을 아주 중요하게 생각한다. 아주 중요한 약속은 항상 1시간이나 30분 일찍 가서 기다린다. 그것이 성공 요인이다.

 긴장되는 상태로 유나이티드 항공사 미국 지사장의 면접이 시작되었다. 차장님께서 긴장을 풀어주기 위해 대기실에 앉아 있는 면접자들에게 여기에서 합격해서 일하게 되면 미국에 한 달 동안 교육을 보내준다고 말했다. 미국에 정말 가보고 싶었다. 그래서 반드시 면접에 붙어서 미국에 가겠노라고 다짐했다. 왜냐하면 대학 때 교환학생 프로그램을 알아보다가 가지 못했기 때문에 미국 교육의 기회는 나에게 절호의 기회였다.
 10명이 앉아 있는 자리에서 무슨 말을 할지 심장이 두근거렸다. 체코계 미국인 사장의 영어 발음은 잘 알아듣기가 어려웠다. 하지만 단어에 잘 집중해서 그분이 의도하는 대답이 무엇인지를 파악했다. 아주 밝게 맞장구도 쳐 주었다. 잘은 몰라도 자신감 있게 질문하는 말에 대답했다. 무엇보다도 지사장님의 말을 잘 경청했다. 대기실에서 결과를 기다리는 순간, 면접자들은 다 긴장되어 보였다. 여기에서 10명 중 2명을 떨어뜨린다고 했기 때문이다. 지사장 방의 큰 문이 열리고 차장님의 발표를 기다리고 있었다. 결과는 '전원 합격'이었다. 너무도 기뻤다. 날아갈 것 같았다. 내가 해내다니! '자신감과 일찍 약속 시간에 도착하는 습관이 새로운 삶의 중요한 열쇠였구나'를 깨달았다.

셰익스피어는 "세 시간 먼저 도착하는 것이 일 분 늦는 것보다 낫다."라고 말했다. 나는 약속 시간을 아주 중요하게 생각한다. 과거에 스마트폰이 없었을 때는 전화로 약속해 놓고 그 시간에 상대방이 안 오면 많이 기다렸다. 하지만 기다리는 것보다 더 신경이 쓰이는 건 상대방이 나와의 약속을 중요하게 생각하지 않는다는 신뢰 관계 때문에 불편한 감정이 일어났다. 어린 시절 일찍 일어나는 습관 덕분에 어디를 가나 약속 시간보다 일찍 가 있다. 차가 막혀 도로에다 시간을 버리고 싶지 않기 때문이다.

"좋아하는 직업을 선택하면 평생 하루도 일하지 않아도 될 것이다."라고 공자가 말했다.

직업과 진로를 선택할 때 좋아하는 일이 무엇인지 알았더라면 미래에 시간을 벌 수 있었으리라. 공항에서 참 재미있는 일도 많이 경험했다. SBS 방송에도 동기들과 출연해보고 서태지도 경호하고 성룡도 에스코트하고 수많은 1등석을 타는 승객들을 관리하는 컨시어지로 일했다. 그리고 유나이티드 항공사 직원만 해당하는 일등석으로 전 세계를 여행하는 경험도 했다. 비행기 안에 들어가 방송도 하고 전 세계 사람들을 만나며 대화하는 생활은 즐거웠다. 동기들과도 잘 지내고 쉬는 날이 많아 좋았다. 하지만 매일 반복되는 새로움이 없는 일상에 질렸다. 내가 선택한 직업이 나에게 잘 맞는 것인지 생각해봤다. 정말로 좋아하는 직업이었다면 일하는 것처럼 살지 않았을 것이다. 어느 순간 그 좋은 직장 일이 재미없어졌다. 1년 6개월을 근무하며 25살이 되면서 진정 내가 누구인지, 뭘 좋아하는지 알 수 없었다. 그래서 진로에 대해 고민하고 방황해야 했다.

"도대체 나는 왜 이 직업에 만족하지 못하는 걸까? 무슨 직업을 가져야 하나? 나는 어디로 가야만 하는 걸까? 내가 가려고 하는 이 길이 나에게 맞는 길일까?" 알 수 없었다. "이 좋은 직장에서 내가 가려는 이 길이 정말 맞는 것일까?"라고 고민하고 있을 때 영·미 시 수업에서 외운 로버트 프로스트의 시가 생각이 났다.

가지 않은 길

노란 숲속 두 갈래로 길이 나 있었습니다.
두 길 다 가보지 못하는 것이 안타까워,
한동안 나그네로 서서
한쪽 깊이 굽어 꺾여 내려진 곳으로
눈이 닿는 데까지 멀리 바라보았습니다.

먼 훗날 어디에선가
나는 한숨을 쉬며 말할 것입니다.
숲속에 두 갈래 길이 있었는데,

나는 사람들이 적게 간 길을 택했노라고,
그래서 모든 것이 달라졌다고.

항상 동기들과 재미있게 일하고, 일 끝나면 공항 근처에서 맥주 한잔하고 그렇게 회식하고 또 출근하고 똑같은 일상이 반복되다 보니 지루했다. 똑같은 일상의 반복, 열심히 일은 하지만 뭔가 알 수 없는 신선함과 새로움의 부족 등이 나를 무료하게 만들었다. 뭔가 다른 길을 선택해야 했다.

그 생각이 들 때쯤 일을 다녀와 집에 들어왔는데 텔레비전에서 미국 무역센터 빌딩이 폭발하고 있는 것이 아닌가. 개미 떼처럼 사람들이 검은색 모습을 하면서 뛰어내리는 장면이 보였다. 뭔가 심상치 않았다. 나는 곧바로 친구에게 전화를 걸어, "A야, 큰일 났어. 미국의 무역센터 빌딩이 폭파되고 있어. 그런데 테러를 일으킨 비행기가 우리 비행기래."라고 말했다. 그랬더니 친구가 말했다. "야, 남미야. 거짓말하지 마. 어떻게 미국 무역센터 빌딩이 폭파 돼?"

그렇게 나의 운명의 방향이 다시 한번 바뀌었다. 다음 날 아침, 공항에 가보니 분위기가 심상치 않았다. 빈라덴이 테러를 일으켜 전세계 UA 직원들의 반 이상을 감원해야 하는 상황이 닥친 것이다. 나도 감원 명단에 있었다.

05
주지 스님을 울린 봉선사 대종

그렇게 짧은 외국 항공사의 근무를 마치고 또다시 방황하게 된다.

"뭘 해야 하지? 뭘 해야 내가 만족할 수 있을까?" 이런 질문에 대해 아침 일찍 도서관에 걸어가면서 사색했다. 미래에 대해 불안했다. 대학 때 부전공으로 교육학을 했기 때문에 다시 교사의 꿈을 생각해 보았다. 현실적인 대안이 없었다. 그래서 노량진으로 가서 초등 교사 편입시험을 준비하며 열심히 논술 공부를 했다. 스터디 그룹에서 공부하고 있는데, "엄남미 씨, 합격입니다. 축하드립니다. 내일 서류를 들고 어디 어디로 오세요."라고 하는 전화를 받았다. 같이 공부하던 사람들이 축하해줬다.

어떻게 된 일인가 하면 도서관에서 공부하다가 신문 보는 곳에서 우연히 edu3.co.kr이라는 교원 정보은행 광고를 보게 되었다. 당장 찾아보고 뭐 하는 곳인지 궁금해서 알아보니 전국의 사립학교 교원 채용정보를 회원 가입비 30만 원을 내면 주는 것이었다.

나는 의심이 들었다. "이거 진짜 맞아?"

남자친구에게 전화를 걸어 "오빠, 신문에서 광고를 봤어. 30만 원 주면 교원 채용정보를 알려준대, 이거 사기 아니야?" 지금의 남편이 된 그 남자친구는 "내가 30만 원 줄 테니 한번 가 봐."라고 하면서 나에게 동기부여를 주었다.

때로는 어떤 일이 미심쩍어도 일단 한번 해 보는 것이 좋다. 왜냐하면 거기에는 수많은 교훈이 숨어있다. '젊어 고생은 사서 한다'는 말이 있다. 그 고생 속에는 부모나 스승이 가르쳐줄 수 없는 지혜가 숨겨져 있다. 무엇이든 생각이 너무 많아 행동으로 옮기지 못한다면 먼저 한번 기꺼이 신중하게 실행해 보는 것이다. 그러면 작은 행동이 작은 성취가 되고 그것들이 쌓이면 큰 성과를 이루게 된다.

일찍 일어나 뭔가를 찾으면 반드시 거기에 맞는 일들이 찾아오게 되어 있다. 그 무언가가 바로 목표 의식이다. **뭔가를 이루고자**

하는 목표 의식이 있으니 간절하게 일어나게 되는 것이다. 이 목표 의식은 사람을 강하게 만들어 무엇이든 성취할 수 있게 해 준다. 삶에 대한 진지한 고민과 미래에 대한 불안감이 나를 아침 일찍 일어나게 했다. 그리고 그 동력으로 자신감을 가지고 무엇이든지 해 볼 수 있었다. 매일 새로운 삶을 살고자 했던 마음이 '아침 일찍 일어나기'부터 시작된 것이다.

교원 정보은행에서 의정부에 있는 한 고등학교 교원 채용정보를 받았다. 이 학교 역시 원서 접수가 얼마 남지 않아서, 도서관에서 공부하고 있다가 남자친구에게 전화해서 "내가 지원 원서를 낸 학교가 불교재단이래. 그리고 봉선사라는 절에서 이사장님 면접한다고 하네. 어떻게 하지? 그리고 스님 추천서가 있으면 좋대."라고 말했다.

나는 스님 추천서가 없고 외국 교수님 추천서가 있어 그냥 그걸로 냈다. 공교롭게도 의정부가 본가인 남자친구가 "예전에 어머님께서 하숙집을 할 때 스님이 하숙했어. 그럼 한번 내가 알아볼까?"라고 물어봐 주었다. 참으로 남자친구가 고맙고 든든한 지원군이었다.

나는 어떻게 해서든 이곳은 붙어야겠다고 생각하고 면접 하루 전날에 봉선사 홈페이지에 들어갔다. 절에 대해 정보를 얻던 중 '봉선사 대종'이라는 시가 눈에 들어왔다. 나는 그 시를 외웠다. 즉

석에서 바로 생각나는 대로 내 나름의 교직에 대한 가치관을 시에 또는 시에다가 투영하면서 나만의 시를 완성했다. 그걸 면접 전날에 몇 번이고 외웠다.

"하루에 세 번 울리는 범종 소리에 내 자신을 성찰한다. 아이들을 가르치는 데 있어 아침에 3번씩 나 자신을 들여다본다."라고 자작시를 지었다.

드디어 면접 날이다. 나는 새벽 5시에 일어나 또 예전에 면접 봤던 것처럼 최대한 화장을 정성스럽게 하고, 치마 정장도 말끔히 입고, 그렇게 버스를 타고 남양주 진접읍에 있는 봉선사에서 내렸다. 아침 일찍이라서 버스에는 나와 어떤 아저씨만 내렸다. 그분도 봉선사 방향으로 향하길래 같이 걸어가면서 이런저런 얘길 했다. 같은 동네에서 왔다고 얘기했다. '이런 인연이 있나?'

"여길 자주 오시나 보죠?"라고 내가 여쭤보았다.

"예, 마음이 어지럽거나 스트레스를 받을 때 여길 왔다 가면 편안해져요."

우리는 그렇게 봉선사에 같이 걸어 올라가 대웅전에 들어갔다. 나는 가만히 내부를 구경하고 있는데 이 아저씨는 절을 하는 게 아닌가? 나는 그때 사찰 예절에 대해 잘 몰랐다. 절을 어떻게 해야 하는지도 몰랐으나 그냥 산속에 있으니 마음이 참 평화로웠다. 불교의 예절을 잘 몰랐지만, 그 아저씨를 따라서 절을 하며 오늘 합격하기를 간절히 기도했다.

절을 하고 나왔는데 어떤 스님께서 나를 쳐다보며 미소를 지어 보이셨다. 나는 가볍게 목례하고 그렇게 절 한 바퀴를 산책했다. 드디어 이사장님 회의실에 들어가서 면접을 봤다. 면접자들이 긴장하고 있었다. 하지만 나는 평화롭게 아침 일찍 면접 장소에 와서 여유롭게 산책하고 절을 하고 기도하면서 왠지 모를 좋은 예감이 들었다.

면접이 진행되면서 내 차례가 되었다. 나는 그 자리에서 박차고 일어나 아주 크게 자신감 있게 인사를 하고 이사장님을 쳐다보니 그분이 웃으시는 게 아닌가? 그런데 아까 아침에 대웅전 앞에서 보았던 바로 그 스님이었다. 와!, 이런 우연의 일치가 있을까?

'이건 드라마에서나 볼 수 있는 장면일 거야.'

'드라마에서나 보아오던 그런 얘기가 지금 나에겐 웃지 못할 얘기로 나 얘기하고 있잖아'라는 김건모의 노래 가사가 떠올랐다.

나는 열심히 내가 전날 외운 봉선사 대종의 시를 읊었다. 그 시에 대한 나의 교육관으로 해석을 덧붙이면서 아주 자신감 있는 목소리로 면접을 이어갔다. 속으로 "나는 반드시 여기에서 합격할 것이다."라는 긍정적인 주문을 외웠다. 주지 스님인 이사장님이 아주 흡족한 표정으로 나에게 미소를 지으면서 손짓으로 "앉으세요."라고 말했다.

긍정적인 면접의 자세가 중요하다는 걸 느꼈다. 그리고 아침 일찍 일어나 미리 면접 장소에 도착해 평화롭게 산책하며 생각할 수 있는 시간이 마음을 편안하게 만들었다. 어떤 일을 하든지 걱정 없이 행복하게 임한다면 결과는 좋을 수밖에 없을 것이다. 나는 이런 좋은 성향이 아침에 일찍 일어나서 새로운 삶을 살고자 노력했기 때문에 생겨난다고 생각한다. 면접이 삶이랑 참 닮았다. 언제든 누구나 한 번쯤 해야 하는 삶의 질문에 대해 대답해야 하는 이 인생 여정에 감사한다.

결과는 합격이었다. "와! 이렇게 또 합격하는구나. 나는 면접 체질인가 봐."라고 하면서 스스로에게 칭찬을 해 주었다. 말한 대로 이루어지게 하는 마법의 주문, '아브라카다브라, 말한 대로 이루어지리라'라는 주문이 이루어진 것일까? 아니면 내가 아침 일찍 면접 장소에 도착해서 편안한 마음으로 준비해서일까? 아니면 아까 부처님 전에 기도했던 것이 이루어진 것일까? 나는 그 원리는 몰라도 어쨌든 뭐든 자신감 있게 하면 된다는 사실을 몸소 체험했다.

최종 결과는 합격이었다. 기간제 교사도 아니고 정교사다.

'와 신난다. 내가 해내다니…' 나의 자신감이 하늘을 찔렀다. 그렇게 나의 꿈을 이룬 교직 생활이 시작되었다. UA에서 다시 오라는 요청도 있었는데 나는 더 좋은 직장을 얻었다. 야호!

봉선사에서 교사 연수를 일주일간 받았다. 절에서 스님들이 하는 생활, 저녁 9시에 취침 후 새벽 4시에 일어나는 습관을 그대로 따라 해야 했다. 새벽에 명상하고 배우고 공기 맑은 곳에서 아침도 먹으니 마음이 차분해지고 평화로웠다. 채식으로만 먹고 발우공양할 때 음식을 깨끗이 다 먹고 김치로 그릇을 헹구어 그 헹군 물까지 다 마셔 공양 그릇을 다 비우는 것이 새로웠다. 그 경험이 음식을 감사히 먹고 낭비하지 말아야 한다는 의식을 심어 주었다. 면접과 경험해 보지 못한 새로운 삶을 체험해 보는 것은 세상에서 가장 아름다운 일이다.

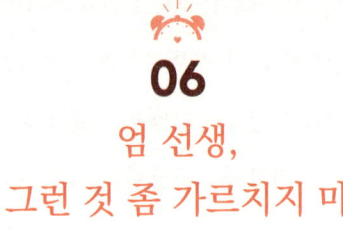

06
엄 선생,
그런 것 좀 가르치지 마

나는 매일 새로운 삶을 살고 싶었다. 그리고 매일 하루가 다르게 느껴지는 행복한 아침을 맞이하길 바랐다. 그런데 생각해 보면 과거의 모든 고통과 경험들이 그런 삶을 가능하게 한 신호라는 것을 괴로울 땐 몰랐다.

이미 매일 하루가 새롭고 행복한 날이다. 지금의 행복한 아내가 되기까지 고등학교에서 아이들을 가르쳤던 시간들이 도움이 되었다. 수업 시간에도 아이들에게 삼천포로 빠져 영어 공부보다 더 중요한 인생의 참 의미와 행복, 마음에 관해서 얘기를 많이 해 주었다. 그것이 훗날 아이들이 졸업하고 고(苦)가 많은 삶을 잘 살아가게 된 중요한 삶의 교훈이 되었다.

"여러분, 우리가 행복이란 단어를 올릴 때 어떤 기분 드나요? 참 좋지요? 하지만 행복은 항상 좋을 때만 생기는 것이 아니라 삶이 힘들고 괴로울 때도 행복할 수 있어요. 마음을 잘 다루면 되기 때문이에요. 행복은 돈이나 지위 명예 따위가 아니랍니다. 아무리 화려하게 보여도 그런 기쁨이나 행복은 한순간이며 허영인 경우가 많습니다. 여러분의 마음이 가장 중요합니다. 어떤 일이 있더라도 중심을 잡고 마음을 흐트러지게 하지 않으면 곧바로 행복한 상태로 돌아올 수 있어요.

인생에는 온갖 어려움과 근심 걱정이 있어요. 진실한 행복은 어떤 상황이 되었든지 간에 결코, 지지 않고 물러서지 않겠다는 마음가짐에 있어요. 나아가서는 나날이 기쁘고 행복하게 무슨 일이든지 즐겁게 하는 것이에요. 알겠죠? 졸업하고 사회에 나가서도 아니면 대학생이 되어서도 모든 것이 다 끝나서 고통이 오지 않을 것으로 생각하지 마세요. 살면서 매 순간 우리는 고에 직면하게 돼요. 그때마다 행복하게 웃으면서 참된 자아로 살아가길 바라요."

아이들에게 이런 공부 외에 삶에 도움이 되는 이야기를 해 주면 눈이 초롱초롱해진다.

랄프 왈도 에머슨이 말했다.

"시간을 충실히 보내는 것, 그것이 바로 행복이다."

이제 교사도 되었으니 내 시간을 학교에다 다 바치리라는 생각으로 처음 발령받아 출근하는 설렘은 누구보다도 컸다. 초등학교 때 꿈에 그렸던 선생님의 모습은 학생들을 즐겁게 가르치고 재미있게 생활하며 교사로서의 권위가 있는 그런 모습이었다.

하지만 수업을 시작하던 첫날 아이들의 눈빛은 공부에 별로 관심이 없는 것 같았다. 뭐랄까 삶에 대해 다 체념한 아이들처럼 멍하니 삶의 목표도 없이 그냥 의미 없이 앉아 있다 하교 종이 울리면 가는 아이들이 많았다.

필자가 근무했던 학교는 의정부에 있는 비평준화 학교로, 당시 학생들이 고등학교에 들어오기 위해서는 시험을 봐야 했는데 그중에서 시험성적이 안 좋은 아이들이 모인 곳이었다. 학생들은 삶의 목적과 목표가 뚜렷하지 않아 공부에 대한 학습 의욕이 그렇게 높은 아이들이 아니었다. 그냥 하루라는 시간을 흘려보내는 것처럼 보이는 아이들이 많았다.

'이 아이들을 어떻게 가르쳐야 하나?' 수업하다 보니 담배 냄새가 나는 데도 있었고 아이들이 수업에 집중을 하지 않는 것 같았다.

'이 일을 어떻게 할까? 처음부터 담임을 맡아서 아이들을 가르치는 데 도대체 집중하지 않는 것 같다.'

내가 생각한 교직의 모습과 완전히 다른 모습이었다. 나는 고민하기 시작했다. '이 고등학교 학생들을 어떻게 하면 수업 연구를 잘해서 잘 가르칠 수 있을까?'

오늘 달리지 않으면 내일은 뛰어야 한다. 하루의 시간을 소중히 쓰라는 이야기를 귀에 못이 박히게 들었는데 '도대체 이 아이들은 이렇게 많은 시간 동안에 삶의 목표를 향해서 열심히 달리고 있는 건가?' 하는 생각이 들었다.

하루의 소중한 시간을 그냥 낭비하고 있는 아이들의 모습이 너무도 안타까웠다. 스스로 공부에 대해 체념하는 아이들, 삶의 목표가 없는 아이들 앞에서 나는 과감히 내가 시간을 잘 쓰는 롤 모델이 되기로 하였다.

서울에서 의정부까지 출근하기 위해서는 새벽에 일찍 일어나야 했다. 시간을 헛되이 쓸 수 없으므로 새벽 5시에 일어나서 운동하고 학교에 출근했다. 차가 막히지 않는 시간에 출퇴근하니 아침 시간은 여유로웠다. 아침 출근해서 여유롭게 교무실에서 '오늘 하루를 어떻게 보낼까'를 생각했다. 먼저 수업 시간에 조는 아이들, 공부에 집중하지 않는 아이들을 위해 우선 재미있고 졸음을 쫓는 수업을 해야 했다. 그래서 평소 신문에서 연예인 이야기라든지 재미있는 이슈 거리를 잘 기억해 두었다가 아이들이 집중이 안 될 때마다 얘기해 주었다.

수업 시간에 졸린 아이들을 위해 영어를 가르치다가도 삼천포로 빠져서 연예인 이야기나 사회의 이슈에 관한 얘기를 해 주면 아이들의 눈이 그렇게 반짝거릴 수가 없었다.

'아, 아이들은 공부에 관한 이야기보다 가끔이라도 자신들이 관심이 있는 분야를 공감해 주고 같이 이야기하면 저렇게 눈이 반짝반짝 빛나는구나'라고 생각을 했다.

일단 시간을 효율적으로 써야 했으므로 아이들에게 수업 진도를 다 나간 뒤 내가 살아온 이야기, 살면서 느낀 아주 소중한 가치들을 하나씩 가르치기 시작했다. 그랬더니 아이들이 수업에 집중을 잘하기 시작했다. 졸린 아이들을 위해 공작실에 가서 '키다리 책상'도 직접 만들어서 가만히 앉아 있는 게 졸리면 교실 뒤에 나가 키다리 책상에 서서 수업을 듣게 했다. 그랬더니 내 수업에는 엎드려서 졸다가 자는 아이들이 없었다.

수업도 다른 영어 교과 선생님들과 차별화 되게 연구를 많이 했다. 아이들이 쉽게 영어를 이해하기 위해서 시각화 자료도 많이 만들고 교실 곳곳에 그런 자료들도 붙여 놓았다. 아이들이 평소에 쉬는 시간에도 영어를 친숙하게 배우길 바라는 마음에서다. 그렇게 처음 발령받은 학교에서 열심히 학생들을 가르쳤다.

그렇게 열성적으로 아이들을 가르치다 보니 주변 영어 선생님 중에, "엄 선생, 그렇게 수업하는 거 왜 엄 선생 가르치는 학급에서만 하냐고 그러면 안 된다"하며 딴지를 걸어오시는 분이 있었다.

"아이들이 영어에 흥미를 느끼고 이 아까운 시간에 학교에 와서 더 많이 배워가고 영어에 흥미를 느끼도록 하기 위함입니다." 그렇게 대답했더니 그렇게 가르치면 안 된다는 압력을 주셨다.

처음으로 교직 생활이 교사와 학생 간의 관계만 있는 것이 아니라 교사와 교사의 갈등도 있다는 걸 깨닫게 되었다. 교사 간의 경쟁, 질투, 알력 등이 마치 '사촌이 땅을 사면 배가 아프다'라는 속담 같다는 느낌을 받았다.

'왜 그런 것을 가르치면 안 되는 것일까? 나는 아이들의 시간이 아까워 정말 효율적으로 영어를 가르치는 방법을 많이 연구했는데 나에게 하지 말라고 하는 원인은 무엇일까?' 고민했다. 하지만 아이들에게 영어를 재미있게 가르치는 교육에 대한 가치는 꼭 지켰다. 영어는 재미있는 언어이고 필요할 때가 많다고 강요하는 방식 또는 억지로 배우게 하는 방식은 쉽게 질려버릴 수도 있다. 그래서 졸업하고 외국인을 만나도 한마디도 못 하는 사태가 벌어진다.

아이들에게 즐겁게 영어를 가르치는 방법으로 직접 외국인들과 밖에 나가서 만나게 해 주는 방법을 생각했다. 동아리 활동 시간에는 이태원에 아이들을 데리고 가서 외국인들과 말을 하게 하는 과제를 주고, 수업 연구할 때에는 학교 근처 미군 부대에 가서 아이들에게 인터뷰해 올 말들을 적어 오게 하고 다양한 수업 연구와 시도를 많이 했다. 그런 노력이 결실이 있었는지 아이들은 외국인들을 만나면서 재미있었던 점들을 얘기했다. 그리고 영어를 할 때 가장 중요한 건 용기를 내서 말을 하는 것임을 스스로 체득했다. 수업 시간에 아이들이 더 잘 집중해서 수업을 들어 뿌듯했다.

아이들에게 영어 공부해야 하는 이유에 대해서 많이 설명해주었다. 영어란 언어는 아주 재미있고 흥미로운 매력적인 언어이며, 영어를 왜 배워야는지 설명하며 목표 의식을 심어 주었다. 아이들은 인생이라는 경기를 뛰고 있는 선수들인데 그 경기에서 공을 던질 골대가 없다면 학생들은 흥미를 느끼고 적극적으로 경기를 할 수가 없다. 또한 점수를 내지 못하는 아이들의 경기를 보려고 돈을 낼 사람은 어디에도 없다. 영어를 비싼 돈을 내고 배우는데도 공부하는 목표와 재미가 없다면 아이들은 흥미를 잃는다. 그래서 아이들에게 영어 공부를 왜 해야 하는지 알려주고 공부의 목표를 자신 능력을 발휘할 수 있는 기회로 삼도록 가르쳤다.

하버드 대학의 새벽은 결코 불이 꺼지지 않는다. 도서관에선 빈자리를 찾아볼 수 없으며, 식당, 교실, 심지어 간호실에서 누워 있는 학생들마저도 책을 읽거나 연구하거나 노트에 뭔가를 기록하느라 여념이 없다. 세계 최고의 수재들이 모인다는 그곳에서 그들은 자만하거나 현재에 안주하지 않고 더 높은 진리 탐구와 성취를 위해서 매진한다. **최고(最高)가 아닌 최선(最善)을 다하는 사람들이 그럴 수 있는 이유는 바로 목표가 있기 때문이다.** 새벽 4시 반까지 불을 끄지 않고서 매달릴 만한 열정과 꿈이 있다는 것이다.

아이들에게 하버드 대학생이 되라는 말은 못 하지만, 사회에서 큰 역할을 할 수 있는 사람들이 되기 위해 삶에서 시행착오를 줄이고 시간을 아끼는 방법을 배우고 목표를 세우라고 누누이 강조하였다. 그러기 위해서는 교사인 내가 먼저 모범이 되어야 했다. 그래서 나는 항상 새벽 일찍 일어나서 학교에 미리 가서 수업 연구를 하고, 아이들이 원하는 대학에 가서 원하는 과를 선택해 자신들이 목표한 바를 이루기 위한 수업을 했다.

하루는 고3 학년을 대상으로 꿈에 대해, 목표에 대해서 생각해 보게 하고서 자신들이 졸업하고 어떤 직장을 구할 것인지 무슨 과를 선택할 것인지 빈 종이에 적어 내게 했다. 종이 위에 목표를 적는 행위는 아주 중요한 것으로, 미래의 시간을 벌고 그것들이 이루어지는 힘을 가르치고 싶어서 아이들에게 적어 제출하게 하였다. 그리고 그것을 보관하고 있다가 아이들이 졸업하고 나서 서류함에다 놓은 것 같은데 놓았는지 기억이 안 났다. 졸업 후 아이들이 찾아왔는데 신기하게도 그 아이들이 종이에 써 놓은 대로 다 되어 있었다.

나는 이때부터 목표를 종이에 적는 힘에 대해서 알게 되었다. 자신의 목표한 바를 종이에 적는 행위는 이미 그 생각이 물질에 나타나는 행위로 아주 중요한 것이란 걸 나중에 깨달았다. 그 행위 자체가 인생에서 꿈을 이루는 시간을 버는 중요한 시작이었다.

《드림 리스트》란 책에서 짐 론이 한 이야기를 잊을 수 없다.
"목표를 기록하는 행동은 성장하겠다는 의지를 다지는 것을 물론, 그 자세가 매우 진지하다는 것을 보여준다. 진정으로 성장하고 싶다면 목표 설정에 진지하게 임해야 한다."

아이들은 그 목표 설정하는 방법과 그것이 얼마나 중요한 것인지 모를 수도 있다. 그것에 대해 잘 알고 있는 교사가 아이들에게 꿈과 목표의 중요성에 대해서 알려주고 그것을 실현하는 방법을 가르쳐 주어야 했다.

배가 항구에 서 있는 목적은 가만히 정박하기 위함이 아니라 항해를 준비하기 위함이다. 배가 가만히 정착해 있으면 아무것도 얻을 수 없다. 가고자 하는 목적지를 정하고 항해를 떠나야지만 목적지에 도달할 수 있다. 그 과정에서 무수한 장애물과 싸워야 하고 거친 풍파를 이겨내야 할 것이다. 하지만 그것마저도 항해 일부분으로 생각한다면 보람이 있다고 생각할 날이 반드시 온다.

학생들에게 인생에서 낭비되는 시간을 아끼기 위해 일찍 일어나는 것의 중요성을 강조했다. 삶에서 꼭 이루고자 하는 바를 종이에 적어서 꿈을 품는 방법을 가르쳤다. 인생에서 중요한 것은 꼭 공부만이 아니라 삶에서 배우는 여러 가지가 다 교훈이 된다는 것을 가르쳐 주었다. 아이들에게 꼭 가르쳐야 하는 교육적 가치에 대해서 확고한 신념이 있었기 때문에 주위의 만류에도 소신을 지킬 수 있었다. 그 결과 아이들은 졸업하고 잘 살아서 선생이었던 나를 찾아오곤 한다. 학생들은 그렇게 하나의 목표를 통해서 달라진 새로운 삶을 살고 있으리라.

07
내 남자를 사로잡은 연애기술

"정말 잘생기셨어요."

"유머가 너무 재미있어요."

"차에 뿌린 향수 냄새가 매우 좋은데요."

"잘 생겼다는 말을 자주 들으시죠?"

"운동을 참 좋아하시나 봐요."

내 남자친구와 연애할 때 자주 했던 말이다. 그때는 그것이 내 남편이 된 남자친구를 사로잡는 연애 기술이라는 것을 몰랐다. 그냥 좋으니까 그런 말들이 자연스럽게 나온 것이다. 칭찬은 누구라도 행복하게 만든다. 남자친구는 나에게 "남미 씨는 다른 여자 분들과 다른 면이 많아요." "참 재미있으시네요. 그리고 참 솔직하시고요."라며 내 기분을 구름 위로 항상 올려놓았다. 나중에 안 사실이지만 운동으로 수영하고 스키를 탄다는 말에는 과장이 좀 있었다. 연애를 통해 새로운 삶을 발견하려던 나는 그런 작은 속임수조차 좋아 보였다.

칭찬이야말로 상대방의 경계를 무너뜨리는 강력한 도구다. 뭔가 내가 다른 사람들과 다르다는 차별성에 대해서 말하는 이 남자는 나의 남편이 되었다. 연애는 머리로 하는 것이 아니라 가슴으로 하는 것이다. 진심으로 '이 남자다'라고 생각되는 남자를 만났을 때 적극적으로 쟁취하기 위한 작전에 돌입했다. 보통은 남자가 여자에게 적극적으로 관심을 표하는데 나는 우리 남편이 너무 좋아서 처음부터 관심을 많이 보였다.

이런 여성의 적극성이 좋았는지 남자는 시간이 갈수록 나보다 더 적극적으로 표현했다. 비가 오는 날에 남자는 이런 식으로 감동의 말을 나에게 보냈다.

남 남미씨, 비 오는 것 좋아하세요?
여 비 오는 거 좋아해요.(실제로는 별로 안 좋아하면서도)
남 그래요? 그럼 제가 비를 새롭게 구경시켜 드릴게요.
여 비가 어떻게 새로울 수 있죠?

남 저는 비올 때, 차를 강변에 세우고 빗소리가 차창에 톡톡 떨어지는 소리와 함께 강을 보며 쇼팽의 녹턴을 들어요!
여 와, 너무 로맨틱하고 좋은데요! 언제요?

누구나 비가 오면 감성적으로 된다. 새로운 뭔가가 극적으로 펼쳐질 것을 기대하며 대화 속 연인은 로맨틱한 연애를 상상하고 있다. 우리는 연애를 할 때 차안에서 이렇게 즐거운 데이트를 즐기곤 했다. 차는 이렇게 비오는 날 이성의 마음을 잔잔하게 건드려 데이트를 수락하게 하는 좋은 연애 수단이다. 연애할 때는 결혼하면 못 하게 될 많은 것들을 해 보아야 한다. 추억이 쌓이면 아무리 힘든 결혼생활이라도 그 추억으로 버텨낼 수 있기 때문이다.

연애를 할 때에는 누구나 상대방을 챙겨주고 칭찬해주고 새로운 것을 탐색하고 도전해 보고 그냥 같이 있는 것만으로 좋다. 언제나 새로운 것이다. 어쩌다 가끔 만나는 남자를 위해 치장도 하고 향수도 뿌려보고 예쁘게 화장도 하고 짧은 스커트도 입어본다. 항상 특별한 이벤트와 새로운 장소에서 새로운 것을 시도하니 그렇게 연애시절이 행복할 수 없었다.

이성을 만날 때 연인들이 최대한 예쁘게 그리고 멋지게 옷을 골라 차려입는 것은 이성에게 잘 보이기 위해서가 아니라 상대가 자신의 가치를 알아봐 주기 위한 작전이다. 그리고 그 가치를 잘 알아줄 때는 사람의 마음도 열린다. 단순히 잘 보이기 위해서라고 생각했지만 지금 와서 보면 나라는 사람의 가치를 좀 알아봐 달라고 아우성치는 것들이었다.

연애를 할 때는 상대방이 나를 배려하는 표현을 많이 했다. 만나는 자리에서도 평소에는 볼 수 없는 행동들을 했다. 처음 남편이 나를 만났을 때 전화번호를 적어달라면서 볼펜과 자신 팔을 나에게 메모지로 내밀었다. 그래서 나는 그의 체온이 느껴지는 팔에다 전화번호를 적어줬다. 평소에 보지 못한 새로움으로 나의 심정은 '바운스~ 바운스~' 벌떡벌떡 뛰고 있었다.

회사에서 근무하고 있을 때였다. 이런 메일이 나와서 깜짝 놀랐다. 남자친구가 나에게 손수 지었다면서 비누라는 시를 보내왔다.

잡으려고 하면 미끄러지는 하얀 비누
부드럽게 나의 먼지를 씻어주는 비누
없으면 찜찜해 꼭 옆에 둔 내 마음속 비누
너를 만질 때마다 느껴지는 부드러움
매끈매끈한 비누가 나는 참 좋습니다.

남자친구가 보내온 메일을 열어 읽으면서 내 심장은 설레이며 두근거렸다. 이런 시를 나에게 보내다니 전에는 경험해 보지 못한

문학적 감수성이 돋는 그런 기분이었다. 당장 전화해서 "이 시를 어떻게 만들었냐? 너무 좋다." 다시 읽어 주면서 "어떻게 이런 시를 지을 수가 있냐?" 꼬치꼬치 캐물었다. 물론 칭찬의 기술이었다.

'이렇게 연애가 좋을 수가? 연애를 누가 만들었던가?' 내 마음이 이전과 같지 않았다. 매일 사랑 꽃이 가득 핀 것처럼 실실 웃으며 하루가 행복했다.

연애를 한다는 것은 무엇일까? 남녀가 만나서 단순히 사랑하고 즐기는 것만이 아니라 서로에 대해서 탐색해보고 즐겁게 지내며 나 자신을 알아가는 과정이라고 생각한다. 하지만 알아가는 과정에서 나는 보이지 않고 상대방만 보인다고 해서 '눈에 콩깍지'가 씌었다고 하는가보다.

따르릉 ~

여   이 꽃다발 현수 씨가 보낸 건가요?

남   네 제가 보냈어요!

여   와, 너무 이뻐요! 선생님들이 너무 로맨틱하다고 난리예요.

남   음, 아! 사무실에서 꽃 같은 남미 씨가 생각나서 보냈어요. 맘에 들어요?

여   와 너무 맘에 들어요!

사실 대수롭지도 않고 별것 아니며 유치한 것들이 연애 때는

다 특별한 새로움으로 느껴진다. 별것도 아닌 이런 행동에 나의 존재감을 다시 한번 상기시켜주는 남자친구는 실생활 어디에서든 나를 생각한다는 안심을 심어 준다. 그런 상대방의 배려에 나는 흐뭇하게 미소 짓는다. 그리고 이런 작은 행동에서 서로의 위치와 사랑을 확인하며 관계는 돈독해진다. 처음과 새로움을 나눈다는 것은 오직 연애 때에만 가능한 한 특별함이니까 말이다.

나는 연애 때 드라마나 영화에서 보고 들은 것을 다 적용해 보았다. 밸런타인데이 때에는 초콜릿을 만들어 그 위에다 사랑의 메시지를 쓰기도 하고 커플링을 선물할 때는 실과 바늘을 준비했다. 남녀는 실과 바늘처럼 서로 같이 도와주면서 하나의 완성된 옷을 만드는 것 같다고 설명하며 그렇게 실과 바늘의 비유를 들면서 이야기의 꽃을 피웠다. 떼려야 뗄 수 없는 관계인 남녀 사이에 이런 새로운 이벤트는 연애를 더욱더 빛나게 하는 기술이었다.

우리 남편도 '결혼해서 누가 남미 씨를 울게 하면 그 사람의 눈에서는 피눈물이 나게 할 것이다.' 이렇게 말했다. 좀 섬뜩하지만 사실 우리 남편은 그렇게 독한 사람은 아니다. 아무튼 이런 말을 듣고 감동했으며 어떠한 일이 있어도 사랑의 눈으로 다 용서가 되었던 날이 계속되었다. 매일 하루가 설레고 새로웠다. 매일 새로워지고 싶었던 욕구가 연애를 통해서 다 해소되는 듯했다.

남성은 화성인이고 여성은 금성인이라고 생각해 보자. 어느 날 화성인이 금성인의 별에 새로운 생명체가 있다는 걸 알고 날아간다. 화성인이 금성인에게 날아간다. 금성인은 두 팔 벌려 화성인들을 환영했다. 그리고 그들의 사랑은 마치 마법과 같아서 서로 불꽃이 막 튀긴다. 그들은 서로 다른 세계에서 왔지만, 그 차이를 인정하고 마음껏 즐겼다. 서로 다른 별에서 왔다. 서로의 차이를 명확히 인식하고 존중함으로써 이성을 대할 때의 혼란을 줄일 수 있었다.

존 그레이의 책 《화성에서 온 남자 금성에서 온 여자》를 젊은 시절 정독했다. 그래서 남자와 여자의 차이를 본질적으로 인지하고 있었다. 그래야 살면서 충돌을 피할 수 있을 것 같았다. 결혼해서 부탁할 때 명령하는 어조가 아니라 쓰레기를 버릴 때도 "재활용 좀 해 줄 수 있으세요?"라고 정중하게 부탁해야 한다는 메시지를 중요한 교훈으로 삼았다. 결혼은 서로 다른 행성에서 온 남녀가 서로를 알아가는 과정이므로 미리 결혼 전에 그 차이를 주제로 공부해 놓으면 도움이 많이 된다. 삶을 특별하고 새롭게 살고 싶은 노력은 이렇게 시작되었다.

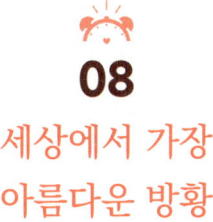

08
세상에서 가장 아름다운 방황

 결혼은 해도 후회, 안 해도 후회라는 말들을 많이 한다. 그만큼 결혼이란 문제는 정답이 없다는 뜻이다. 우리는 살다 보면 둘 중 하나를 선택해야 하는 날이 온다. '결혼을 해야하나? 말아야 하나?' 두 가지 중 선택을 해야 할 때 하는 것은 고민(苦悶)이다. 결혼하기 직전에도 고민이 된다. '과연 내가 올바른 선택을 한 것인가?' 라면서 번민하게 된다. 살면서 수많은 선택의 갈림길에서 뭘 선택할지 모를 때 고민이 된다.

> 고민(苦悶) : 괴로워하고 번민함. (출처 - 엣센스 국어 사전)

인기 강사 김미경의 결혼할 때 남자를 고르는 방법 강의를 들은 적이 있다. '어떤 남자를 골라야 하느냐'는 주제에 가난한 남자를 고르라고 한다. 그것이 맞는다고는 할 수 없다. 하지만 결핍이 자산을 만든다고 김미경은 생각했다. 결혼하기 전부터 너무 많은 걸 가지고 있는 남자를 고르면 시어머니 집에서 며느리가 하는 일을 못 마땅하게 여긴다고 강의를 하는데 어쩜 그리 공감되는지 재미있게 들었다.

김미경이 11평 단칸방에서 신혼을 시작할 때 아버지가 너무 괴로워 결혼식 이후에 보러 오질 않았다고 한다. 첫애 낳고 베개 위에 아이를 잘 키우라고 쓴 편지와 500만 원 봉투를 놓고 가셨다고 한다. 김미경이 너무 죄송해서 "아버지 큰애가 고등학생이 되면 그 돈의 10배 갚을게요."라고 말했단다. 17년 후 약속한 5,000만 원을 그동안 번 돈 2,000만 원과 나머지는 3,000만 원을 대출해서 갚으려고 할 때 무척 고민되더라는 것이다.

고민을 한다는 건 참 괴로운 일이다. 내가 그 길을 가보지 않았으니 미래에 대해서 확실하게 무언가 보이는 것이 아니고 '사회의 관습에 의해서 해야 하는 것이니까'라거나 혹은 '나이가 들면 결혼해서 애를 낳고 그렇게 사는 것이 자연스러운 인간의 삶의 과정이야'라고 배웠기 때문에 무의식중에 결혼해야 한다는 생각이 머릿속에 새겨져 있는 것이다. 결혼은 꼭 여자들이 남자를 선택할 때

집은 있어야 하고 뭐는 있어야 한다고 미디어에서 많이 비추기 때문에 집을 사서 출발하는 것을 당연시한다. 하지만 그런 것들이 사는 데 전혀 도움이 되지 않는 것은 아니지만 고민거리는 된다.

직장여성으로서 매일 출근해 자리에 앉으면 시어머니와 살면서 괴로운 일들에 대해 불평불만을 하는 여자 동료들과 그에 대해 맞장구치는 사람들, 결혼하면 행복하지만은 않은 고민으로 매일 괴로운 나날을 보내고 있는 주변인들을 많이 접했다. 결혼에 대해서 그리 환상만 가질 수는 없었고 현실적으로 되어야 했다.
'정말 결혼하면 저분들처럼 시어머니와의 고부 갈등으로 괴로워하는 것일까? 직장 다니는 엄마들의 육아가 힘든 것일까? 집에서 살림만 하는 주부들은 가치 있는 자신의 꿈을 위해 노력을 하는 것일까?'라며 혼자 고민하고 마음속으로 질문을 많이 했다.

나는 사회 속에 있지만 고독하게 내면의 자신을 찾는 고민을 시작했다. 앞으로 인생에 대해서 방향성이 흔들리는 것이다. '내가 과연 결혼하면 내 꿈을 이룰 수 있을까? 내 꿈은 무엇일까?' 일상에 시 하는 고민은 상당히 괴롭다. 답을 모를 때 내리는 결정이 옳은 것인지 그른 것인지 아무도 알지 못하기 때문이다.
사람들 사이에 있지만 알 수 없는 고민과 고독과 외로움과 방황, 혼자 있는 게 싫어서 사람들과 친구들과 만나서 술을 마시고 먹고 놀고 노래방에서 노래를 부르고 그렇게 삶에 목적도 없이 방황하며 정답을 내려 줄 롤 모델도 없이 그냥 현실에서 하루 시간이 가는 대로 생각 없이 살아가곤 했다.

 완벽하지 않은 것들로 가득한 나 자신과 가족, 친구, 동료, 나아가 이 세상을 향한 고민이 결혼하기로 마음먹은 순간 펼쳐지기 시작한다. 직장에서 처음으로 발령받아 아이들을 가르치며 열정적으로 근무한 나는 목을 많이 썼었는데 결혼을 준비하느라 이만저만하지 않은 스트레스가 겹쳐 목감기에 걸려서 점심시간에 병원에서 치료받았다.
 우리 반 아이들은 그 사실을 몰랐고, 그래서 다른 반 수학 선생님께서 "너희 반 담임 선생님께서 아프셔서 병원에 가셨어."라고 대신 말을 해주기도 했다. 그날 저녁 남자친구는 나에게 어디에서 만나자는 말을 했다. 목도 아프고 몸도 안 좋은데 만나자고 하니 쉬고 싶은 마음이 있었어도 남자친구가 만나자는 말에 나는 그냥 약속 장소로 나갔다.
 그날따라 이상한 행동을 보이는 게 뭔가의 이벤트에 돌입하려는 목적이 있었던 것 같다. 우리는 미사리에 있는 '헴펠'이라는 카페로 드라이브해서 갔다. 그날은 사람이 아무도 없고 우리 둘만 있는 게 아닌가? 음식을 주문하고 나오는 동안 웨이터가 초가 꽂힌 케이크를 들고 오는 게 아닌가? '이게 뭔 이벤트인가? 오늘이 무슨

날인가?'

나는 몸이 안 좋아 그 상황이 로맨틱하긴 한데 즐길 여유가 없었다. 카페에 장식된 수많은 초와 꽃들 그 분위기가 환상적이었지만 컨디션 난조로 인해 그 순간을 푹 즐길 수가 없었다. 그렇게 감사함을 남자친구에게 전달하지 못하고 계속 이게 무엇일까 생각하며 고민했다. '좀 더 이 상황에 빠져 즐겨야 하는데 내 몸이 따라주질 않네.' 식사를 하며 남자친구가 집에 데려다줄 줄 알았는데 또 어딜 가자는 것이다. 솔직히 나는 집에서 쉬고 싶었다.

하지만 이날은 무슨 특별한 날인 것 같아 오빠가 하자고 하는 대로 따라갔다. 노래방에서 남자친구인 오빠는 노래를 부르기 시작한다.

"그대 내게 다가오는 그 모습~ 자꾸 다시 볼 수 없을 것만 같아서~ 너를 내게 보내준 걸 감사할 뿐이야 고마울 뿐이야~ 정말 많이 외로웠던 거니 그동안 야위어 가는 지쳐 쓰러져 가는 너를 보며 느낄 수 있어~ 너무 힘이 들 땐 실컷 울어 눈물 속의 아픈 기억 떠나보내게 내 품에서~

서글픈 우리의 지난날들을 서로가 조금씩 감싸 줘야해~ 난 네게 너무나도 부족하겠지만 다 줄 거야~ 내 남은 모든 사랑을~ ♪♬"

지금 나의 상황과 너무 똑같다. 나는 지금 아프고 외롭고 결혼에 대해 고민하고 있었다. 하지만 이 남자는 나에게 힘이 들 땐 품에 안겨 실컷 울어도 된다고 노래 부르고 있다. 나는 감정이 울컥해 남자친구의 품에 안겨 실컷 울었다. 그리고 왈칵 껴안아 뜨거운 사랑으로 남자친구의 프러포즈 노력에 보답했다. 그렇게 우리의 프러포즈는 아름답고 행복한 추억으로 남았다.

강남스타일의 싸이도 지금의 아내가 된 여자친구에게 프러포즈하기 위해서 고민을 많이 했다고 한다. 그래서 탄생한 곡이 '연예인'이다. 이 곡은 전형적인 프러포즈 발라드곡이 아니라 유쾌한 곡이다.
"그대의 연예인이 되어 평생을 웃게 해줄게요."
하지만 결혼하기로 하고 프러포즈를 받자마자 방황은 시작된다. '결혼이란 무엇인가? 결혼을 꼭 해야 하는가? 결혼하면 어떤 삶이 펼쳐질 것인가? 결혼하면 행복할 것인가? 결혼하면 내 꿈이 이루어질까? 나의 미래는 어떤 식으로 펼쳐질까?'라는 고민도 없이 불꽃이 튀기는 사랑과 맹목적인 사랑 때문에 인생에 대한 근본적인 질문도 없이 사회의 관습에 맞추어 결혼했다.

영화 〈지금 사랑하는 사람과 살고 있습니까?〉에서는 결혼에 대해 근본적인 질문을 던지고 있다. 사랑해서 선택한 결혼이나 환경에 의해 선택한 결혼이나 결혼 이후에 나타날 수 있는 문제에 대한 가능성은 모두 존재한다는 말이다.

    그렇다. 어차피 결혼은 해도 후회, 안 해도 후회라면 나는 해보고 후회하리라 생각했다. 세상에서 가장 아름다운 방황 중 하나가 결혼이라고 생각한다. 나의 고민을 통해 얻은 선택이 결혼이었다. 그리고 그 제도를 통해 나는 정해진 올바른 답이 없는 가운데 좌충우돌 배움을 얻었다. 고민하는 과정에서 성장하고 많은 것들을 배웠기 때문이다. 우리 안에 있는 완전하지 못한 부분들은 살면서 배울 수 있을 것이고 완벽한 부분들은 장점으로 잘 가꾸어서 부족한 부분을 따스하게 바라보며 채워나가면 되는 것이다.

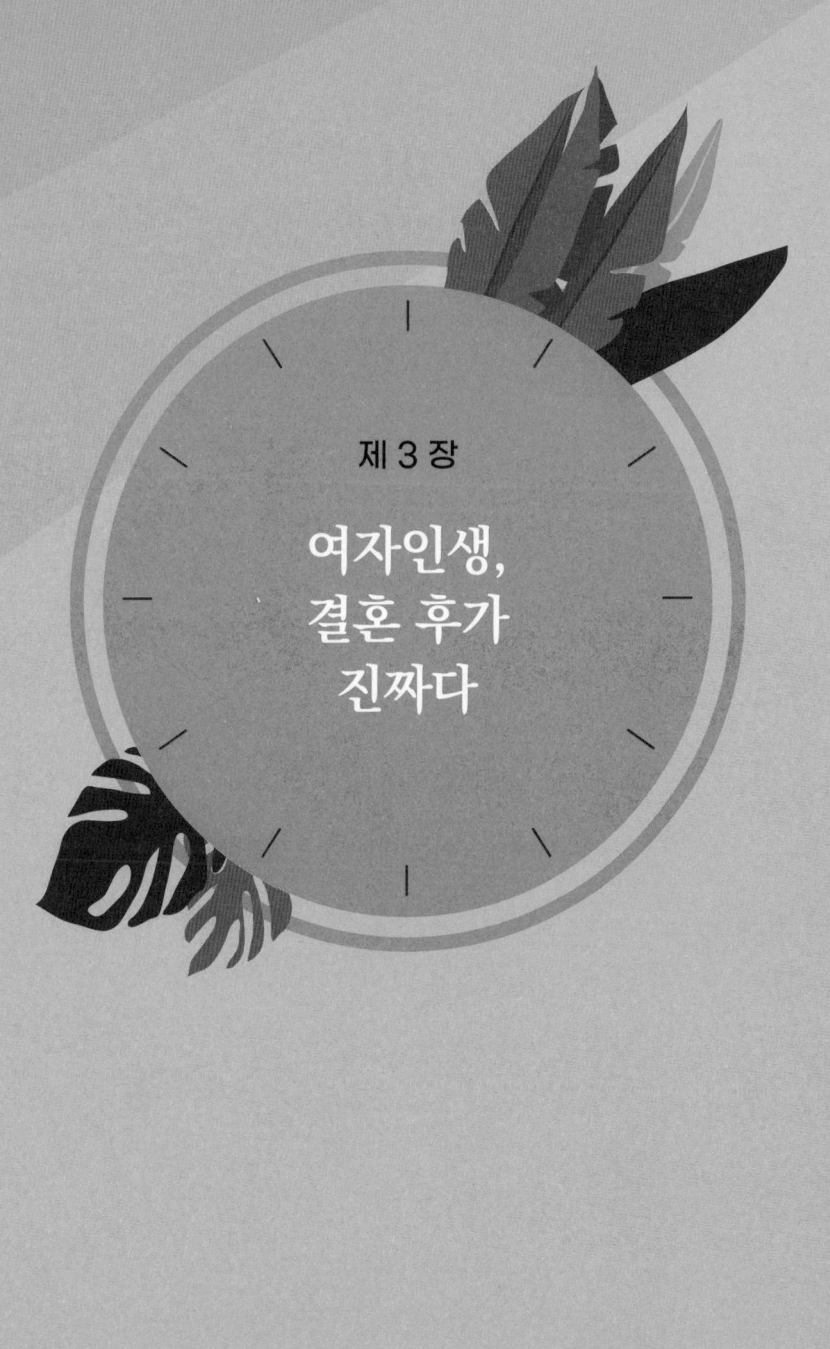

제 3 장

여자인생,
결혼 후가
진짜다

01
1+1=2인 줄 알았던 결혼생활

행복한 연애 시절을 보내고 그대로 결혼에 골인!

결혼하면 드라마에서 보이는 대로 아주 행복하고 서로 없으면 못 살 것 같이 그렇게 불꽃 튀기듯이 신혼 생활을 보낼 줄 알았다. 하지만 현실은 생각과 달랐다. 부모 밑에서 가정의 모든 것을 책임지지 않았던 천방지축의 내가 이제는 모든 걸 책임져야 하는 상황에 내몰린 것이다. 처녀 시절에는 아주 자유롭게 살다가 막상 신혼살림을 해야 하니 낯설었다. 밥을 해 본 적이 있나, 요리해 본 적이 있나, 아무것도 모르는 나는 신혼여행에서 돌아와서 혼란스러웠다.

연애를 2년 동안 하면서 남편을 만날 때마다 행복했기 때문에 결혼하면 당연히 그 행복이 지속될 줄 알았다. 하지만 내가 생각했던 신혼 생활은 연애와 달랐다.

사랑에는 유효기간이 있다. 사랑을 시작하는 연인들에게는 사랑의 항체가 생긴다. 호감이 생길 때는 도파민, 사랑에 빠졌을 땐 페닐에틸아민, 그리고 육체적 사랑하고 싶을 땐 옥시토신이라는 호르몬이 분비되고 마침내 엔도르핀이 생성되어 서로 소중히 여기는 마음과 보고 싶고, 같이 있고 싶은 사랑의 마음이 가득해진다고 한다. 하지만 이 모든 항체는 2년이면 말라버린다.

우리 부부는 2년간 연애하는 동안 엔도르핀을 다 써버린 것이다. '그게 원인일까?' 신혼부부가 느끼는 애틋한 감정을 한동안 느낄 수 없었다. '이게 신혼 생활이란 말인가?' 나는 조금 억울했다. 처음으로 부모님 집에서 떨어져 모든 환경이 완전히 새로웠다. 하지만 갑갑한 아파트라는 공간에서 낯설고 혼란스러운 결혼생활이 시작되었다. 매일 맞벌이 부부의 생활이 반복되었다. 직장에 일찍 출근하면 저녁 무렵 집에 들어와서 밥을 하고 신랑과 먹고 자고 다시 아침에 출근하기를 반복하는 일상을 보냈다. 처음으로 겪는 결혼생활은 뭐 하나 특별한 것 없는 무미건조한 삶이었다. 주말에 잠시 교외로 나가서 기분전환을 시도해보기도 했다. 그러나 나의 근본적인 신혼 생활의 환상은 완전히 무너지고 말았다.

그리고 갑자기 계획에도 없었던 아기가 생긴 것이다.

'아, 내가 아기를 가지다니?'

기쁨과 동시에 외계에서 이방인이 날아온 것처럼 낯설었다.

'어떻게 대처해야 할까? 신혼도 즐기지도 못했는데 아이가 덜컥 들어서다니? 아이는 하늘이 내려준 축복이라고 했던가? 정말 그럴까? 아이를 한 번도 키워본 적이 없는데 어떻게 내가 아이를 키우지?' 신기하기도 했지만 내심 이 아이를 낳아서 어떻게 키울지 정보가 없으니 불안했다. 갑자기 찾아온 내 생애 처음 겪는 큰 경사에 우울하기도 했다.

결혼은 과연 행복의 시작인가? 누가 신혼 생활이 깨소금이 쏟아진다고 했던 것일까?

괴테는 이런 말을 했다.

"불편해지기 싫으면 결혼하지 마라. 그러나 행복해지길 원하면 결혼해라."

나는 불편해지기를 원하지도 않았고 행복해지기 위해서 결혼했다. '결혼하지 말아라.'와 '결혼해라'라는 두 명제 사이에서 갈등하는 모순들. 이것이 바로 결혼생활이란 말인가? 결혼 후 내가 그리던 환상적인 이미지는 다 사라지고 결혼은 현실이 되어 버렸다. 현실과 이상 사이의 괴리감을 극복하지 못하고 그렇게 하루가 무미건조한 날들로 이어지고 있었다.

나는 새로운 경험을 좋아하는 성격이다. 하지만 뭐 하나 특별한 것 없는 일상의 반복, 행복할 것 같았던 남편과 꿈같은 사랑은 온데간데없었다. 남편과 현실적으로 매일 얼굴을 마주하고 밥을 먹고 직장에 잘 다녀오라고 인사하고 또 저녁에 만나는 현실 생활을 반복했다.

주말에는 시댁과 친정 행사에 참여하느라 둘이 연애 때 보았던 그 흔한 영화도 못 봤다. 이게 도대체 뭐란 말인가?

결혼을 '성장'의 과정으로 인식할 때, 그리고 결혼에서 겪을 수 있는 모든 갈등이 누구나 겪을 수 있는 혼수품과도 같은 것임을 인정할 때 비로소 행복한 결혼생활을 시작할 수 있다. 하지만 이론으로만 아는 것들이 현실에서는 적용이 잘 안되었다. 미리 그 길을 가 본 사람들도 정답을 모르는 결혼생활. 그 과정이 나의 성장에 있어서 꼭 필요했던 것임을 그때는 알지 못했고 세월이 흘러 나 자신이 결혼이란 제도를 통해 갈등을 극복해 가면서 알게 되었다.

가끔 한 번씩 감동적인 순간도 있었다.
"생일이라 미역국 끓였어요. 드세요." 남편이 말했다.
"와! 감동이네요." 칭찬의 귀재인 나는 정말 감동해 구체적으로 칭찬했다.

"어떻게 이걸 다 준비했어요. 어젯밤에는 그냥 잤잖아요? 언제 이 소고기랑 미역을 사 온 거에요? 당신 요리할 줄 모르잖아요? 이건 대단한 정성이예요. 너무 맛있어서 감동이에요. 고마워요."

나를 위해서 손수 미역국을 끓이는 남편이 감동이었지만 솔직히 맛은 별로 없었다. 소고기 다시다에다 국간장과 미역 그리고 물을 넣어서 쩔쩔매면서 1시간을 넘게 끓인 것이다. 맛은 상관하지 않고 정성에 감동하여 칭찬의 말을 연발했다. 나는 칭찬을 할 때 아주 과하게 하는 경향이 있다. 이것이 상대방에게 '나라는 사람은 참 괜찮은 사람이구나'라고 느끼게 만든다. 그리고 나에게 이런 능력도 있다는 좋은 감정을 심어 주게 한다. 그런 면에서 칭찬하기는 나에게 아주 좋은 장점 중 하나이다. 유럽 배낭여행에서 칭찬으로 사람을 감동하게 하자는 삶의 목표가 생겨서 그런 것일까? 나는 사람들을 만날 때 진실로 많은 좋은 점들을 칭찬해준다.

국민 MC 유재석 씨는 "칭찬에는 발이 달려있다면 험담에는 날개가 달려있다"라고 말했다. 그리고 "나의 말은 반드시 전달되기 때문에 허물은 덮어주고 칭찬을 자주 해라"라고 매체를 통해서 자주 이야기한다.

그렇다. 남의 허물을 자꾸 이야기하다 보면 상대방에게 상처만 주게 된다. 되도록 칭찬을 많이 하자.

결혼생활 즉, 아내가 되는 일은 훌륭한 바이올린 연주가가 멋진 연주를 탄생시킬 때처럼 예술작품을 빚어낸다는 마음가짐 없이는 감당해 낼 수 없다.

하지만 우리 초보 부부는 훌륭한 연주를 만들어내기 위해 연습하고 계획하고 실전 전에 하는 모든 습작을 연주해 본 적이 없다. 그냥 생각나는 대로, 닥치는 대로 생활했다. 그렇지만 그 신혼 생활 가운데 '잘한 일에는 반드시 서로 칭찬하자'라고 스스로 마음먹었다.

만약 한 여자가 남편이라는 현악기를 연주하게 되었다고 해 보자. 그녀가 손에 들고 있는 남편은 세상에서 가장 다루기 힘든 악기인데 여자는 튜닝 방법조차 배운 적이 없다. 그 방법을 책이나 텔레비전이나 유튜브 같은 곳에서 보긴 했지만, 그것이 현실 생활에서 도움이 안 된다. 화음은 끝없이 계속되는데 그녀는 곡의 연주법과 음표조차 알지 못한다. 게다가 그 악기는 추우면 활이 잘 켜지지 않는다. 하지만 봄이 되면 명랑해진다. 기온이 변할 때마다 현이 느슨해지거나 끊어지기도 한다. 그뿐인가, 밥 안 준다고 삐지고 청소의 상태가 이게 뭐냐면서 기분 나빠한다. 정상적인 여자라면 그 누구도 이해할 수 없는 이유로 화를 내거나 토라진다. 감정이 상했을 때는 칭찬을 해야 한다는 생각이 들어올 틈이 없다. 부정적인 감정에 휩싸이면 거기에서 빨리 빠져나오지 않는 한 계속해서 화라는 감정에 머물게 된다.

'내가 바라던 결혼생활은 이게 아닌데 어디서부터 잘못되었을까? 왜 나는 행복하지 않을까? 결혼에 대한 환상은 다 어디로 갔단 말인가?'

우리가 교과서에서 배웠던 '행복한 부부생활'은 감사하며 고마움을 느끼면 적극적으로 표현하는 것이다. "만나고 헤어질 때 무덤덤하고 아무런 의식이 없으면 부부 관계는 어색함이 생길 수 있으니 꼬~옥 안아주는 식으로 표현해라. 지금 배우자와 앞으로 무엇을 이루고 싶은지, 그 과정에서 서로에게 어떻게 힘이 되어주면 좋을지, 같이 만들어 나갈 수 있는 일은 무엇일지에 대해 이야기를 나누어 보아라."라는 식의 충고는 아무런 효과를 발휘하지 못한다.

결혼한 목적도 일차적인 욕구 충족을 넘어 두 사람이 함께 만들어가는 새로운 즐거움의 세계가 아니었던가? 매일 결혼생활이 즐겁고 신나고 재미있다면 결혼하지 않는 젊은 남녀, 소위 N포세대가 많아지지 않아야 하지 않은가? 현실은 어떤가?

결혼을 하면 1+1은 2가 아니다. 고려해야 할 부분이 너무나 많은 것이다. 결혼이란 엄청난 노력이 필요한 과정이다. 남편과 아내

각자가 인격적으로 성숙한 상태에서 결혼하면 잘 살겠지만 그렇지 않으면 살면서 성숙해야 한다. 대가를 치를 각오를 해야 한다. 그래서 결혼은 모험이자 도전이다. 나 자신과 상대방의 인격적인 성장을 위한 도전과 모험. 우리 부부는 이 모험을 한 번도 해 보지 않은 상태에서 결혼했기에 좌충우돌 신혼기를 통해 복잡한 모험의 과정을 겪는다. 모험이란 불편과 위험을 감수할 준비가 되어 있어야 한다. 하지만 대부분의 결혼을 하는 젊은이들은 이런 교육을 받지 않은 채 그런 과정을 시작한다. 준비된 마음의 소유자만이 결혼할 자격이 있다는 걸 왜 이제 알았을까? 먼 시간을 돌아 그 모험을 통해서 깨달음을 얻기 위해서는 시간이 오래 걸린다는 걸 알았다.

초보 아내와 초보 부부로서 극복해야 할 것이 많았다. 남녀가 불꽃 튀기는 사랑을 해서 결혼에 골인한다. 그러나 둘만의 사랑뿐만 아니라 수많은 문제와 갈등, 사람들이 연결되어 있다는 것을 그 후에 부딪히는 수많은 일들을 겪으면서 알게 된다. 결혼이라는 제도가 둘만 잘 살아서 되는 것이 아니다.

수많은 네트워크가 주위에 생긴다는 걸 알아야 한다. 그러나 겁먹을 필요는 없다. 그 모든 과정을 통해 배움을 얻을 수 있다. 결혼하기 전 혼자일 때는 미처 알지 못했던 진짜 인생이 결혼 후에 펼쳐진다.

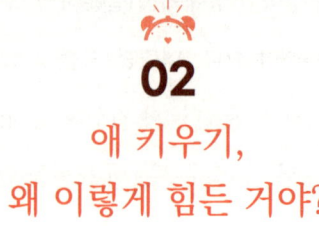

02
애 키우기,
왜 이렇게 힘든 거야?

"팬티에 따뜻한 물이 흘렀어요. 소변은 아닌 것 같아요."
다급한 목소리로 자정에 산부인과에 전화했다.
"빨리 병원으로 오세요." 의사가 말했다.

2003년 10월 3일 약간 쌀쌀한 날씨에 양말도 신지 않고 임부복에 신발만 신고 택시를 타고 산부인과로 혼자 갔다. 병원에 도착해서 침대에 누워 초음파를 보니 양수가 터진 것이다. 거의 물이 다 빠진 상태다. 위급하다.
의사는 "우리 병원에는 인큐베이터가 없습니다."라고 심각하게 말했다.

"서울 백병원에 갈 수 있도록 조치할 테니 어서 남편을 산부인과로 오게 하세요."라며 다급한 감정을 내뿜었다.

'이 밤에 주변에 아무도 없는데 어떻게 하지?'

남편은 부산에 출장을 가서 오는 중이었다. 그날따라 부산 국제 영화제 때문에 비행기표가 없어서 일행들이 택시를 타고 올라온다고 전화가 온 것이다.

남편은 의정부까지 도착하기 위해서는 1시간 정도 남았다고 했다. 예상치 못한 순간 눈앞이 캄캄해지면서 '배 속 아이는 어떡해?' 아이가 어떻게 되는 건 아닐까 걱정되었다. 이 모든 상황이 두렵고 무서웠다.

"당신, 지금 어디예요? 양수가 터졌대요. 의사 선생님이 보호자가 빨리 와야 한대요. 급해요."

몇 번이고 전화를 계속하면서 택시가 일찍 도착하기만을 기다렸다. 남편 말로는 택시가 거의 총알처럼 달렸다고 하는데 기다리는 그 시간이 너무 길게 느껴졌다. 임산부가 위태로운 상황이라고 택시 기사한테 말했더니 30분 정도 지나서 도착했다. 진단서와 선처를 바란다는 회송 요청서를 들고 노원구에 있는 백병원으로 택시를 타고 갔다. 그런데 택시가 너무 느리게 느껴졌다. '이렇게 급한 상황인데 왜들 서두르지 않지?' 모성애의 본능이 느껴졌다.

산부인과 전문의가 초음파를 보더니 아이는 2.7kg 정도이고 분만 대기실에서 유도 분만을 시작한다고 하였다.

'아기가 아직 나올 때가 안되었는데 아직 35주 3일, 9개월밖에 안되었는데 벌써 이렇게 나와도 되는 것일까?'

아이를 낳아 본 적이 없어 걱정이 이만저만이 아니었다. 임신과 출산이라는 책에서 읽은 내용을 애써 떠올려 보았지만 이런 상황에서 대처해야 할 행동이나 감정 다루는 방법은 책에서 다루지 않았던 것 같다. 별다른 진통이 느껴지지 않았다.

남편은 대기실에서 기다리고 나는 분만 대기실에서 유도 분만 주사제를 계속 투여받고 있었다. 그때부터 진통이 오기 시작했다. 그때가 새벽 3시다. 간호사들이 하는 말을 들었는데 그날따라 다른 개인병원에서 양수가 터져서 온 산모들이 많았다고 했다. 하지만 인큐베이터가 딱 하나밖에 남지 않았고 우리가 마지막이었다고 한다. 어쩔 수 없이 그 산모들은 다른 병원으로 이송되었다. 조금만 늦었어도 자리가 없어서 더 위급할 뻔했다. 옆 침대에서는 비명이 들렸다. 나 혼자 이 삭막하고 차가운 병원 침대에 남겨진 것이다. 사막 같은 느낌이다.

병원에서의 시간은 멈춘 듯했다. 양수는 다 빠져나갔다고 하는데 당직 전문의들은 느긋하게 책을 들고 와서 실습했다. '이건 무슨 현상이다. 자궁이 몇 센티 열렸다.' 이런 소리만 했다. 내진하면서도 언제 아기가 나오는지 설명해주지도 않았다. 촉진제를 계속 맞고 옆에 있는 모니터를 보면서 아기의 심장이 잘 뛰고 있는지 확인하며 임신 출산 책에서 보았던 대로 소리를 지르는 것이 안 좋으니 호흡법에 집중하면서 심호흡을 계속했다. 그리고 속으로 '다 괜찮을 거야. 이 모든 것이 잘 지나갈 거야'라며 긍정의 주문을 계속 걸었다.

아기를 낳을 때 좋은 생각을 많이 하는 것이 좋다고 책에서 읽었다. 어떻게 하면 분만의 과정을 잘 견딜지 미리 시각화해야 한다고 읽었다. 그게 도움이 되었다. 불안은 진통으로의 몰입을 방해하고, 진통을 더 아프게 만든다. '모든 것이 잘 될 것이다. 괜찮다.'라는 생각을 되도록 많이 했다. 불안을 조절하는 방법으로 심호흡에 몰입했다. 그리고 임신 중에 임산부 요가 비디오를 보면서 임신 5개월 때부터 운동해 주었기 때문에 쉽게 아기를 출산할 수 있으리란 느낌이 들었다.

남편도 분만 과정에 참여하는 것이 출산 과정의 고통을 나눌 수 있을 것 같았다. 그래서 가족분만을 하고 싶었다. 그러나 종합병원이라서 남편을 출입 못하게 했다. 잠깐 눈을 붙이고 아침에 깨어보니 친정아버지가 오셔서 잘할 수 있을 거란 말씀을 해 주셨다.

이후 곧바로 분만이 시작되었다. 아버지의 응원이 큰 힘이 되었다.

어린 시절 아버지께서 나를 당신의 손으로 받아내셨다는 이야기는 참 감동이다. 자궁이 8㎝ 정도 열렸을 때 분만대에 올라 힘을 주고 호흡하기를 반복하면서 간호사가 배를 한번 쑥 누르더니 뭔가 묵직한 것이 내 몸에서 빠져나가면서 아기의 울음소리가 들렸다.
"축하드립니다. 2.63kg의 아들입니다."

그렇게 첫애와의 만남이 시작되었다. 기쁨도 잠시, 아기를 안아보지도 못했다. 왜냐하면 집중 검사를 하기 위해 중환자실로 보내야 했기 때문이다. 의식이 희미한 상태에서 얼굴만 본 후 잠이 들어 몇 시간 동안 푹 자고 일어났더니 병실이었다. 회음부 절개를 하는 자연분만을 해서 그런지 밑이 걸을 때마다 너무 아팠다.
'엄마가 되는 것이 이렇게 힘든 일인가?' 누구나 다 아기를 처음 낳아보기 때문에 그 과정은 다 초보일 것이다. '이제 어떻게 아기를 키우지?' 고민을 많이 했다. 미역국을 많이 먹고 모유가 돌게 하기 위한 노력을 하는 내가 대견했다. 나 스스로 아이라고 생각하는 내가 아기를 낳다니…. 모든 게 기적 같았다. 아기는 중환자실에 있으므로 면회로만 볼 수 있고, 내 품에 안고 맞이할 수 없었다.

'아기 낳는 것이란 이런 느낌이구나'라고 생각하며 생애 첫출산 경험을 한 나 자신을 대견스럽게 생각했다.

그리고 이런 다급한 상황을 경험하고서야 깨달은 것이 하나 있다. 동료들이 첫 아이는 큰 병원으로 다니라고 충고해줬다. 모든 시설이 다 갖추어진 곳으로 검진받으라고 하는 말을 닥쳐보니 알게 되었다. 첫째는 어떤 상황이라도 다 대처할 수 있는 비교적 규모가 큰 병원에서 검진받는 게 중요하다고 생각한다. 왜 미리 겪어본 사람들의 충고를 귀담아듣지 않았는지 후회가 되었다.

자연분만은 병실에 이틀만 있으면 퇴원시킨다. 아기 없이 혼자 산후조리원으로 갔다. 아가는 미숙아이기 때문에 중환자실에서 1주일 있어야 한단다. 몸조리하기 위해서 조리원에서 유축기로 모유를 짜서 병원에 가져다주었다. 아주 작은 아기가 황달이 있어 치료를 위해 인큐베이터에 누워있는 모습이 그렇게 안타까울 수 없었다. 모유 수유가 신생아황달 치료에 도움이 된다 해서 새벽마다 2시간 간격으로 유축기로 짜서 일일이 냉동실에 보관했다. 정말 세상의 모든 엄마가 이렇게 힘든 과정을 거쳤다고 생각하니 가슴이 뭉클했다. 이 모든 것이 처음이라 낯설었지만 참 잘 해내고 있었다. 다른 산모들은 아기를 데려와 모유 먹이는 동안 나는 열심히 모유를 짜고 조리원 프로그램인 요가와 모빌 만들기 등을 했다.

일주일 후 아기를 데려와 조리원에서 젖을 물리고 쉬고 또 물리고 쉬고 이렇게 조리원 생활을 마치고 친정으로 데리고 가 본격적인 신생아 키우기가 시작되었다. 조리원에 있을 때는 간호사들이 다 봐주었는데 이제 내가 24시간 동안 아기를 돌봐야 했다.

새벽에도 1시간마다 깨서 우는 아이를 돌보다 보니 수면이 부족하고 정신이 몽롱한 상태일 때가 많았다.

아무리 친정이라고 해도 결혼 후에 찾아간 집은 편하기보다는 어색하다. 부모님께서 일하셔서 밤에 주무셔야 하는데 아기가 우는 소리에 새벽마다 깨어 토닥토닥 아기를 재워주기도 하셨다. 젖 물리라면서 졸고 있는 나를 깨우셨다. 그렇게 초보 육아는 낯설고 힘들었다.

'모든 것이 준비되지 않은 상태에서 아기를 받아서일까? 아무 것도 모르는 내가, 준비가 매우 필요한 아기를 낳은 것이다. 이 얼마나 준비되지 않은 엄마인가?'

잠을 푹 자지 못하니 우울했다. 활발하게 직장생활을 했던 여성이 한 번도 해 보지 않은 아기 돌보기를 하느라 24시간 매여 있으니 마음에 적신호가 울려 퍼졌다. 출산하기 전까지는 아가씨 몸매였는데 출산하고 나서는 몸이 너무 부었다. 모유를 먹이기 위해 많이 먹어서 붓기도 안 빠지고 퉁퉁하고 부은 내 몸을 보면서 스트레스도 많이 받았다. 스트레스를 받다 보니 과식으로 이어졌다. 명

분은 모유를 먹여야 한다는 것이었다. 정말 힘들었다. '육아가 이렇게 힘든 일이었던가?' 세상의 어머니들이 대단하다는 생각이 들었다.

'아기를 키우는 게 이렇게 힘이 들었던 것일까? 왜 나만 이렇게 힘들어해야 하지? 남자들은 육아의 고통을 느낄 수 있을까?' 오만 가지 생각하면서 힘들게 육아하는 나는 지쳐가고 있었다. 기저귀 발진까지 생겨 정말 아무것도 모르는 초보 엄마가 헤매고 있었다.

어느 날, 외숙모가 친정엄마네 집에 와서 이 모든 상황을 보았다. "남미야, 짐 챙겨. 우리 집으로 가자. 내가 도와줄게."
안쓰러운 모습을 본 외숙모가 본인의 육아 때가 생각난다며 와주겠다고 말했다. 산후에는 우울증이 올 수 있으니 외숙모 집에 가서 같이 이야기도 하면서 몸조리시켜 주겠다고 하셨다. 얼마나 고마웠는지 모른다. 산후의 우울한 이 마음을 외숙모 덕분에 잘 이겨내게 되었다. 출산 후에는 감정적인 동요뿐만 아니라 밤에 잠을 잘 못 자기 때문에 도와주는 분이 꼭 옆에 있어야 한다.

'앗싸! 이때다!' 속으로 외치며 너무 감사했다. 외숙모 집에서 같이 얘기도 하는데 스트레스가 확 풀렸다. 이때 느낀 것이 산모의 정신 건강을 위해서 옆에서 말을 걸어주는 누군가가 꼭 필요하다는 것이다. 외숙모가 끓여주는 미역국을 먹고 아기를 돌봐주는 동안에는 잠도 푹 잘 수 있었다. 아기를 낳고 나서는 정말 많은 도움이 필요하다. 스물여덟 살이라는 이른 나이에 아이를 낳아서 주변에 조언받을 수 있는 사람들이 없었다. 다들 아이를 그 시기에 낳지 않았다. 요즘에 비하면 그땐 일찍 아기를 낳은 편이다. 산모에게는 같은 경험을 공유할 수 있는 대화 상대가 필요하다.

그렇게 나의 첫 아이의 출산과 육아는 쉽지 않은 경험이었다. 외숙모가 나타나지 않았더라면 더 힘들었을 것이다. 외숙모는 나를 구해준 큰 은인이다. 사람과 사람 사이에 꼭 있어야 하는 대화를 출산하고 나면 더 절실하게 찾게 된다. 출산 전에 어떤 분께 산후 조리를 부탁할 것인지 신중하게 선택해 놓는 것이 중요하다. 그러면 육아 과정이 좀 더 수월할 수 있다.

03
육아휴직이
독박 육아가 되다

"남미야, 성민이 엄마가 키워줄게."
"어떻게? 엄마 일하잖아."
"네가 너무 딱해서 안 되겠다. 엄마 일 그만할게."
"엄마, 고마워. 정말 고마워."

출산 휴가 3개월 동안 큰 아이를 키우며 너무 우울했던 마음이 복직해 사회생활을 하면서 숨통이 좀 트이는 듯했다. 그런데 시어머님이 아이를 봐주실 줄 알았는데 못 봐주시게 되었다. 누구에게 아이를 맡겨야 하는지 정말 난감했는데 안심됐다. 애 봐줄 분을 찾앉는데 썩 내키지 않았다. 그래서 엄마가 봐주신다고 하니 얼마나 기뻤는지 몰랐다. 그렇게 나는 의정부에서 직장생활하고 아기는 서울에 있는 친정에 놔두고 일주일에 한 번씩 보았다.

애 낳고 직장생활을 하는 게 그리 쉬운 일은 아니다. 몸은 멀리 있어도 항상 마음은 아이한테 가 있었기 때문이다. 그래도 친정엄마가 봐주고 계시니 그나마 안심되었다. 엄마에게 육아비는 충분히 드리고 아이를 키우는 데 불편함이 없도록 최선을 다했다.

친정엄마가 아이를 봐주시니 안심이 되었기에 주말에 남편과 여행도 갈 수도 있었다. 아기를 낳았지만 내 삶을 약간 즐길 수 있었다. 하지만 항상 아이는 내 마음속에 걱정으로 남아있어 매일 직장에 있어도 엄마에게 전화를 걸어 잘 있냐는 안부와 함께 아기가 오늘 어떤 행동을 했는지 물어봤다. 친정엄마는 손주 보신 게 좋으셨던지 오늘은 어떤 귀여운 짓을 아이가 했는지 전화로 생생히 중계해 주셨다. 그 흔한 게 힘들다고 말하기보다는 할머니, 할아버지에게 새로운 재밌거리가 생기신 것이었다. 노인들에게 손주 키우기가 힘은 들지만, 삶의 활력소가 되어준다.

하지만 내 아이가 엄마를 엄마로 인식하지 못하고 할머니를 엄마로 인식하는 사태가 벌어졌다. 그래서 이대로는 안 되겠다 싶어

이사하기로 했다. 나는 의정부에서 서울로 이사 해 아이를 돌보는 데에 더 충실하여지기로 했다. 직장 갔다 와서 친정에서 아이를 데려오고 우는 아이를 달래고 재우고 잠도 제대로 못 잔 상태로 출근했다.

그야말로 육아는 전쟁이었다. 멍한 상태로 출근하기도 했다. 남편은 거의 도움이 안 되었다. 남편의 몸과 정신이 내 몸과 정신과 같을 수 없으니 육아가 힘든 걸 알 수 없다. 엄마인 나 혼자 전전긍긍하면서 포대기를 매고 종종걸음으로 아이를 데려오고 데리고 가고 이런 생활이 반복되다 보니 회의감이 들었다.

'왜 여자 혼자만 이렇게 괴로워야 하는 것일까? 남편과 나는 똑같이 사회생활을 하는데 왜 나는 더 힘들어야 하는 것일까?'라며 괴로워한 적이 많았다. 하지만 엄마와 아이의 애착이 가장 중요하다고 하니 힘든 육아를 잘 참았다.

아이는 엄마와의 애착이 중요하다고 육아 전문가들이 말한다. 그 원인이 무엇인지 찾아봤더니 애착에 관한 정의가 이렇게 내려져 있다.

애착이란 말은 1958년 영국의 심리분석가 보울비(Bowlby)가 주장한 개념으로, '인간이 특정한 타인에게 강한 정서적 유대를 갖는 성향'을 말한다. 보울비는 주 양육자인 엄마와 영아 사이에서 정서적 유대관계를 설명하기 위해 애착이란 단어를 썼다. 영아는 특정한 타인, 주로 주 보호자인 엄마에게 접근하려는 경향을 보이며 엄마가 있으면 더 안정감을 느끼고 덜 불안해하며, 엄마로부터 안심과 보호를 얻는다.

그래서인지 아기가 엄마에게 안겨 있으면 편안해했다. 하지만 아빠한테만 가면 울고 뭔가 불편해했다. '아빠가 불편하니까 애착 관계가 더 강한 엄마인 나에게만 와서 안겼구나'라고 생각되었다. 이해는 되지만 육아는 육체적으로나 심적으로 너무 힘들었다. 특히 밤에 잠을 제대로 못 자는 것이 가장 힘들었다. 보람도 느끼고 육아라는 고통도 느끼며 감정이 교차할 때가 많았다.

이런 힘든 시기를 보내고 나면 아기가 자라서 스스로 걷고 혼자 밥을 먹을 정도가 되어 아주 영아 때 느꼈던 힘듦이 많이 사라진다.

그때 둘째 계획을 많이 한다. 아이가 재롱을 떨고 말을 하면서 모든 게 용서되는 귀여움으로 우리 가정에 행복을 선사하기 때문이다. 아이를 한 명 낳아 키우면 외로울까 봐 둘째를 낳기로 결심했다. 하지만 생각한 대로 임신이 잘 안 되었다. 대학원 공부도 하고 직장에서 이런저런 스트레스가 많았던지 임신이 잘 안됐다. 유산도 한 번 했다. 첫애 낳고 4년 후에 둘째가 어렵게 들어섰다. 이제는 첫애 때의 힘든 과정을 겪지 않으리라 생각하고 육아휴직

3년을 내서 잘 키워보겠다고 결심했다.

　큰애를 키울 때의 초보 엄마의 실수를 되풀이하고 싶지 않았다. 아이를 키우면 키울수록 무엇이 정답인지 모르는 육아의 세계를, 둘째 때는 한번 제대로 느껴보기로 한 것이다.

　요즘은 '독박 육아'란 말을 많이 쓰는데 혼자 육아를 도맡아 하게 되었다는 의미로, 특히 오늘날 육아 현실을 바로 보여주는 표현이다. 엄마들이 육아할 때 남편이 있지만 홀로 외로워 그렇게 얘기한다. 나의 초보 육아가 거의 독박육아였다. 혼자 속으로 끙끙 앓아가면서 누구에게도 얘기해도 이 힘든 상황을 위로받거나 공감받지 못했다. 내 마음과 육체가 하나에서 둘이 된 이 상황이 너무 낯설었다. 내 몸 하나 지키기도 어려운 상황에서 조그마한 생명체 하나까지 더 붙었으니 얼마나 자유롭지 못한 상황인가?

　그렇게 힘든 시기를 겪고도 또 둘째를 낳아야 한다는 것은 무엇 때문일까? 둘째를 가졌을 때는 첫애 때 없었던 입덧으로 고생을 많이 했다. 뭘 먹으면 '웩, 웩'하면서 화장실 변기통을 부여잡고 구역질을 하는 내가 너무 싫었다. '이렇게까지 입덧이 힘든 줄 몰랐네'라고 생각했다. 그래서 첫애와 둘째 때는 임신 과정이 다르다는 것을 느꼈다.

어린 시절 부모로부터 충분한 공감과 칭찬과 위로를 받아보지 못했다고 생각한 나는 임신을 해서도 스스로 충분한 공감과 위로를 할 수 없었다. 그리고 아이를 낳아도 정서적인 지지가 많이 없었으니, 내 마음은 항상 독박처럼 스스로 내 안에 갇혀 있을 때가 많았다.

이 힘든 육아와 임신의 과정을 누구에게 속 시원하게 터놓고 이야기할 수 없었다. 남편도 거의 정신적인 힘이 되어주지 못했다. 뭔가 남자들이 모르는 아이를 낳은 엄마만 아는 그런 감정을 어떻게 설명해야 했을까?

가족 클리닉 전문가인 최성애 박사가 이런 말을 했다.

"어릴 때 감정적으로 지지받지 못하면 자기 확신이 잘 들지 않게 된다. 내가 느끼는 것이 맞는 것인가? 틀린 것인가? 어렸을 때처럼 내가 내 감정을 그대로 따라 했다가 혹시 꾸중 듣는 것은 아닐까? 일이 크게 잘못되는 건 아닐까? 하는 두려움과 불안감이 존재한다. 잘하고 있으면서도 아이를 돌보는 일이 자연스럽거나 편안하지 않고 항상 걱정이 앞서게 된다. 자신 생각과 감정, 행동이 일치되지 않으니 계속 불편함을 느끼게 된다."

어렸을 때 자신 행동에 대해 충분한 지지나 공감, 정서적인 위로를 받아본 사람이라면 자연스럽게 생각과 행동, 감정이 일치되어 자신 생각대로 행동할 수 있다. 하지만 자기 안에 잠재해 있는 근원적인 불편함을 해결하지 않은 채 한 아이를 키우고 있는 사람은 알 수 없는 불안감과 걱정, 두려움을 떨쳐버리지 못한다.

그래서일까, 나는 임신을 해서도 뭔가 불편하고 아이를 낳아서도 뭔가 알 수 없는 마음의 불안과 걱정을 떨쳐버리지 못했다. 항상 이 느낌이 무엇일까 궁금했다. 그런데 알고 보니 그것이 어린 시절 내가 엄마와 맺었던 애착 관계 때문이란 걸 알았다. 친정엄마와 제대로 형성되지 못한 애착은 내 아이로까지 이어진 것이다. 친정엄마가 나를 외가에 보내서 혼자 외로웠던 것처럼 나도 역시 친정엄마에게 큰 애를 보냈다. 그래서 애착 형성의 기회를 놓쳐버리는 상황을 만들어 또다시 외로움의 섬에 아이를 갇히게 만든것이다.

엄마와 아이의 애착유형이 일치한다는 보고가 있다.

1991년 영국 런던의 애나 프로이드 센터(Anna Freud Center)의 피터 포나기(Peter Fonagy) 박사 연구팀은 임신한 여성을 상대로 엄마와 아기의 애착유형을 연구했다. 연구팀은 임신한 여성에게 성인 애착 면접을 시행한 후 아이를 낳고 그 아이가 생후 12개월이 되었을 때 낯선 상황에서의 애착유형을 측정해봤다. 애착유형은 안정, 불안정으로 구분했다.

연구 결과 임신한 여성의 애착유형과 그 여성이 낳은 12개월 된 아기의 애착유형은 실험대상자의 75%가 일치했다. 이 연구는 엄마가 미치는 영향이 단순히 강력하다는 것만 말하지 않는다. 아무리 닮지 않으려고 해도 결국 친정엄마를 닮은 엄마가 될 수밖에 없다는 숙명을 말하고 있다. 영향만 받는 것이 아니라 대물림된다는 것이다.

둘째를 낳아서 행복하게 육아를 위해 3년 휴직을 했는데 이 또한 나에게 쉽지 않은 충돌 육아를 낳게 했다. 아무리 엄마가 집에 있어도 정서적으로 애착이 강하게 형성되지 않고 우울해하고 불안하고 두려움이 많으면 아이는 그 영향을 고스란히 받는다. 둘째가 생후 50일에 갑자기 열이 나서 병원에 입원하면서 어려운 과정을 겪기도 했다. 직장에 가지 않고 집에 있는 나는 자주 우울하게 보낸 적이 많았다. 그렇다고 남편이 정서적으로 도움이 되어야 할 텐데, 무엇 때문인지 남편도 나에게 정서적으로 큰 힘이 되지 못했다. 하지만 육아는 한번 해 봤기 때문에 육체적으로는 큰애보다 덜 힘들었다. 남편도 둘째 때는 더 잘 아이를 안아서 재워주었다.

엄마의 영향력이 왜 이리 큰 것일까? 아기는 엄마와 아빠가 같이 낳았는데 주 양육자인 엄마만으로 아기가 정서적으로 강한 유대가 생긴다니…. 이는 엄마의 독박육아는 선택이 아닌 필수일 수

밖에 없다는 뜻이다. 엄마와 아빠가 아기를 같이 잘 키워야 하는데 육아는 거의 엄마의 몫이 되어 버린 현실에서 아이가 어느 정도 크기 전까지는 아주 힘든 날이 많았다.

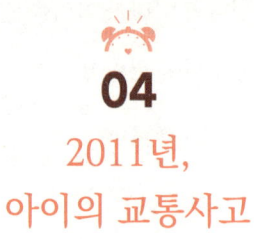

04
2011년, 아이의 교통사고

 3년 동안 육아휴직을 당당히 하기로 한 결심까지는 좋았다.
 하지만 집에서 아이만 돌보다 보니 사회생활과 경력 단절에 대한 고민이 많았다. 다시 복직을 할 수 있음에도 그런 걱정을 했다. 아이를 키우는 일이 너무 힘들고 사람들과 교류하는 일도 적었다. 그래서 외숙모가 또 나의 멘토가 되어주어 《모신(母神)》이란 책을 읽으라고 권해 주었다. 그 책을 읽고 내가 육아를 힘들어하는 이유는 외할머니가 우리 엄마를 키울 때의 방식이 그대로 전수되기 때문임을 알았다. 우리 엄마도 나를 키울 때 힘드셨기 때문에 내가 아이를 키우는 게 힘들 수 있다는 내용에서 불이 깜박였다. 당장 외숙모에게 전화를 걸어, "외숙모, 전에 다니던 부모교육이 좋았다고 하셨죠? 거기 어디예요?"라고 물어서 찾아갔다.

"어, 남미야. 거기는 마포구 망원동에 있는 복지회관에 있어."

그곳에 가서 어떻게 하면 아이를 잘 키울 수 있을지 다양한 방법들을 배웠다. 부모교육 강사가 아이들은 피부접촉, 칭찬, 공감, 놀이로 엄마의 사랑을 느낀다고 강의했다. 이 4가지를 제때 해 주지 않으면 아이들은 어른이 되어 결핍감에 느끼게 된다고 했다. 신나게 놀아주고, 따뜻하게 안아주며 정말 잘했다고 과정을 칭찬해 줘야 한다. 힘들 때 아이의 마음을 "~해서 그랬구나."라고 인정해 줄 때 아이는 정서가 편안한 아이로 자라 행복해진다는 것이다.

나는 그런 부모에게서 자라지 못했기 때문에 결핍이 있어 부모교육도 받고 심리 상담도 했다. 또 같이 교육받으러 온 친구들에게 책을 소개받아 읽기도 했다. 여러 가지 치유 활동들을 했다. 책을 읽고 독서 토론도 했다. 그 때 읽은 책 중에 루이스 헤이라는 전 세계적인 심리치유사의 《치유 - 있는 그대로의 나를 사랑하라》를 읽은 것이 내 삶의 큰 전환점이 되었다. 모든 문제는 자신을 사랑하지 않는 것에서 비롯된다고 루이스 헤이는 말한다. 자신을 있는 그대로 받아들일 때 일이 술술 풀린다는 것이다.

'아 그거였구나. 나를 있는 그대로 받아들지 못해서 이렇게 괴로웠구나'라는 깨달음이 와서 그때부터 긍정에 관한 확신의 말을 매일 했다. 거울을 보면서 '나는 나를 사랑하고 있는 그대로 받아들인다'라고 몇백 번이고 외쳤다. 작은 아이를 집에서 키워보니 큰 아이 때 경험해 보지 못한 새로운 가능성이 보였다. 치유책에서 영감을 받아 나는 루이스 헤이 책을 번역하고 싶다는 꿈이 생겼다. 그래서 우연히 출판사와 인연이 되어 루이스 헤이의 《나는 할 수 있어 - 인생을 크게 변화시키는 긍정 확언 사용법》이라는 책을 번역 출간하기도 했다.

둘째가 네 살이 될 때까지 아이들과 재미있게 놀아주기도 하였지만, 스트레스가 극도에 달했다. 두 아들을 키우는 것이 그렇게 쉽지만은 않았다. 아무리 부모교육에서 배운 대로 아이들을 대해주려고 해도 무의식의 영향 때문인지 잘 안되었다. 또 두 아들을 키우다보니 체력적으로 또 정신적으로 힘든 날이 많았다. 화가 나서 아이들에게 소리를 치기도 하고 큰 아이를 야단치기도 했다. 아이의 마음을 따뜻하게 공감해 줘야 한다는 것은 알고 있지만 막상 짜증이 나면 마음이 나도 모르게 화를 냈다. 어느 날은 옆집에서 너무 소리를 지른다고 우리 집에 와서 얘기할 정도였다.
　친정 언니가 아이를 낳아서 친정엄마가 조카를 봐줘야 하는 상황이 되었다.

'나는 이제 복직해야 하는데 언니가 애를 덜컥 낳았다. 우리 두 아들을 누가 봐주지?'

육아에 지쳐 있던 나는 또 다른 고민을 해야 했다. '우리 아이들을 누구에게 맡겨야 하나?' 한 번도 남의 손에 내 아이를 키우는 것을 상상해 본 적이 없었다. 가족이 아니면 안 될 것 같았다. 이때쯤 우리 아이들은 엄마가 복직해야 한다고 하니 직장에 나가지 말라고 한다. "엄마 학교에 안 가면 안 돼? 가지 마!"라고 엄마를 설득한다. 큰 애를 외가에 맡기고 일했을 때의 고충이 생각나 갈등하게 되었다.

'그래, 어차피 언니가 친정엄마에게 딸을 맡긴 이상 우리 남자아이 둘까지 엄마한테 맡기고 직장에 나갈 수 없다. 아이들 키우는 게 돈 버는 것이다. 직장은 언제든지 구할 수 있다. 그리고 집에서 할 수 있는 다른 일을 찾자. 번역도 해서 책도 두 권 출판했겠다. 그냥 그만두자. 교사라는 평생 직업은 아깝지만 과감하게 그만두자.'라고 결심했다.

그렇게 과감하게 직장에 사표를 썼다. 동료들은 극심하게 말렸다 "일 년만 다니다가 사표를 내면 안 되겠냐?"라고 만류했다 "얼마나 어렵게 얻은 직장인데 나가냐?"라고 참 좋은 분들의 충고가 많지만, 나는 꿋꿋하게 내 갈 길을 정했다. 하지만 그게 내 인생에서 가장 큰 고민이 되었을 줄이야. 나는 직장을 그만두고 나서도 내 능력에 대해서 아이들만 키우는 게 너무 아깝다고 생각하여 심리치료사 자격증을 따기 위해서 공부했다. 2년 6개월 동안 공부하고 마지막 학기를 남겨두고 자격증 시험을 보기 위해 공부하고 있었다.

    육아에 지친 몸과 마음으로 하루하루를 보내던 중 어느 날은 둘째가 유치원에서 체험학습으로 롯데월드를 간다고 했다. 다음 날이 가는 날인데 이상하게 아이가 가기 싫다고 말했다. 전날 남편도 가기 싫다는데 보내지 말라고 했다. 다음 날 아침이 되어 둘째가 이상하게 늦게 일어나는 것이었다. 그날은 2011년 11월 10일 수능시험이 있는 날 이라서 첫애가 학교에 가는 시간도 10시로 늦춰져서 큰 아이는 집에 있고 가기 싫다는 둘째를 억지로 유치원에 보내려는 나와의 전쟁이 시작되었다. 유치원복을 입혀 보내려고 하는데 입기 싫다는 둘째를 억지로 혹시 잃어버릴 수도 있으니 원복을 꼭 입혀 보내야 할 것 같았다. 그날따라 약속이 있어서 빨리 보내고 사람을 만나야 했기에 아침이 참 분주했다.

    우리 집에서 유치원 거리는 10분이었다. 지구의 환경을 살리자는 의미로 차를 팔았고 자전거를 타고 등원시켰다. 약간 쌀쌀한 날씨에 보들보들한 무릎 담요를 덮어서 아이를 따뜻하게 하고 이제 출발한다. 하지만 뒤에서 쿵 하는 소리가 들렸다. 이게 무슨 일인가? 우리 아이가 5톤 재활용 트럭 차 바퀴에 깔려있다. 아이는 "엄마"라고 소리를 지르고 나는 "아"라는 괴성을 질렀다. 한번 바퀴에 깔린 것이 아니라 그 큰 차가 다시 뒤에서 앞으로 밀고 가는 것 아닌가? 이건 위험한 상황이다. 이 일을 어째? 나는 황급히 자전거에서 내려와 우리 아들을 꺼내려 하고 있는데 이게 웬일인가? 재활용품을 가득 실은 트럭이 우리 아들을 덮친 것이다.

"엄마, 엄마!" 둘째가 울부짖고 있다.

"엄마 나 눈이 안 보여."

바닥에 누워있는 아이는 토를 하고 있었다.

이거 큰일이 났다. TV에서만 보던 큰 사고가 우리 아이에게 난 것이다.

이 일을 어쩌지? 분명 큰 상황 같은데 나는 그래도 침착하려고 애를 썼다.

그 전에 읽은 자기계발서에서 '모든 상황에서 감사할 수 있으면 기적이 일어난다. 큰일이 일어난 상황에서 침착하면 잘 해결할 수 있다. 큰 시련은 나를 크게 성장시키기 위함이다.' 이런 말들과 루이스 헤이의 '모든 것은 다 좋다. 모든 것은 나의 최상의 행복을 위해 존재한다. 이 상황에서 나에게 좋은 것만이 주어질 것이다. 안전하다.'라는 평소에 외우고 다녔던 주문을 외웠다.

그리고 바이런 케이티의 《네 가지 질문》에서 읽은 '그 생각이 없다면 당신은 누구인가요?'라는 말을 막 떠올리며 그 상황에서 내가 할 수 있는 최선의 일은 무엇일까를 순식간에 생각해 내려고 했다. 그랬더니 신기하게도 마음의 안정을 찾을 수 있었다. 모든 상황에 감사하자고 생각하고 '이 모든 생각이 없다면 아무렇지 않은 것이다. 괜찮다. 괜찮을 것이다. 그래 나는 평소에 긍정 확언을 많이 했으니까 모든 것이 다 지나가고 괜찮을 것이다.' 애써 스스로 위안했다.

큰 아이는 엄마의 비명을 들었는지 집에서 울고 있고 나는 큰 애를 안심시키려고 집에 들어가 "둘째가 사고가 났어. 엄마 병원에 갈 테니, 학교에 잘 가."라고 안정하도록 얘기하고 바로 남편에게 전화를 걸어 9시 30분 정도에 둘째가 교통사고가 났다고 다급하게 빨리 오라고 재촉했다.

"뭐? 얼마나 다쳤는데?"라고 남편이 물어보았지만 나는 대답할 겨를도 없이 위급하다고 빨리 오라고만 대답했다. 침착하려고 애를 썼다.

이윽고 주변에서 보던 분이 바로 연락해 줘서 119구급차가 왔다. 구급차에 올라타서 난생처음 겪는 이 상황이 낯설고 두렵고 무서웠다. 들것에 누워있는 둘째의 모습을 보니 다리 쪽에 피가 많이 나고 있었다. 구급대원에게 고려대학병원이 가장 큰 병원이니 거기로 가자고 했다. 하지만 아이가 지금 위중한 상황이니 가까운 경희대 병원으로 가야 한다고 했다. 나는 구급대원의 말에 따랐다. 나중에 알고 보니 119구급차들은 그들의 관할 구역이 있어서 구역 내 병원으로 가야 한다는 것이다. 어이가 좀 없었다.

다급하게 울리는 사이렌 소리를 들으며 응급실에 도착하니 모든 것이 아주 재빠르게 움직였다. 태어나서 처음으로 보는 이 상황이 너무나도 당황스러웠다. 아이가 크게 다쳐 다리에서 피가 많이 나는 상황은 아무리 마음공부를 했어도 걱정이 이만저만이 아니었다. 원복 아랫도리가 다 찢어지고 불안에 떠는 아이를 의료진이 손전등으로 눈을 비춰 보면서 상태를 확인하는 동안 아이는,

"엄마 나 일어나서 앉아야 해. 엄마 나 일어나야 해."라는 말을 계속했다.

의사는 쇼크 상태인 것 같다고 그랬다. 오직 의지할 곳이라고는 병원 의료진의 신속한 조치뿐이었다.

그때 남편이 응급실에 도착했다.

"상황이 아주 위중하다고 의사들이 빨리 조처해주고 있어." 남편을 보자마자 얘기했다.

"어떻게 된 거야?" 남편이 물었다.

"재혁이 유치원에 자전거로 데려다주려고 하는 데 재활용 트럭

이 후진하다가 자전거를 깔아뭉갰어."

"트럭을 못 본 거야?" 남편이 다급하게 물었다.

"자전거가 가고 있었어. 그리고 내가 재혁이 자전거 태울 때 트럭은 정지해 있었다고."

남편이 당황한 기색이 역력했다.

뼈가 살 위로 튀어나올 정도로 그렇게 심하게 다쳤다. 의사들이 와서 소독하고 마취도 하지 않고 살을 꿰매기 시작했다.

얼마나 많은 소독약을 뿌렸는지 그걸 보고 있는 남편이 모퉁이 구석으로 가서 눈물을 흘렸다. 나는 옆에서 말없이 지켜보기만 했다. 처음 보는 남편의 눈물이다. 남자가 그렇게 우는 걸 본 적이 없다.

'아빠가 아들을 이렇게 사랑하는구나. 우리 남편이 둘째 아이를 지극히 정성으로 돌보고 사랑했는데 어떻게 된 일인가?' 너무나 큰일이 우리 가족에게 닥친 것이다. 나는 중심을 잃지 않으며 침착하게 내가 할 수 있는 조처했다. 마음공부를 위해서 책을 많이 읽은 것이 도움이 되었다. 평소 읽었던 루이스 헤이의 긍정적인 확신의 말들이 내가 정신을 바짝 차리도록 도와주었다.

응급실로 그 트럭 운전기사가 왔다. 나는 아무 말도 할 수가 없었다. 하지만 남편은 운전기사한테 막 뭐라고 말하는 것 같았다. 이 모든 상황이 낯설고 어떻게 헤쳐가야 할지 막막했지만 '우리가 올바른 곳에 와 있고 모든 것이 잘 될 거야.'라는 생각은 놓지 않았다. 그리고 내가 감사할 수 있는 상황이 무엇인지를 계속해서 떠올렸다. 이때 1년 동안 하루도 빠지지 않고 감사할 점 5개를 적은 것들이 모든 상황에 내 마음을 침착하게 놓도록 만들었다.

병원 응급실에는 수시로 다쳐서 피 흘리는 환자들이 들어온다. 분주하게 환자들을 돌보는 간호사와 의사들은 엑스레이 검사와 컴퓨터 단층촬영(CT)을 하는 사람들을 침대에 태워 이리저리 옮기는 복잡한 상황이 계속되었다. 무슨 영화의 한 장면을 보는 느낌이었다.

우리 아이의 다리를 다 치료하고 기다리고 있는데 주치의가 왔다. 일단 어떤 상황이고 검사를 해 봐야 한다는 것이다. 그래서 제일 먼저 CT를 찍자고 얘기했다.

촬영실 대기실에 앉아 있는데 남편은 어떻게 해서 일이 이렇게 되었는지 묻지 않았다. 조용히 결과를 기다리자고 말했다. 오른쪽 다리에 골절이 있다면서 그건 정형외과 치료를 할 것이고 일단은 중환자실로 옮겨야 한다고 했다.

병원 중환자실은 보호자 외에는 정해진 시간 이후에 면회할 수 없다. 차가운 중환자실에 아이를 혼자 놔두고 대기실에서 남편과 나는 이 상황이 어떻게 진행되는지 계속 의사와 상담을 하면서 알아봤다. 상황이 위중하단다. 아이의 의지에 달려있단다. 우리 부부는 더 이상 이렇게 시간을 끌 수 없어서 서울대학 병원으로 가겠다고 주치의께 의사를 밝혔다. 그랬더니 주치의가 우리도 최선을 다하고 있습니다. 옮기는 과정에서 더 나빠질 수 있으니 그냥 두고 보자고 했다.

 면회 시간이 다가왔다. 중환자실에 우리 아이를 보러 들어갔는데 두 손은 꽁꽁 침대에 묶어 놓고 아이가 고통스러워하는 모습이 보였다. 왜 이렇게 묶어 놓았느냐고 간호사에게 물어보니 간호사는 "아이 가슴에 호스를 꽂아야 해서 손을 움직이면 안 되기 때문이라고 설명해 줬다. 코에다 호스를 대고 호흡하는 둘째를 바라보며 너무 가슴이 아팠다. 손을 움직이지도 못하는 것을 보니 더욱더 답답해 보였다.

 중환자실은 차갑고 냉랭했다. 마치 얼음으로 다 얼려 놓은 것처럼 간호사들의 표정도 냉랭하고 침대에 누워있는 환자들의 모습은 다들 고통스러워 보였다. 한쪽 벽에는 구급 장비와 산소통, 링거 거치대, 쉴 새 없이 돌아가는 혈압과 심장 박동 표시해 주는 기계들, 주삿바늘, 그리고 자동문으로 들락날락하는 간호사와 의사의 모습들. 이 모든 것이 낯설었다.

 대기실에서 기다리고 있는데 어떤 아저씨는 아내가 5년 동안 중환자실에 누워 눈만 뜨고 있다고 말했다. 그래서 매일 와서 아내를 닦아주고 있노라고 그 이야기를 들으면서 우리가 누려왔던 이 모든 것이 얼마나 감사한 것인가를 다시 한번 더 생각해 보게 되었다. 마음속으로는 이 모든 상황이 어떻게 흘러갈지 아무 예측이 안 되었지만 그래도 평소에 했던 긍정의 주문을 계속해서 외쳤다. '다 잘 될 거야 이 모든 상황에서 우리에게 좋은 것만이 주어질거야. 재혁이는 잘 할 거야.'

아파트에서 사고 소식을 들은 이웃분들이 중환자실로 달려오셔서 "엄마는 강해야 한다. 어떤 상황에서도 희망을 놓으면 안 된다"라고 격려해 주시고 가셨다.

다음 면회 시간이 되었다. 중환자실에 아이는 우리 아이밖에 없었다. 그 외에는 다 어른들이었다. 그래서 간호사가 특별히 엄마가 더 오래 중환자실에 머물러 있을 수 있도록 배려해 주셨다.

둘째가 엄마에게 "엄마 나 언제 나가? 너무 불편해."라고 말을 했다.

"괜찮아, 재혁아. 다 잘 될 거야. 엄마가 계속 재혁이 옆에 있을 대니 걱정하지 마. 의사 선생님께서 노력을 많이 하시고 계셔. 재혁이 좋아하는 동화책 읽어줄까?"라며 아이를 안심시켰다.

"응 읽어줘."

나는 최대한 엄마가 있어서 아이가 편안한 느낌을 받을 수 있도록 가슴 가까이 심장 소리도 들려주었다. 둘째는 모유를 23개월까지 먹여서 엄마 젖을 주무르는 습관이 있었는데 엄마가 침대 옆에서 책을 읽어주며 엄마 가슴도 만지작거리게 하며 안심시키려고 노력했다.

이 모든 상황에서 가장 중요하고 필요한 것은 긍정적인 마음이었다. 나는 자동으로 내가 번역 출간한 루이스 헤이의 《삶에 기적이 필요할 때》에 나오는 긍정 확언을 계속 소리 내어 들려 주었다.

확언의 내용은 다음과 같다.

> 나는 항상 완전히 편안하다.
>
> 병원에서 치료를 받을 때 나를 만지는 모든 손길은 치유의 손이며, 사랑만을 표현한다.
>
> 치료는 빨리, 쉽게, 완벽하게 진행된다.
>
> 나는 과거를 흘려보낸다. 내 몸은 건강해지길 원한다. 나는 내 몸이 하는 말을 잘 듣고, 친절하게 대해 준다.
>
> 나는 신속하고, 편안하게 완벽히 치유된다.
>
> 과거는 이미 지나갔다. 그러므로 이 순간 과거는 아무 소용이 없다. 지금, 이 순간 내가 하고 있는 생각이 나의 미래를 창조한다.
>
> 나는 용서하고, 사랑하고, 온화하고, 친절하다. 삶이 나를 사랑한다는 것을 안다.
>
> 나 자신이 완벽하지 않음을 용서한다. 나는 내가 아는 한도에서

> 최선을 다한다.
>
> 나는 가족을 있는 그대로 받아들인다. 나는 과거에 나에게 잘못을 한 모든 사람을 용서한다. 나는 그들을 사랑으로 자유롭게 놓아준다.
>
> 내 앞에 놓인 삶의 모든 변화들은 긍정적이다. 나는 안전하다.

 이런 긍정적인 말을 해 주고 아이에게 안심시켜주려고 노력했다. '항상 엄마가 옆에서 지켜주고 있다' 말해주고 '괜찮을 것이다'란 확신을 주며 아이가 원하는 걸 해 주었다.

 엄마 젖을 만지작거리게 하여 안심시켜주었다. 그랬더니 모든 컨디션이 잘 회복되어 7일 만에 일반 병실로 옮길 수 있었다. 하지만 아이는 계속 금식의 상태에 있어서 뭘 먹지를 못했다. 나도 덩달아 아무것도 먹을 수 없어 거의 한 끼만 교대로 먹어 살이 5㎏ 정도 빠졌다.

 둘째가 '엄마 배고파'하면서 뭘 먹고 싶다고 계속 그랬다.

 "재혁아, 우리 금식이 끝나면 먹고 싶은 목록을 10개 적어 볼까? 엄마가 종이 가져올 테니 한번 말해 봐."

 "엄마, 김밥도 먹고 싶고 빵도 먹고 싶고 과자도 먹고 싶고 음료수도 먹고 싶어."

 "그래. 그럼 엄마가 다 적어 놓을 테니까 치료 다 하면 먹자.

응?"

"응, 엄마."

병실에서는 면회가 자연스럽게 되어 가족들과 친척들이 면회를 와서 걱정하지 말라고 위로해 주었다. 매일 밤 남편이 퇴근하고 집에 가서 큰 애랑 병실에 왔다. 우리 가족은 매일 병원에서 재회하게 되었다. 큰일이 일어나면 가족의 양상은 두 갈래로 나뉜다고 한다. 한 부류는 가족이 해체되는 현상이고 다른 부류는 사랑으로 더 똘똘 뭉치게 된다고 한다. 우리 가족은 후자였다.

일반 병실에서 아이와 하루를 보내면서 이상한 기분이 들었다. 소변줄을 뺐는데 소변을 시원하게 못 보는 것이 아닌가? 의사 선생님께 이상한 현상에 관해서 설명하자 한번 MRI 촬영해 보자는 것이다. 그리고 그 힘든 MRI 촬영을 어른도 아니고 아이가 하느라 고생했다.

주치의가 신경외과 의사를 병실로 보내 상담하게 했다. 그리고 이내 하늘이 무너지는 소리를 들었다.

"어머니 지금 제가 하는 말 잘 들어야 해요.

아이는 신경을 다쳤어요. 척수라는 신경이 흉추 2번 아래로 다 손상되었어요. 아이는 걸을 수 없을 것이고 수명도 일반 사람보다 20~30% 줄어들 겁니다."

나는 이 의사가 하는 말을 있는 그대로 받아들이지만 믿지 않았다. 그간 마음의 공부가 큰 힘을 발휘했다. 나는 거기에 부정적인 힘을 실어주고 싶지 않았다. 그 큰 사고가 가져다줄 결과를 예상해서였을까? 나는 그 말을 듣는 내내 슬프거나 하늘이 무너지는 상상하지 않았고 아이가 잘될 것이라고 믿었다. 그냥 그 믿음만 가지고 긍정적으로 생활하려고 노력했다.

의사들도 엄마의 이런 태도에 놀랐다. 보통 엄마 같으면 다들 쓰러지고 너무 충격을 받는다고 하는데 평소에 '모든 것에 감사하자.'라고 마음먹은 것이 도움이 많이 되었다.

"지금까지 경험해 보지 못한 어려움은 장차 커다란 수확과 깨달음을 위한 것이다"라고 4대 성인들이 말한 진리를 평소에 항상 깊이 새기고 있었다. 그리고 감사할 수밖에 없었다. 이렇게만 다친 것도 정말 다행이다. 큰일을 할 사람들은 큰 시련을 겪고 그것을 뛰어넘어야만 성장할 수 있다는 것을 나는 이미 예감하고 있었다.

"자신이 좀 더 높은 곳으로 오르고 있으므로 힘든 것이라고 믿자." 스스로 주문을 외웠다. 오르막길을 걷고 있으니 조금 더 버티면 마침내 내가 원하는 목적지에 닿을 수 있으리란 생각으로 그 큰 고뇌를 가족 간의 더 커진 사랑의 결속력으로 버틴 것이다. 오히려 이번 시련의 계기가 우리 가족 간에 사랑이 더욱 단단해진 큰 경험이 되었다.

05
차가운 병원이 알려주지 않는
치유의 힘

보이지 않은 감사의 손

지금 생각해 보면
고통과 걱정으로 보였던 것들은 급히 가던 길을 멈추고
아이의 얼굴을 한 번 더 보고 얘기하며 웃으라고 하는
가족이 세상에서 가장 중요한 가치임을 알려주는
보이지 않는 감사함의 손이었다.

큰 사고라는 시련과 가족의 고통을 통해

좀 더 자명해지고, 조금 더 행복해지고
조금 더 사랑을 나누려고 노력하는 진실한 인간이 되어갔다.

그리고 그런 삶의 교훈을 더욱더 사랑할 수 있게 되었다.
매 순간 감사하는 것이 삶의 정답임을 알게 되었다.
Amor fati - 네 운명을 사랑하라.
박웅현의 《여덟 단어》에 나온 '아모르 파티'
나의 운명을 사랑하게 해 준 보이지 않는 감사의 손이다.

〈엄 남미 자작시〉

나폴레온 힐은 《결국 당신은 이길 것이다》에서 시련을 이렇게 표현했다.

"시련은 또 다른 나를 만나는 시간이다.

내 생애 가장 힘든 시간을 보내던 그때 인생을 송두리째 바꾼 가장 특별한 경험을 하게 된다."

이 시련은 에크하르트 톨레가 말한 것처럼 언젠가는 지나갈 것이다. 그러니 아이의 치유와 건강과 회복을 위해 최선을 다해야 한다. '시련을 걱정하는 것은 인간으로서 당연한 감정이지만 어떻게 해서든 좋아질 수 있을 거라고 믿음을 놓치지 말자.'라고 스스로 다짐에 또 결심했다.

큰 시련을 겪은 사람들은 어떤 일을 '좋다' 혹은 '나쁘다'로 판단하지 않는다. '이 일이 왜 나한테만 생긴 것일까?' 혹은 '와, 이렇게 좋은 일이 나에게 생기다니!'라고 단정 짓는 일이 어리석은 것임을 잘 알고 있다. 그 대신 당시에는 당장 발견할 수 없을지도 모르지만, 모든 일에 교훈이나 고마운 점이 존재한다고 믿는 경향이 강하다.

고대 중국에서 내려오는 이야기 중 이러한 메시지를 훌륭하게 표현한 것이 있는데 바로 새옹지마(塞翁之馬)이다.

말을 이용해 밭을 가는 농부가 있었다. 그런데 어느 날은 그 말이 도망쳤다. 이웃 사람이 그 사건에 대해 안타깝게 생각하여 말하자 농부는 이렇게 대답했다.

"불운인지 행운인지 누가 알겠소?"

일주일 후 도망쳤던 말이 야생 암말 한 마리를 데리고 돌아왔다. 이번에는 이웃이 그의 행운에 대해 축하의 말을 전하자 농부가 또 이렇게 말한다.

"행운인지 불행인지 누가 알겠소? 그냥 우리 말이 암말 한 마리를 끌고 왔다고만 합시다."

그 후 농부의 아들이 야생마를 훈련하다 말에서 떨어져 다리가 부러졌다. 동네 사람들은 이번에는 그것이 불행이라고 속닥거렸다. 이번에도 농부는 그저 이렇게 말했다.

"그게 불행인지 행운인지 누가 알겠소? 그냥 아들이 말에서 떨어져 다리가 부러졌다고만 말합시다."

일주일 후 전쟁이 일어나 군인들이 마을의 젊은 남자들은 모두 징병해 가면서 다리가 부러진 농부의 아들은 제외했다. 행운인지 불행인지 누가 알겠는가?

그렇다. 우리 아들이 사고 난 것에 대해 운명을 탓하고 신을 탓하고 주위를 원망하는 건 아무런 도움이 되지 않는다. 불행인지 행운인지 누가 알겠는가? 삶에서 일어나는 모든 일은 해석하기에 따라 행복과 불행이 나누어진다는 것을 깨닫고 나서부터는 긍정적인 방향으로 오히려 더 감사하는 방향으로 생각하게 되었다.

평소 마음공부를 했던 나는 남편과 함께 불행의 길로 빠질 수도 있는 상황을 행운으로 보려고 노력했다. 그래도 아이의 상반신은 다치지 않아서 다행이고 손과 팔을 쓸 수 있어서 다행이고 건강한 가족의 정신이 있어서 행운이다. 감사할 점들을 더 많이 찾기로 약속했다. 더 크게 다치지 않은 것만으로도 감사했다.

이미 일어난 일에 대해 걱정이 올라올 때며 남편은 "이미 지나간 일은 후회해도 소용이 없어. 이미 그것은 과거가 되었잖아. 현재 우리가 할 수 있는 최선의 행동을 해야 해. 긍정적으로 생각해야 해."라고 단호히 얘기해 주었다. 보이지 않는 감사의 손길 힘이 남편을 통해서 작용한다는 걸 느꼈다.

'우리 남편에게 이런 면이 있었나?'

같이 10년을 살아도 하루가 그날이 그날이고 대화의 내용은 딱히 자기성찰이나 정신적인 이야기가 아니었다. 그런데 아이가 다치고부터 남편과 나는 삶의 근원적인 질문들을 하는 대화를 많이 했다. 이런 삶의 순간들이 고통을 감사토록 만들었다. 가족과 함께 보내는 시간이 얼마나 중요한지 깨닫게 해 주었다.

아이의 사고를 처리하는 과정에서 남편도 침착했고 나도 매 순간 감사한 일들을 떠올렸다. 병원 근처 서점에 가서 책을 읽은 것도 도움이 되었다. 평소에 했던 마음공부를 이런 상황에 적용하기 시작했다.

'아이가 잘될 것이다. 이 상황에서 좋은 일들만 생길 것이다.

모든 일이 순조롭게 잘 될 거야'라고 생각했다.

그랬더니 우리 아이를 담당하던 주치의 선생님이 아주 좋은 분으로 연결되었다. 의사로서의 딱딱한 권위가 아닌 따뜻한 마음이 보이는 분이었다. 그분은 매일 두 번씩 회진하면서 아이의 상태를 체크 했다. 나중에 알고 보니 자신 아들과 비슷한 나이 또래라서 더욱더 신경이 쓰이더라고 남편한테 말했다고 한다. 그리고 크리스마스 때에는 선물도 직접 전해주셨다. 담당 전문의 선생님도 여자분이셨는데 선생님의 동생도 어렸을 때 병원에 입원했던 경험을 떠올리며 우리 아이에게 참 잘 대해주셨다. 병원에 있는 모든 치료진이 보이지 않는 감사의 손들이었다.

병실에서 우리 둘째는 오른쪽 다리가 골절되어 깁스하고 누워 있었다. 온몸을 단단한 석고 덩어리로 붙이고 배꼽만 숨을 쉴 수 있게 내놓았다. 그런 상황에서 아이가 움직이지도 못하는 답답함을 내가 알 수 있을까? 그때 엄마와 아들이 할 수 있는 건 얼굴을 마주 보고 웃으면서 하는 대화였다.

'내가 그동안 아이의 눈을 맞추고 정말 행복하게 웃으면서 대화를 한 적이 있었나?'

매일 힘들어서 아이에게 소리를 친 것 같은데 이렇게 마주 보고 웃으면서 "엄마, 우리 금식 끝나면 뭘 먹지, 병원에서 나가면 뭘 하지?"라고 물어보는 아이의 순수한 미소에서 마냥 감사할 수밖에 없었다.

유치원 가고 싶다는 얘길 자꾸 했다. "친구들은 지금쯤 무엇을 하고 있을까?" 아이가 물었다. 자꾸 과거의 추억을 얘기하는 것이다. 그래서 나는 우리 가족이 행복했던 나날들을 들추어서 이야기해 주었다. 지금 아이가 이렇게 살아 내 앞에서 웃고 얘기해 주는 시간이 너무도 감사했다. 그리고 이 시간이 나에게 그렇게 바쁘게만 살지 말라고 신호를 보내는 것 같았다. 아이와 함께 눈 맞추며 행복하게 대화하라는, 나에게 주어진 축복의 시간을 헛되게 쓰지 말라는 교훈도 얻었다. 사람은 갑작스럽게 큰 고통에 직면했을 때 비로소 자신이 살아있다는 사실을 생생하게 떠올리고 삶에 대해서 진지하게 생각해 보게 된다고 하지 않았던가? 나는 지금 이 과정을 겪고 있다.

루이스 헤이라는 심리치료사가 "나는 치유의 다음 단계를 밟고 있다"라고 말했다. 나는 지금 나 자신의 치유를 위해 다음 단계로 나아가고 있다고 굳게 믿으며 확신의 말들을 속으로 되뇌었다. 여기에서 내가 무너지면 안 된다. 아이를 돌봐줄 사람은 엄마인 나뿐이다. '나약해지지 말자. 강해지자. 강해져야 해'하며 스스로 계속해서 단련시켰다.

《오늘 내가 살아갈 이유》의 작가 위지안은 서른도 안 된 나이에 세계 100대 대학의 교수가 되는 인생의 정점에 올랐다. 하지만 그때 말기 암 선고받는다. 그러나 그녀는 암이 마지막이 아니라 오히려 인생의 분수령이 되었다고 믿었다.
온몸에 전이된 암세포 때문에 뼈가 녹아내리는 고통 속에서도 희망을 잃지 않았으며 오히려 나날이 새로움을 발견하는 자신을 보게 된다. 그리고 삶의 끝자락에 와서 직접 경험해 보고서야 그 뻔한 한마디가 얼마나 무서운 진실인지를 깨닫게 되었다고 한다.

"뭔가를 이루기 위해 앞만 보고 전속력으로 달리는 것보다, 곁에 있는 지금 소중한 이의 손을 한 번 더 잡아보는 것이 훨씬 값진 일이라는 것을."

삶의 끝자락에 있는 사람들은 전부 다 하나같이 "가족과 함께 더 소중한 시간을 보낼 걸, 그들에게 좀 더 '사랑한다. 미안하다. 고맙다'라고 전해줄 걸, 더 많이 안아주고 더 많이 '사랑해'라고 말해줄걸" 하고 후회한다. 나도 이런 일이 닥치리라고 생각도 못했다. 하지만 나는 이 상황을 진실한 깨달음의 기회로 삼고 싶었다.

사람은 위기 속에서 기회를 찾는다고 하지 않았던가? 나는 이 상황에서 아이와 가족과 함께 '행복은 무엇이고 삶이란 무엇이며 어떻게 살아야 할 것인가'를 고민하는 시간으로 삼기로 했다. 그렇게 긍정적인 삶의 자세로 병원 생활을 바라보니 아이가 다친 것은 불행이 아니라는 걸 알게 되었다.

아이가 다치지 않았으면 오만함으로 살았을 것이요. 가족의 소중함을 모르고 가족이 나에게 주는 행복을 당연시하면서 부정적인 감정대로 막 대했을 것이다. 그리고 병원 생활하며 만난 모든 사람의 삶의 진솔한 이야기들을 듣지 못했을 것이다. 그 사람들을 통해서 내가 누리고 있는 것이 얼마나 큰 행복인가를 깨달을 수 있는 계기가 되었다. 좀 더 겸손해지라고, 좀 더 감사하라고 지금의 이 아이는 나에게 천사이고 신이니 좀 더 잘 대해 달라고 마음속에서 고요한 파동처럼 메아리가 퍼져나가기 시작했다.

인생의 진정한 치유가 일어난 것이다.

병원에서 의사들이 치료를 위해서 최선을 다하는 동안 나는 내가 할 수 있는 아이의 치유를 위한 행동들에 도입하기 시작했다. 사고가 난 정신적인 원인과 그것을 극복할 수 있는 루이스 헤이의 긍정적인 확신의 말들을 남편에게 프린트할 것을 부탁하여 병원 침대 옆에 붙여 놓고 매일 자기 전에 아이에게 읽어 주었다.

내 인생은 루이스 헤이라는 작가에 의해 많이 영향받았다.
루이스 헤이는 4살 때 동네 주정뱅이로부터의 성폭행, 이혼, 암투 병 등의 개인적인 어려움을 극복하고 긍정적인 생각과 말의 힘을 통해 전 세계 수많은 사람의 성장과 내적 치유를 도우며 잠재적인 능력을 발견하고 사용할 수 있는 영감을 주고 있다.

루이스 헤이의 《치유 - 있는 그대로의 나를 사랑하라》 책에서 발췌하였다. 이 책의 내용은 나들목 출판사의 동의하에 싣는다.
이런 표를 병실 침대 옆 벽에다 붙여 놓았다. 그랬더니 아이를 담당하는 전문의가 보면서 의사 되기 위해 공부했을 때의 내용과 비슷하다고 웃으면서 얘기했다. 항상 긍정적으로 생활하려는 어머

문제	생각할 수 있는 원인	새로운 사고 패턴
불치병	외부 수단으로는 치료할 수 없음. 치료를 하기 위해서 내면을 들여다보아야 함. 갑자기 나타나서 갑자기 사라지기도 함.	매일 기적이 일어난다. 이 상황을 만들어낸 사고방식을 없애기 위해서 내면을 들여다본다. 이제 신의 치유의 손길을 받아들인다. 나는 치유된다!
골절	권위에 대한 반항.	나의 세계에서 나는 나의 고유한 권위를 갖고 있다. 왜냐하면 나는 내 정신 안에서 생각하는 유일한 사람이기 때문이다.
사고	자신을 변호하지 못함. 권위에 대한 반항. 폭력을 믿음.	나는 이것을 만든 나의 패턴을 버린다. 나는 평화롭다. 나는 훌륭하다.
신경	의사소통을 나타낸다. 남의 말을 잘 받아들인다.	나는 편안하고 즐거운 마음으로 사람들과 대화한다.
척추	인생의 유연한 지지	인생이 나를 지지한다.

님을 보니 아이가 잘 견디고 있다는 말을 들었을 때 참으로 감사했다. 차가운 병원 침실에서 아이가 누워있지만, 병원에서 알려주지 않는 치유의 힘을 믿고 있는 나는 내가 할 수 있는 모든 긍정의 주문과 좋은 생각들을 아이에게 심어서 의학적으로는 되지 않는 영역에서의 치유를 돕고 있었다. 실제로 이런 치유 활동들이 아이가 잘 회복하는 데 도움이 되었다. 그리고 가족이 병원에 있는 동안

똘똘 뭉쳐 사랑의 힘으로 단합하는 계기도 되었다.

    이 사고가 나에게 행운일지 불행일지는 아무도 모른다.

    '그저 사고가 났고 아이는 다쳤다고 말합시다'라는 새옹지마의 표현이 딱 맞으리라.

06
몸이 불편한 아이의 엄마로 산다는 것

예전에 국립중앙도서관에서 강원래 씨를 만났다. 그는 지난 2001년 서울 강남에서 오토바이를 타고 가다가 불법 유턴하던 승용차에 치여 불의의 사고를 당했다. 대한민국을 대표한 댄스가수였던 그는 척추가 손상되는 바람에 하반신이 마비되었다. 이후 장애인에 대한 의식 개선과 교통사고 근절을 위해 여러 방면에서 활약하고 14년 만에 기다렸던 건강한 아들을 낳았다.

"안녕하세요! 강원래 씨, 세브란스 병원에 S 교수님 아시지요?" 이렇게 대화를 시작했다.

"네, 알고 있습니다." 그는 조금 어색한 표정으로 대답했다.

"우리 아들도 교통사고로 하반신이 마비되었어요."

"몇 살 때 다쳤어요?"

"다섯 살 때 다치고 지금은 열 살이에요."

나는 유명 연예인과 얘기해 보고 싶은 이유도 있었고 그분의 사고 후 장애 인식에 대한 활동을 TV에서 많이 접하면서 장애아동이 된 우리 아이를 키우는 데 도움이 되는 조언을 얻고 싶었다.

그래서 도서관 안에서 조용한 소리로 내가 궁금한 점에 대해서 많이 여쭈어보았다.

"EBS 명의에서 봤는데 정말 열심히 재활하셔서 후배들을 양성하시고 활발한 활동을 하시던데요, 우리 아들은 클래식 기타를 잘 쳐요. 하지만 여러 가지 활동을 하는 것보다 자기가 좋아하는 것만 하려고 해서 고민이에요."

"그냥 놔두세요. 가장 좋은 재활은 아이가 그냥 하고 싶은 걸 하게 놔두는 것입니다."

너무나도 진지하게 얘기해 주셨다.

"아이가 원하지 않는데도 이거 해라 저거 하라 하는 것은 부모의 욕심입니다. 아이가 좋아하는 것은 다양한 방면으로 도움을 주고 그렇지 않은 것은 절대 시키지 말아야 합니다. 우리나라와 미국의 차이가 뭔지 아십니까?"

"뭔데요?"

"예전에 미국에 갔을 때 있었던 일화입니다.

미국 사람들은 장애가 있는 몸이 불편한 사람들을 보며 도움을 주려고 할 때 'Are you OK? (괜찮으세요?)'라고 물어봅니다. 제가 'Yes, I am OK'(네, 괜찮습니다)"라고 대답하면, 그냥 도와주지 않고 갑니다. 하지만 우리나라 사람들은 어떻게 반응하냐면, '괜찮긴 뭘 괜찮아? 내가 이거 더 해 줄게. 이거 더 먹어봐. 이거 더 해 봐.'라고 강요합니다. 그것이 차이점입니다."

인식의 차이라는 말에 내 마음을 들킨 것 같았다. 내가 그러고 있는데 그 한마디가 망치로 머리를 치듯이 강하게 와 닿았다. 반성을 많이 하게 되었다.

'욕심'이라고 한다. 나 자신의 욕심, 부모의 욕심이 아이를 망친다는 걸 알면서도 왜 실천이 잘 안될까? 부모가 되기 전에는 그러지 말자고 다짐했었다. 하지만 부모가 되어 그 자리에 있으면 잘 안되는 것이 모든 부모의 고민이다. 그래서 나는 아이가 원할 때 요구는 들어주되 원하지 않으면 시키지 않기로 다시 다짐했다. 강원래 씨의 만남은 우리 아이를 어떻게 키워야 하는지를 곰곰이 생각해 보는 계기가 되었다.

사실 사고 후 아이가 장애를 얻어 일상생활에서 불편한 게 한둘이 아니었다. 우리나라의 도로 구조는 턱이 많고 고르지 못한 땅들이 많다. 그리고 경사진 언덕이 많아서 휠체어를 끌고 혼자 다닐 수 있는 상황이 못 된다. 항상 부모가 휠체어를 밀어줘야 하고 학교까지 데려다주고 데리고 오고 해야 한다.

나는 우리 아이가 학교에 입학하면서부터 매일 학교에 등하교 시켜줬다. 다시 내가 초등학교 다닌다는 기분으로 열심히 아이를 위해 학교를 같이 다녔다. 봉사 활동도 열심히 했다. 다행히 아이가 다니는 학교에는 엘리베이터가 있지만 만약 아이가 휠체어를 타고 다니는 상황에서 엘리베이터가 없다면 정말 불편할 것이다.

병원 생활 6개월을 마치고 나는 아이의 교육이 중요하다고 생각하여 다니던 유치원에 바로 들어가 유치원 교육받게 했다. 원래 다니던 유치원이고 원장 선생님께서 아주 친절하신 분이어서 아이를 위한 모든 환경을 잘 조성해 주었다. 하지만 일곱 살 반은 이층이어서 휠체어를 하나 더 사 이층에다 놓고 매일 이층 계단까지 데려다줘야 했다.

이 모든 상황이 힘들었지만 감사하며 아이를 위해 내가 할 수 있는 모든 것을 하자는 생각으로 정성으로 그렇게 아이를 돌봤다.

"장애란 뛰어넘으라고 있는 것이지 걸려 엎어지라고 있는 것이 아니다."라고 정주영 회장이 말했다. 그렇다. 우리 아이가 장애를 입었지만, 그것이 생활에 불편을 줄지을지언정 엎어져서 그냥 가만히 체념하고 있지는 말라는 뜻으로 받아들였다. 장애는 삶에 불편을 줄 뿐 큰 벽은 아니다. 그 벽을 세우지 말고 평평하게 깔아서 생활하면 된다. 그래서 정말 열심히 해 아이를 정성으로 교육하고 돌보고 있다.

그런 엄마의 정성이 통했는지 아들은 밝게 긍정적으로 무엇이든 재미있게 지내는 아이로 성장하는 중이다. 그런 과정에서 만난 학교 담임 선생님과 교장, 교감 선생님, 반 친구들, 학부모, 학교 관계자들의 정성 어린 도움을 많이 받아 감사하다.

"장애는 불편하다. 하지만 불행한 것은 아니다."라고 말한 헬렌 켈러처럼 이보다 더한 장애가 있는 사람들도 멋지게 본인의 역할을 충실히 해냈다. 하물며 우리 아들은 손으로 휠체어를 아주 잘 밀고 다니지 않는가? 아이는 불평, 불만 없이 아주 잘 성장하고 있다. 하늘이 준 축복의 아이임이 틀림없다. 어릴 적부터 칭찬과 엄마의 사랑을 듬뿍 담은 모유 수유를 한 것이 애착 관계에 도움이 많이 되었다. 아이를 낳고 직장생활을 해야 하는 엄마들에게 꼭 모유 먹이는 걸 권하고 싶다.

아이의 장애는 많은 경험을 하게 해 주었다. 올림픽 테니스 경기장에 가서 장애인 테니스 국가대표 코치를 만나 아이에게 테니스를 치게도 해 주었다. 재능이 있음을 확인했지만, 아이가 원치 않았다. 그래서 과천에 있는 승마장에 가서 재활 승마하게 하여 말과 친숙하게 지내면서 내면의 상처를 어루만지게 해 주었다.

워터 파크를 좋아하는 아이에게 수영장에 데려가 적극적으로 수영을 엄마가 가르쳤다. 특별한 수영 방법이 있는 것이 아니고 물장구 수준으로 처음에는 물에서 놀았다. 그러다 서서히 혼자 수영을 할 수 있도록 엄마가 시범을 보이고 따라 하게 했다. 엄마는 아이를 따라가며 수영하는 모습만 보여줄 뿐이었는데 우리 아이가 스스로 어느 순간 수영을 하는 게 아닌가? 아이들을 천재라고 누가 말했던가? 아이는 스스로 배웠다. 자립적으로 자신이 할 수 있는 것을 하나씩 해 나가니 불가능한 것들을 많이 극복할 수 있는 아이로 자라고 있다.

그리고 산에 휠체어로 걸어서 올라가지 못하면 엄마가 업고 올라가 아이가 경험할 수 없다고 생각하는 영역을 체험하게 해 주었다. 요즘에는 산에도 무장애 휠체어 구간이 생겨 장애가 있는 사람들이 휠체어로 갈 수 있는 곳이 참 많다. 외국에도 적극적으로 나가서 더 넓은 세상을 보여주고 있다. 우리 아이는 그런 경험을 참 좋아한다. 돈을 벌면 세계여행을 가겠다고 자신의 꿈을 밝힌다.

그런 엄마의 노력이 아이를 좋은 기운으로 긍정적인 방향으로 바뀌게 했다. 그래서 뭐든지 아이가 생활면에서 재미있는 활동을 찾아야 한다. 이 과정에서 가족 간에 끈끈한 정을 확인하면서 아이가 사고 나기 전에는 누리지 못했던 경험을 했고, 다양한 감정들을 경험하게 되었다. 삶에서 일어나는 큰 고통이 고민만을 가져다주진 않았다.

헬렌 켈러가 이런 말을 했다.
"만약 누구든지 철들 무렵에 갑작스레 며칠 동안 눈이 멀고 귀가 들리지 않게 되었다면 그것은 하나의 축복이었을 것이다. 어둠은 그 사람에게 눈이 보인다는 것을 더욱 고맙게 여기도록 할 것이며, 소리가 들리지 않는다는 사실은 그에게 소리의 즐거움을 가르쳐줄 것이다."

우리 아들이 교통사고 당해 다리를 움직일 수 없지만, 아이에게 손을 쓸 수 있는 것은 축복이다. 나는 부처가 한 말을 가슴에 새기며 매일 매일 이런 마음으로 살았다.

일어나면 항상 감사해라.
비록 오늘 많은 것을 배우지는 못했더라도,
하나라도 뭔가를 배웠지 않은가.
설령 조금도 배운 것이 없다고 할지라도
최소한 아픈 데는 없지 않은가.
혹시 아프다면 적어도 죽지는 않지 않았는가.
따라서 항상 모든 것에 대해 감사해야 한다.

우리 아이와 우리 가족 그리고 엄마인 나는 매일 뭔가를 배우고 교훈을 얻고 있다. 하루라도 허투루 쓰지 않는다. 삶에서 얻은 이 소중한 행복을 놓치고 싶지 않기 때문이다.

그리고 우리는 살아 있고, 아프지 않고 죽지 않았다. 그러므로 매일 하루를 살 수 있는 사실에 감사하며 살아야 한다. 그래서 아픔보다는 희망을, 체념보다는 한 발짝만 내딛는 용기를 보이며, 불편함에 익숙해지기보다 몸을 써서 편안한 자유를 창조하려 한다.

하루를 열심히 살면서 장애를 극복하신 분들을 많이 만나 보았다. 특히 1986년 서울 아시안 게임 개막을 20여 일 앞두고 훈련도 중 이단 평행봉에서 추락해 장애인이 된 체조 선수 김소영 씨는 우리 아들을 병원에서 보더니 돕고 싶다고 했다. 조언도 해 주고 여행도 가게 해 주었다. 그 여행 기간에 서울대 이상묵 교수님을 만나게 해 주었다.

이상묵 교수님은 한국의 스티븐 호킹 박사라고 할 정도로 유명한 과학자다. 2006년 대학생들과 지질탐사 중 차가 전복되어 전신이 마비되는 사고를 당하게 된다. 좌절하지 않고 다시 서울대에 복귀해 지금은 학생들에게 존경받는 교수님이 되었다. 교수님은 "서울대생들이 나를 본 후부터 자살하는 아이들이 없어졌습니다. 이렇게 된 몸도 잘살고 있는데 나를 보면서 학생들은 희망을 얻어요."라고 말씀하셨다.

아들은 전신 자동 휠체어를 타고가 이상묵 교수님을 만났다. 이때 입김으로 휠체어에 있는 컴퓨터를 조작해 의자를 자동으로 작동하고 키보드를 치는 모습을 보고는 신기해했다. 많은 장애인들이 스포츠를 하다가 다쳤다. 교통사고로 인해서 장애를 입은 분들도 많았다. 그런 분들을 보니 몸이 건강한 게 얼마나 축복인지 다시 한번 깨닫게 되었다. 여행을 온 분들이 하나 같이 모두 밝은 모습으로 생활하는 것을 보면서 희망의 느낌을 많이 받았다.

이상묵 교수님은 우리 아들에게 이런 말씀을 해 주셨다.
"사고가 났을 때 좌절보다는 '다시 살아나서 기쁘다'라는 생각이 먼저 들었어요. 몸이 불편해도 죽는 것보다는 뭔가 할 수 있는 것이 감사했죠. 어릴 때 사랑을 많이 받고 자랐고, 가장 사랑하는 '과학'이 있기 때문인 것 같아요. 몸이 불편하지만, 머리는 다치지 않아 얼마나 감사한지 몰라요. 자기가 좋아하는 것이 있으면 극복할 힘이 생기니 우리 재혁이도 정말 좋아하는 일을 찾아봐요."

장애가 있는 자식을 키우는 어머니의 심정은 말로 못 할 것이다. 이상묵 교수님의 어머니와 아버지도 정말 하늘이 무너지는 것 같았다고 했는데 잘 극복했다.

이런 분들과의 만남이 엄마인 나에게 얼마나 소중한지 모른다. 아들에게 할 수 있단 희망을 심어 줄 수 있었다. 장애는 더 이상 장애가 아니고, 조금 불편할 뿐이라고 말해 줄 수 있다. 정말 좋아하는 일이 있으면 그것을 잘 해내어, 멋지게 사는 미래의 꿈을 심어 주기도 한다. 주변 사람들의 우려와 시선에도 불구하고 우리 아들은 현재 클래식 기타를 배우고 있다. 아주 좋아한다. 스스로 교습 시간 이후에는 연습하면서 세계적인 기타리스트를 꿈꾸고 있다. 재능과 가능성이 보인다고 기타 교습 선생님이 헬렌 켈러의 설리번 선생님 역할을 해 주고 있다.

자신이 좋아하는 일을 하면서 사는 것은 누구나 다 꿈일 것이다. 그 꿈을 우리 아이는 이루어가는 중이다. 우리 아이가 할 수 있다면 모든 사람이 다 할 수 있다. 기존에 평범하게 삶을 살고 있다고 생각하는 사람들은 꼭 새로운 삶의 목적과 목표를 찾아 그것을 이루기 위해 계획을 세웠으면 한다.

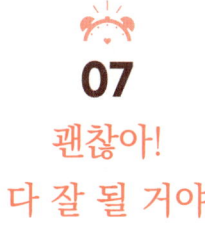

07
괜찮아!
다 잘 될 거야

"여자는 약하나, 어머니는 강하다."
셰익스피어가 말했다.

이 세상의 모든 만물은 어머니의 강함으로 만들어졌다. 어머니가 없었더라면 모든 사람은 희망을 얻을 수 없었으리라.

우리 아이에겐 강한 엄마가 있다. 어떠한 역경에도 굴하지 않고 꿋꿋이 버틸 수 있는 긍정의 힘으로 똘똘 뭉친 엄마가 있다. 시련이 찾아왔을 때 '왜 나에게 이런 일이 생겼을까?'라고 세상을 원망하며 아이의 미래에 대해 불안해하고 걱정했다. 인간이기에 그런 생각이 드는 것은 당연하다. 지나간 것은 지나간 대로 그런 의미가 있는 것이다. 떠나간 과거에 대해서 붙잡고 걱정해 봐야 아무 도움이 되지 않는다. 중요한 건 '우리가 지금, 현재 무엇을 할 수 있는가'이고 '아이를 위해서 어떤 자세로 살아야 하는가'이다.

주변 분들의 도움과 남편의 긍정적인 마음 그리고 엄마의 강한 역경 극복에 대한 의지로 새로운 삶에 대한 각오가 단단히 섰다.
그 무엇도 엄마의 강함으로 다 이겨낼 수 있었다. 여자는 약하나 어머니는 강하다는 말의 뜻은 시련을 통해 알게 되었다.

역경도 극복만 할 수 있다면 삶에 큰 깨달음의 동기가 된다. 극복만 잘한다면 역경이 아예 없었던 것보다 더 나을 수도 있다. 역경을 극복할 수 있느냐 없느냐는 역경 그 자체에 있는 것이 아니라 역경을 대하는 마음 자세에 달려있다. 우리 아이처럼 아주 어린 나이에 곤경에 처하면 어머니의 강한 난관 극복 마음 자세가 무엇보다 중요하다.

하버드대학교 연구팀에 의하면 행복한 사람과 행복하지 않은 사람의 차이는 어떤 사건을 바라보는 자세에 달려있다고 한다. 즉, 상황을 긍정적으로 바라보며 삶의 자세를 긍정적으로 가지는 사람들은 어떤 상황에서도 행복해지고 반대로 부정적으로 바라보며 부정적인 생각으로 사는 사람들은 계속해서 불행을 안고 사는 것과 마찬가지라고 한다.

《엄지공주》 등 수많은 동화를 쓴 작가 안데르센은 자신의 역경이 축복이었다고 한다. 그는 어린 시절 매우 가난하여 초등학교에도 다닐 수 없었고 알코올 중독자인 아버지에게 학대당했다. 훗날 동화작가로 명성을 얻게 되었을 때 이렇게 말했다. "생각해 보니 나의 역경은 정말 축복이었습니다. 가난했기에 《성냥팔이 소녀》를 쓸 수 있었고, 못생겼다고 놀림을 받았기에 《미운 오리 새끼》를 쓸 수 있었습니다."

이처럼 역경을 극복한 사람들은 한결같이 자신의 역경을 긍정적으로 바라보며 성공과 도약의 발판으로 삼았다. 병원에서 아이와 함께 지낸 수많은 시간 동안 나는 역경을 극복하기 위해서 병원 근처 서점에 가서 갑자기 닥친 사고를 이겨낸 사람들의 책을 많이 사서 읽었다.

슈퍼맨 '닥터 리'의 이야기에서도 감명을 많이 받았다.

촉망받던 기계 체조 선수에서 사고로 사지마비가 된 이승복은 모든 시련을 겪고 재활에 성공했다. 그 후 다트머스대에서 본격적인 의학 공부를 시작, 하버드대에서 인턴과정을 수석으로 졸업했다. 현재 그는 미국 내에 단 두 명뿐인 사지마비 장애인 의사 중 한

명으로 존스 홉킨스 대학병원에서 재활의학과 수석전문의로 활동 중이다. 이런 이야기들은 엄마인 나에게 절망보다는 희망으로, 가능성이 없음에서 도약으로, 포기보다는 도전으로 강하게 이끌어주었다.

책을 읽으며 평소에 긍정의 말들을 많이 하고 마음속으로도 계속 '잘 될 것이다. 모든 게 정말 잘 된다. 이 상황에서 우리에게 좋은 것만이 주어진다. 이 모든 것이 최고의 행복을 위해서 존재한다'라고 수백 번씩 마음속으로 주문을 걸었다. 이런 마음의 자세가 역경을 헤쳐 나가는데 많은 도움이 되었다.

위기를 기회라고 하지 않았던가? 큰 사고를 당한 이 상황을 전화위복(轉禍爲福)으로 삼아 우리 가족에게 전에 없던 행복을 만들자고 결심했다. 우리 가족에게 이렇게 큰 시련이 닥쳤지만, 사랑과 인내와 헌신과 소통, 긍정적인 마음으로 모든 것이 잘 될 것이라는 희망의 끈을 놓지 않고 그 과정을 잘 견디어 왔기에 지금의 행복이 존재할 수 있었다.

역경을 극복하는 힘은 가정의 중심인 엄마와 아내의 마음가짐이 가장 중요하다. 28세 우정훈 씨는 비보이(B-boy) 계의 최고 스트리트 댄서였다. 9년 열애 끝에 결혼에 골인하여 행복한 신혼 생활을 시작하고 있던 때에 어느 날 불의의 교통사고를 당해 하반신

마비되었다. 결혼한 지 8년이나 지났지만, 그에게는 커다란 시련을 담담히 받아주는 아내 김성희 씨가 있었다. 우정훈 씨는 사고 난 지 1년도 안 되어 일상으로 복귀했다. 휠체어를 타고 랩을 하며 무대에 오르고, 비보이 전문 사회자와 방송인으로 활동하며, 대학에서도 강의를 시작했다. 좌절을 이겨내는 힘이 무엇이냐는 질문에 그는 매일 아내와 나누는 대화라고 대답했다. 만약 사고가 나지 않았더라면 서로에게 얼마나 큰 힘이 되어줄 수 있고 서로가 얼마나 소중한 사람인지 영원히 몰랐을 것이라고 말했다. 우정훈 씨는 사고로 자신이 할 수 없는 일을 생각하고 괴로워하기보다는 주어진 상황을 긍정적으로 받아들이면서 할 수 있는 것을 찾는 일이 중요하다고 말했다.

불행과 역경 그리고 시련을 이기고 오뚝이처럼 다시 일어나게 하는 신비한 힘이 인간의 내면에 존재한다. **그것은 바로 인간의 본성인 긍정성이다.** 긍정성이 높아지면 남을 더 배려하고 더 도와주고 기부와 봉사 활동도 더 많이 하게 된다는 연구 결과가 있다. 한마디로 긍정적인 사람은 더 착하고 좋은 사람이 된다는 뜻이다. 또한 배려나 봉사 활동은 사람을 더욱더 행복하게 해주고 긍정성을 높여준다. 긍정성의 선순환이 일어나게 되는 것이다. 경제적 어려움이든 건강상의 역경이든 인간관계에서 갈등이든 인생의 어려움을 꿋꿋이 이겨내고 오히려 그러한 어려움을 통해 더욱더 크게 성장하는 힘을 갖게 해준다.

　병원에서 생활할 때 물론 괴로워서 눈물도 흘리고 이 막막한 상황을 어떻게 헤쳐 나가야 할지 고민도 많이 했다. 어머니의 눈물에는 과학으로 분석할 수 없는 깊고 귀한 애정이 담겨 있다고 하지 않았는가? 그 눈물은 아이를 향한 어머니의 소중한 사랑이 담겨 있다. 하지만 그 사랑을 우리 아이뿐만 아니라 주변의 불편하신 분들을 도와드리고 평소에 다른 사람들을 위해 봉사 실천하는 데에도 쓰려고 노력했던 정신력 덕분에 아이가 잘 회복되어 복으로 온 것이라 믿고 싶다.

　봉사에 관해서는 헬렌 켈러의 설리번 선생님이 가장 생각난다. 말하지도, 듣지도, 보지도 못하는 엄청난 장애를 딛고 일어선 위대한 여성 헬렌 켈러가 희망의 빛을 어떻게 발견했는지에 대한 일화가 있다. 어느 날 헬렌은 정원에서 꽃 한 송이를 꺾어서 설리번 선생에게 드렸다. 그때 설리번은 헬렌의 손바닥에 글을 썼다.
　'나는 당신을 사랑합니다.'
　헬렌은 고개를 갸웃거렸다. 사랑이란 말을 들어 보지 못했으니 이해하지 못했다. 설리번은 헬렌의 손을 잡아 헬렌의 가슴에 대고 '사랑은 여기에 있는 거야.'라고 글을 썼다. 설리번 선생은 헬렌의 말을 마음으로 읽고 또 읽었다.

"사랑이란 꽃의 향기와 같습니까?"

헬렌의 물음에 설리번은 그렇지 않다고 분명하게 알려주었다. 며칠 후, 헬렌의 집에는 아침부터 먹구름이 뒤덮여 있었다. 태양은 가려져 어두운데다가, 바람이 불어 오후까지 내내 음침한 분위기가 계속되었다. 헬렌은 그것을 느낌으로 알 수 있게 되었다. 그러다 갑자기 구름이 걷히고 햇살이 비치기 시작했다. 헬렌은 기뻐하며 물었다.

"사랑이란 이런 것입니까?"

설리번 선생은 헬렌의 손바닥에 무엇인가를 한참 동안 써 내려갔다.

"헬렌, 사랑이란 태양이 나타나기 전에 하늘에 떠 있는 구름과 같은 것이란다. 구름은 비를 내리게 하는 것이지. 너도 비를 맞아 보았지? 햇볕을 쬐고 난 뒤 비가 내리면 땅 위의 나무들과 꽃, 풀들은 너무나 기뻐한단다. 비를 맞아야 쑥쑥 자라거든. 이제 사랑이 무엇인지 알 수 있겠지?"

"예, 선생님."

"사랑이란 손에 잡히지 않는 것이지만 그것이 사람에게 비처럼 내릴 때, 비로소 알 수 있는 것이란다. 사랑이 없으면 행복할 수 없단다."

헬렌은 이렇게 진실한 설리번 선생의 가르침을 받아 사랑을 배우게 되었고 희망의 빛을 발견하게 되었다. 사랑이란 정말 보이지 않는다. 그런데 그 사랑이 없다면 세상은 이루어질 수가 없다. 기쁨이란 자체도 없을 것이다. 헬렌 켈러는 아무것도 없는 암흑에서 단지 설리번 선생의 따뜻한 손길로 쓴 손바닥 글씨에 하나에 사랑이 전달되어 누구보다도 행복을 전파하는 사람이 되었다.

사람이 되고자 했던 착한 학생과 사람을 만들고자 했던 위대한 어머니같이 희생적이고 헌신적이었던 선생님. 설리번이 헬렌 켈러의 의지를 심어 주지 않았다면, 하버드대학교 졸업이라는 영광은 없었을 것이다. 엄마는 아이에게 그런 위대한 스승과도 같은 존재가 되어야 한다.

앞으로 우리의 인생에서 실패 때문에 사랑을 느끼지 못하는 일은 없다. 왜냐하면 구름이 비를 만들 듯 시련과 먹구름이 인생을 강하게 단련시키기 때문이다. 살면서 실패할 수는 있다. 하지만 그 실패 때문에 좌절하거나 무너지거나 주저앉는 일은 없을 것이다. 어떠한 역경이 있더라도 신은 도처에 가 있을 수 없어서 어머니를 만들었다고 하지 않았는가? 어머니의 강하고 긍정적인 헌신의 봉사 정신만 있다면 무너지거나 포기하는 일은 없을 것이다. 실패를 발판 삼아 더 높이 튀어 오르는 엄마 자신을 발견하게 될 것이다.

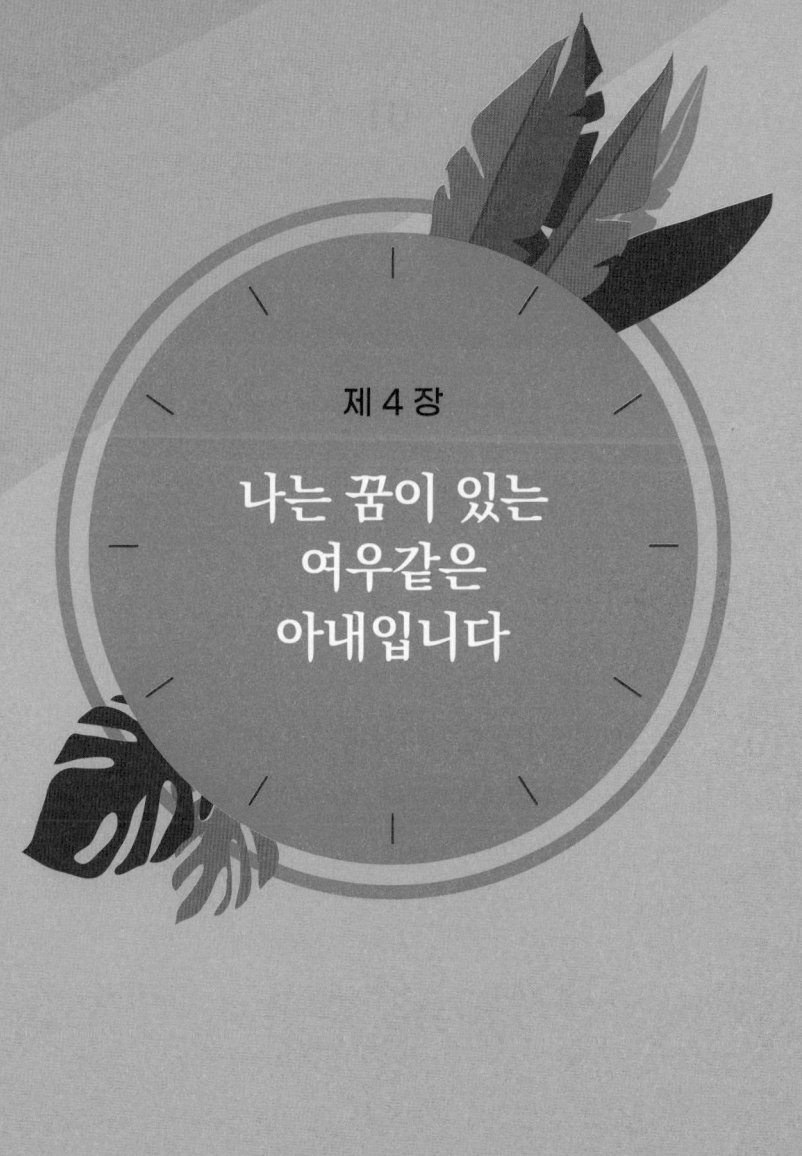

제 4 장

나는 꿈이 있는 여우같은 아내입니다

01
꿈꾸는 아내의 독서는 섹시하다

스위스의 사상가 칼 힐티는 다음과 같이 말한다.

"고통은 사람을 강하게 만든다. 행복할 때는 우리가 고난을 어떻게 견딜 수 있는지 알지 못한다. 고난 속에서 비로소 자기 자신을 알게 된다."

눈앞에 맞닥뜨린 역경은 선물이고 교훈이다. 악조건은 삶에 대해 배울 수 있는 좋은 재료이다. 그것이 바로 마음공부 할 수 있는 재료이다. 그래서 고통이 오면 오히려 감사해야 한다. 감사는 인생과 마음공부를 잘하기 위한 최고의 도구다. 책은 감사를 배우게 한다.

독서를 통해 나는 많이 치유 받았고, 사람들의 마음을 치유하는 독서의 기쁨은 인생에서 중요한 나침반이 되었다. 책에는 내가 겪는 이 시련의 과정에 대한 답이 있으리라 생각했다.

헬렌 켈러도 수많은 독서를 통해 책에 많은 신세를 져서 기쁘다고 표현했다. 그 책을 통해 볼 수 있고 들을 수 있다고 말했다. 헬렌 켈러처럼 독서를 통해 치유를 받고 힘과 용기를 얻고 싶었다. 우리 가족이 엄마의 독서에서 얻은 지혜와 감사로 기쁨, 즐거움이 넘치는 가정으로 변화되기를 바랐다. 괴로운 일과 슬픈 일은 나누어 잘 헤쳐가리라고 믿었다.

하지만 다급한 마음에 무슨 책을 어떻게 읽을지 몰라서 그냥 닥치는 대로 빨리 '올해 안에 책 100권 읽기'로 계획을 세워 무작정 읽었다. 그러나 꽃을 보려면 시간이 걸리고 진정한 친구가 되려면 시간이 오래 걸리는 것처럼 책도 마찬가지다. 천천히 읽어야 비로소 내 치유의 친구로 만들 수 있다. 왜냐하면 빨리 읽고 나면 무슨 내용인지 그 책 속에서 내가 얻을 수 있는 교훈이 무엇인지 잘 파악하지 못하기 때문이다. 당연히 책을 읽은 내용을 삶에서 적용할 수 없다.

그래서 책을 읽으면서 좋은 부분이나 감동한 부분에는 마치 내 얼굴을 섹시하게 보이기 위해 예쁘게 화장하듯 빨간 색연필로 밑줄 치기와 별표를 해 놓고, 시간을 들여 밑줄 친 부분은 바인더나 컴퓨터에 메모해 놓았다. 그랬더니 독서가 점점 더 즐거워졌다. 메모해 두면 책의 중심 내용과 감동적인 부분들을 다시 한번 읽게 된다.

독서 하는 방법을 다양하게 하다 보니 보람이 많았다. 한 문장들이 내 안으로 들어와 나의 치유의 보물창고와 꿈을 이루어 주는 가슴 떨리는 태양이 되어 주었다. 책에서 소개되는 문장들이나 좋은 문구들은 사람들과 소통할 때 아이들을 교육할 때 남편과 대화할 때 유용하게 쓰였다.

"고속도로를 타고 시속 100㎞ 이상의 속도로 가야 한다."라고 소리쳐대는 세상에서 가끔은 국도를 타고 시속 30㎞에서 50㎞로 천천히 달릴 필요가 있다.

너무 빨리 달리는 세상을 따라가다 보면 진정 내가 원하는 것이 무엇인지 알 수 없다. 속도에 맞추어 가다 보니 중요한 가족의 사랑을 잊고 사는 경우가 많다. 느리고, 작고, 불편하게 천천히 가다 보면 빨리 갔을 때 보이지 않는 것들이 보인다. 자동차를 타고 가다가 자전거를 타면 속도의 미학으로 인해 차를 탔을 때 보이지 않았던 거리의 풍경과 자연의 아름다움들이 눈에 띈다.

좋은 책 한 권은 마치 좋은 스승을 만난 것처럼 일생을 바꾸어 줄 수 있다. 좋은 책 한 권이 때론 한 사람의 인생을 바꾸어 놓기도 한다. 책이 간절한 꿈을 이루어 준 사례는 수도 없이 많다.

오프라 윈프리는 책을 아주 많이 읽는 것으로 알려져 있다. 그녀는 자신의 간절한 꿈을 위해서 책을 많이 읽었다. 시간이 덧없이 짧다고 느끼며 자녀를 둔 부모들은 누구보다 이 사실을 잘 느낄 수 있다고 말했다. 오프라 윈프리는 낡은, 나로부터 계속 자라나서 가능한 최고의 인생으로 진화하는 것이 꿈이라고 말했다.

오프라 윈프리는 저서 《내가 확실히 아는 것들》에서 자신이 원래 바라던 꿈을 이루기 위해서 다음과 같은 말을 했다.
"우리의 꿈을 위해 내면의 속삭임, 자신의 소명을 따르라는 작은 목소리에 귀를 기울여야 한다. 그렇게 하면 무슨 일이 일어날까? 우리는 이제껏 만난 것 중에 가장 큰 어려움에 직면하게 된다. 누구의 말과 생각에도 아랑곳하지 않고 스스로 꿈을 찾는 용기가 필요하다. 꿈을 크게 꾸자. 아주, 아주, 크게 꾸자. 열심히 노력하자. 정말, 정말, 열심히 노력하자."

꿈을 찾는 여행을 하기 위해서는 먼저 독서가 필요하다. 내면의 속삭임이 무엇인지 알아보기 위해서이다.

다양한 분야의 독서를 하고 가슴 떨리는 부분을 만나면 사색해 본다. 그 꿈을 이루기 위해서 어떤 어려움이라도 극복하고 기꺼이 실천할 힘을 길러야 한다. 독서를 통해 무엇을 얻고자 하는지 목표를 정하는 것이 책을 읽기 전에 해야 할 일이다. 내가 무엇을 원하는지 정확히 알 수 없다면 먼저 자신에게 이런 질문을 해도 좋을 것이다.

'나의 소원이 무엇이지?'
'내가 전부터 하고 싶었던 것이 무엇이었더라?'
'내가 진정 인생에서 죽기 전, 꼭 이루고 싶은 꿈이 무엇인가?'
'나의 버킷리스트는 어떤 것이 있을까?'

가사 일과 육아에 지쳐서 자신이 진정 원하는 것이 무엇인지를 알지 못하는 전업맘과 회사 일에 지쳐서 집으로 돌아오면 파김치가 되어 육아와 집안일을 할 수 없을 정도로 피곤한 직장맘도 평소 짧은 시간에 이런 질문을 함으로써 자신 내면의 속삭임을 들었으면 좋겠다. 가사 일과 남편에, 시댁에, 아이의 학교 문제와 성적 문제에 몸도 마음도 지쳐 있을 때, 한계에 부딪혔다 느낄 때, 자신을 혹독하게 몰아세우는 것이 아니라 차분히 나를 위로해가며 새로운 인생의 목표를 찾는 것이다.

더욱더 내가 진정으로 원하는 것이 무엇인지를 알아보는 짧은 시간의 독서를 함으로써 내면의 휴식을 취했으면 한다.

책을 읽을 시간이 없다고 한다. 하지만 아침에 평소 일어나는 시간보다 6분 일찍 일어나면, 그중 1분을 자신의 영혼에 도움이 되는 독서를 함으로써 하루를 살아가는 데 필요한 아이디어를 얻을 수 있다. 매일 이 습관을 지속하면 독서의 양이 어마어마해질 것이다.

"꿈이야말로 자신의 운명을 바꾸는 가장 큰 힘이라고 확신합니다. 아무리 작은 꿈이라도 그 꿈을 놓치지 않고, 소중히 되새기며 꿈을 위해 노력한다면 결국 그 꿈이 자신의 운명을 바꿀 수 있을 것입니다."

이 응원의 메시지는 배우 김희애 씨가 SK2의 글로벌 캠페인(체인지데스티니)에서 말한 내용이다. 운명은 노력을 통하여 바꿀 수 있는 것이라고 말하는 김희애 씨를 나는 중학교 소풍 때 올림픽 공원에서 만났다. 그때나 지금이나 변함없는 외모를 자랑하는 김희애 씨는 몇십 년이 지났지만, 예전의 모습이 그대로 남아있을 정도로 정말 아름다웠다.

'저렇게 지적이고 멋진 김희애 씨의 삶의 성공비결은 무엇일까? 자기 관리가 철저해서인가?'

그녀가 말하길 한 번도 몸무게를 49kg 이상 넘긴 적이 없다고 한다. 이제는 가족도 있고, 먹는 것을 참는 것이 힘들어서 그만하고 싶어질 정도라고 한다. 그만큼 자기 관리를 위해서는 피나는 노력을 했다. 김희애 씨의 자녀들은 독서를 좋아하는 아빠 이찬진을 따라 자연스럽게 책을 많이 읽고, 공부도 스스로 했던 것으로 알려져 있다. 엄마도 열심히 독서하고 자기 관리를 하고, 아빠도 책을 좋아하는 독서광인 집안에서 아이들이 잘되는 것은 당연하다.

금수저 은수저는 아니더라도 우리에게는 독서를 통해서 우리의 운명을 바꿀 수 있는 꿈을 이루어 주는 좋은 꿈 수저와 독서 수저가 있지 않은가?

SK2는 지난 5월 24일부터 4일에 걸쳐 우리나라 성인남녀 2,000명을 대상으로 꿈에 대한 설문조사를 했다. 그 결과 응답자 중에 78%가 꿈이 있다고 말했고, 66.3%가 꿈을 이루지 못했으며, 70.3%가 꿈을 실현하기에는 현실이 각박하다는 데 동의했다. 그런데도 70.3%는 꿈을 계속 가슴 속에 품고 있다고 대답했다.

꿈을 이루는데 현실이 각박하단 말은 이미 금수저·은수저·흙수저라는 말처럼 자신의 현실에서 더 노력해보지 않고 꿈을 꿈으로

만 놔두고 현실이 되기 위한 노력을 하지 않는다는 뜻이다.

    꿈을 그냥 생각하기만 한다면 그것은 망상이지만 그 꿈을 이루기 위해 행동한다면 그것은 더 이상 꿈이 아니라 현실이 된다. 독서가 꿈을 현실로 만들어 줄 가장 중요한 도구다. 이 중요한 도구를 사용하지 않고 자신의 현실만 한탄하고 있다면, 아까운 꿈을 이룰 시간을 놓치고 있는 셈이다.

02
10kg 감량으로 찾은
내 인생의 봄날

병원에서 아이를 간호하느라 스트레스를 먹는 것으로 풀었다. 밤마다 남편과 큰애가 병원에 오면 먹을 걸 사 들고 왔다. 병원 밥을 둘째와 나누어 먹었다. 그러니 밤이 되면 뭔가 입이 심심하고 허전하여 야식을 자주 먹었다. 불규칙한 생활과 식습관으로 6개월 후 퇴원해 집에 오니 내 몸은 거의 부어있었고 살이 많이 쪘다.

몸이 무거워져 이렇게 살다간 내 몸과 마음도 망쳐 아이를 잘 돌볼 수 없을 것 같단 생각이 들었다. 더군다나 남편이 예전보다 불어난 몸무게를 보면서 안쓰럽게 생각했던지 나에게 운동해 보라고 권유했다.

"당신 기분 나빠지라고 그런 건 아닌데 운동도 다니고 그래봐. 아이한테만 매달려 있지 말고!" 남편이 안쓰럽고 걱정스러운 표정으로 제안했다.

"왜 내가 살이 찐 게 싫어?"

나 역시 '내 몸이 이제 볼품없는 몸매가 되어 싫어하는가'라는 생각이 들어 걱정되었다.

"아니, 싫은 게 아니라 이제 당신도 건강을 챙겨야지!" 여전히 걱정스러운 표정이었다.

'아! 나도 이제 내 인생의 봄날은 다 갔구나'라고 생각했다. 왜냐하면 20대 초반의 몸무게는 48kg, 둘째 간호하면서 찐 몸무게는 61kg, 처녀 때보다 13kg나 불어난 것이다. 남편이 보기 싫을 만도 하다.

'내가 이렇게 무너져 버렸나? 왜 내 삶을 이리도 건강하지 않게 만들어 놓았을까? 그렇게 평소에 많이 먹는 것도 아니고 많이 움직이는 편인데 왜 이렇게 살이 많이 쪘을까?'라는 의문이 들 찰나에 남편이 나에게 얼굴을 찡그리면서 그런 제안을 해 솔직히 기분이 나빴다.

그때부터 나의 다이어트 도전은 시작되었다. 남편이 한 말이 상처가 되어 당장 평소에 하고 싶었던 여성 순환운동이라는 곳에 가서 운동 등록하고 시작했다. 처음 시작하는 것이 어렵긴 했지만, 트레이너들이 계속 운동의 중요성을 알려주고, 내 몸의 인바디 결과를 보면서 지금 신체의 상태가 어떻고, 체지방이 얼마고, 식습관을 바꾸고 물을 많이 마셔야 한다고 했다. 나는 매일 휘트니스 센터를 가자는 생각으로 운동했는데 그리 살은 많이 빠지지 않았다. 무엇 때문일까?

먹는 것을 줄이지 않고 스트레스받을 때마다 냉장고에서 음식을 꺼내 먹고, 매일 마시는 3~4잔의 커피와 주말이면 가족과 함께 먹는 고열량 음식들 때문에 운동을 해도 살이 빠지질 않았다.

다이어트의 원리는 아주 간단하다. 내가 먹는 열량이 소모하는 열량보다 많으면 살이 찌고 소모하는 것이 더 많으면 살이 빠진다.
먹은 열량을 소모하지 않으면 그 남은 열량이 체지방으로 전환되어 건강에도 적신호가 생기고 몸이 무거워진다. 결국에는 스트레스를 받아, 먹다가 안 먹기를 반복하여 요요현상을 겪는다.

운동을 다니는데도 살이 잘 안 빠졌다. 나는 간절히 살을 빼서 내 인생의 봄날인 처녀 때의 몸무게로 다시 돌아가고 싶었다. 그러던 중 우연히 서점에서 유태우 박사의 책 《누구나 10kg 뺄 수 있다》를 사서 읽었다.

비만이 고혈압, 심장병, 당뇨병, 퇴행성 관절염, 우울증을 유발한다는 내용을 보고 뜨끔했다. '내 마음이 이렇게 힘들고 어두웠던 것이 혹시 너무 살이 많이 쪄서 그런가'라는 생각이 들었다. 책에서 제시하는 적게 먹는 방법, 지금 먹는 양의 반만 덜어내어서 먹는 살을 빼 보기로 작정하고 계획을 세웠다.

마침 그때 나구모 요시노리의 《1일 1식》이란 책을 읽어서 소식의 중요성과 일즙일채(一汁一菜) 관한 내용이 마음에 들어 매일 작은 그릇에 국물과 밥, 반찬을 담아서 하루 세끼를 일정량으로 먹어보기로 하고 입으로 들어가는 것이 무엇이든 반으로 양을 정해 규칙적으로 식사했다. 그랬더니 정말 6개월 후에 10kg이 빠지는 게 아닌가. 61kg에서 그렇게도 만들기 힘들었던 51kg의 몸무게를 만들어 놓았다. 날아갈 것 같았다.

몸이 가벼워지니 의욕이 생겨 뭐든 할 수 있을 것 같았고, 실제로 몸이 날렵하다 보니 기존에 안 해 보던 취미도 생겼다. 바로 백패킹이다. 아주 큰 배낭에 텐트 장비와 먹거리들을 챙겨 등산해 자연에서 하룻밤을 자기도 하고 백패킹 동호회 사람들과 함께 한겨울 추운 날씨에도 텐트에서 자면서 야영하는 기분은 최고였다.

하지만 그때 다시 원래의 습관대로 많이 먹고 술 마시고 커피를 마시다 보니 요요가 와버렸다. 유태우 박사가 살을 뺀 다음 먹는 것을 조심하라고 책에서 강조했는데 새로운 취미에 대한 흥분과 자연에서 사람들과 어울려 먹는 즐거움, 추운 겨울 텐트 안에서 마시는 커피 한잔과 맛있는 음식들의 유혹을 뿌리치기는 힘들었다.

그렇게 빼놓은 살이 다시 쪄서 실망과 좌절이 가득해졌다. 다시 다이어트를 시작하기로 하고 이제 다시 살찌는 몸을 만들지 않겠다고 강하게 마음먹고 목표를 정해 실행에 옮기기로 했다.

'할 수 있다'고 말하다 보면, 결국 실천하게 된다고 사이먼 쿠퍼 리츠칼튼 사장이 그랬던가?

'그래 나도 할 수 있어. 이제 이렇게 살이 찌다마다 반복하는 몸의 주기를 완전히 건강한 내 몸과 마음으로 만들겠어. 몸짱 아줌마인 정다연도 매일 1,500칼로리 이상을 넘지 않게 먹는다고 하잖아. 이제는 더 이상 내 몸을 이 상태로 놔둘 수 없어.'라며 강하게 결심했다.

가장 건강한 몸무게는 우리의 20대 때의 몸무게라고 한다. 그때가 가장 활발하게 활동을 할 수 있는 가장 적절한 몸무게를 가지기 때문에 신장에 따른 정상 몸무게가 따로 있다는 것이다. 그래서

나도 찾아봤다. (유태우 박사 - 《누구나 10kg 뺄 수 있다》)

나는 키가 162cm이니까 정상 몸무게는 대략 53kg 정도였다. 여기서 더 아름답게 몸을 만들고 싶으면 한 5kg 정도는 빼도 괜찮다고 책에서 읽어 나의 목표는 20대 초반의 몸무게로 만드는 작전에 돌입했다.

신장(cm)	정상체중(kg)		과체중(kg)		비만(kg)	
	여자	남자	여자	남자	여자	남자
150	45	49	50	54	54	58
155	48	52	53	57	58	62
160	52	56	57	61	62	66
165	55	59	61	65	66	70
170	59	63	64	68	70	74
175	62	66	68	72	75	79
180	66	70	73	77	79	83

더 이상 살이 찌는 것을 40대에 용납해 버리면 영영 살을 못 뺄 것 같은 생각이 들었다. 여자들은 40대 이후에는 근육이 1%씩 줄어든다. 근육도 줄어들고 체지방이 늘어 살이 찌면 전형적인 아줌마 몸매가 되는 것이다. 더 이상 돌이킬 수 없는….

나는 아이를 돌보기 위해 내 몸을 건강하게 되돌려 놓을 필요도 있었고 무엇보다 활동하는데 체지방이라는 무거운 짐을 들고 다니기가 싫었다. 잡동사니 청소처럼 내 몸의 불필요한 체지방 잡동사니를 처분해야만 했다. 그러기 위해서 먼저 현재 상황을 직시했다.

일단 3개월의 목표를 잡고 종이에다 왜 살을 빼야 하는지 이유를 적고 그래프를 그렸다. 3개월 후에 변화된 나의 몸무게를 그래프에다 한 달에 한 번 몸무게를 재서 기록한 것이다.
이 방법은 살을 빼는 데 아주 효과가 좋다. 벽에 적어 놓은 목표만 봐도 큰 자극이 되어 결국 목표를 이루게 된다.
나는 '종이 위에 쓰면 이루어진다'라는 말을 항상 신뢰한다.

소식하고, 많이 움직이고, 시간 나는 대로 운동하였다. 요즘에는 운동을 할 수 있는 여건이 많다. 어디에서나 보면서 따라 할 수 있는 유튜브 채널에서 요가와 유산소 근육 운동, 댄스 운동 등 여러 가지를 보면서 따라 했다. 무엇보다도 아침에 일찍 일어나서 하는 운동이 살을 빼는 데 도움이 되었다.

헬스클럽 관계자들이 중요한 비밀이라면서 말하길, 기업의 중역들은 아침에 운동을 많이 한다는 것이다. 그 성공한 사람들은 아침에 운동하는 사람들이 많고 정말 건강한 분들은 하루도 빠지지 않고 매일 온다는 것이다. 성공의 비법이 아침에 운동하는 것이라고 하니 아침 운동을 해 보기로 마음먹었다. 아침을 활기차게 시작할 수 있어서 오후에 집중이 안 되는 시간보다는 그 시간이 좋겠다고 생각했다. 그랬더니 정말 요요현상은 없어지고 정상 몸무게를 유지하게 되었다.

오프라 윈프리는 20년 동안 요요현상을 거듭하면서 마침내 몸매에 상관없이 자신 몸에 관해 감사하고 사랑해주는 것이 중요한 삶의 핵심임을 깨달았다. 살이 찐 나를 싫어하고 미워하는 것에서, 몸에 관해 감사하고 내 몸과 화해했다. 몸이 좋아하는 걸 해줌으로써 살이 저절로 빠지게 했다. 자신 몸을 있는 그대로 사랑해주고 감사하며 적절한 운동을 해줌으로써 정상적인 몸무게를 되찾을 수 있게 되었다.

여성들에게 다이어트는 평생 화두로 떠오른다. 중요한 것은 적절하게 운동하고 규칙적인 생활 습관 가지며 내 몸을 있는 그대로 사랑해주는 것이다. 이때 몸은 놀라운 방법으로 내게 보답해 준다.

03
가족을 파트너로 만드는
관계의 기술

결혼제도는 한 여성이 꿈을 이룰 수 있게 해주는 아주 좋은 시스템이다. 결혼 전에는 독립적이었던 여성이 아이를 낳아 엄마가 되고 한 남자의 아내가 된다. 이 협동의 가정이라는 시스템 속에서 울고 웃고 배우며 자신의 꿈을 발견하게 된다. 그 꿈의 동반자들은 아이들, 남편, 시댁 어른들, 주변 지인들이다. 이런 사람들은 내 꿈을 이루는 데 도움이 된다.

집에서 아이들은 엄마의 꿈을 보고 자란다. 아이들은 엄마의 등을 보고 자란다고 했다. 엄마가 꿈을 주입하고 강요하는 것이 아닌 꿈을 이루어가는 모습을 보여주어야 한다. 엄마는 꿈의 강력한 역할모델이다. 가족을 이끄는 엄마는 강력한 꿈 대장님이다. 꿈이 현실화하도록 가족을 꿈 상대로 만들 필요가 있다. 엄마가 먼저 꿈을 이룬 모습을 보여야만 아이들도 역할모델인 엄마를 보고 꿈을 가지고 이룰 수 있는 노력을 한다.

우리나라의 많은 주부가 우울증에 시달린다. 30~40대 기혼 여성의 우울증을 '주부우울증'이라고 부른다. 원인은 결혼해서 무조건 가정과 육아에 희생해야 한다는 스트레스 때문이다.

자신의 가치를 인정받지 못하는, 꿈이 상실된 상태에서는 우울증이 계속 심해진다. 그 영향이 아이들에게까지 미친다.

아이들은 엄마의 뒷모습을 보고 꿈을 키우는데 매일 우울한 엄마의 고개 숙인 모습을 보고 자라면 아이들의 꿈도 우울해질 수밖에 없다. 자신의 꿈을 이루는 데 집중하면 우울증이 완화된다. 그래서 아내들은 꿈을 찾기 위한 적극적인 노력이 필요하다. 너무 심하게 가정에서 스트레스를 받는다면 꼭 전문가의 도움을 받아야 한다.

남편과 시댁, 그리고 친정 모두가 엄마의 꿈을 이루어주는 상대다. 모든 중요한 꿈의 원천은 관계에 기초하고 있다. 꿈의 관계를 내 편으로 잘 끌어당기기 위해서는 전략이 필요하다.

어떤 아내는 결혼한 지 18년이 지났지만, 아침에 일어나서 남편이 출근할 때까지 한 번도 웃는 얼굴을 보여준 적도 없고, 스무 마디 이상 이야기를 나눈 적도 없었다고 했다. 세상에서 보기 드물 정도로 무뚝뚝한 성격인 이 아내는 어느 강좌에서 '웃는 얼굴 남편에게 보여주기'라는 숙제를 받아와 처음으로 남편에게 미소를 지으며 잘 다녀오라는 인사를 전했다. 아내의 태도를 바꾸자 과거에는 느낄 수 없었던 커다란 행복이 찾아왔다.

가장 중요한 꿈의 관계 기술은 웃음이고 미소이다. 어떤 일이 있어도 '웃는 얼굴에 침 못 뱉는다'라는 속담처럼 아내, 엄마, 며느리가 남편, 아이들과 시댁 어른들에게 항상 무슨 일이 있어도 웃는 얼굴을 보인다면 만사형통이다.

항상 긍정적인 마음을 잃지 않는 것이 가족관계의 중요한 기술이다. 넬슨 만델라 전 아프리카 대통령은 감옥에서 27년 동안 생활했어도 "책을 읽을 수 있어 좋았다"고 말했다. 그는 이렇게 말했다.

"낙관적이란 늘 태양을 향해 고개를 들고 발을 앞으로 내미는 것이다."

살다 보면 남편과의 불화, 시댁과의 갈등은 어떤 아내들이나 겪는다. 그러나 아무리 괴로운 상황이라도 모든 일이 잘 풀릴 것이라고 믿고 앞으로 나아가는 자세가 필요하다. 불쾌하거나 슬픈 일을 생각하는 시간은 줄이고 의식적으로 웃음이 나는 일을 떠올리며 몸을 많이 움직인다. 집에서 너무 우울하면 햇빛이 있는 곳으로 나간다. 그리고 무작정 걷는다. 걷다 보면 머리가 좀 맑아서 기분이 상쾌해진다. 햇빛이 주는 행복 호르몬 세로토닌은 가라앉은 기분을 밝게 해주는 좋은 선물이다.

시댁을 강력한 꿈 상대로 만드는 것이 중요하다. 그게 쉽게 안 되기 때문에 의식적인 노력을 해야 한다. 동료들이나 친구들이 시댁 흉을 보거나 비난할 때면 그런 대화에 아예 끼지 않고 침묵하는 것이 좋다. 남의 가슴에 비수를 꽂으면 그 부메랑이 다시 자신에게 돌아온다. 꿈을 이룰 수 있는 첫 번째 조건은 절대 시댁 흉을 봐서는 안 된다는 것이다. 왜냐하면 시댁 어른들도 남편처럼 정말 중요한 분들이고 남편을 키워주신 고마운 분들이기 때문이다. 이런 분들에게 불평·불만, 비난의 화살을 꽂는다면 나에게 좋은 꿈의 상대로 돌아올 수 없다. 부정적인 에너지로 인해 시댁에서 꿈을 이루도록 도와주지 않을 것이기 때문이다.

나는 이상하게도 결혼하기 전부터 마음에게 긍정적인 주문을 걸었다. "우리 시부모님들은 아주 좋은 분들이다. 나는 시댁이 너무 좋다. 우리 시댁은 아주 따뜻한 분위기를 낸다. 시댁을 통해 좋은 일들만 일어날 것이다. 시댁은 내가 하는 일에 대해 도움을 준다." 이런 긍정적인 말들이 결혼생활에서 꿈을 이루는 부분에서 중요한 역할을 했다. 시부모님께서는 며느리가 어떤 일을 해도 잘 믿어주고 응원해주신다. 이런 마음을 가지고 있기에 항상 시댁에 가면 우리 친정 부모님처럼 아주 편하게 잘 대해 주신다. 이것만으로도 시댁은 나의 꿈을 이루어주는 좋은 상대다. 마음이 편안하니 내가 무슨 꿈을 꾸든 도전할 수 있게 만든다.

항상 웃는 얼굴로 시아버님과 시어머님을 대하면 항상 너털웃음으로 대해주신다. 때로는 명절 때 어머님 마음에 안 들게 일을 한다고 혼나기도 한다. 그러면 시어머니께 이렇게 말한다.

"어머님, 제가 직장을 다니느라 일을 참 못하죠? 정말 미우시죠? 어떻게 해요. 잘하려고 해도 전 집안 일은 꽝이에요. 어머님의 꼼꼼함은 따라갈 수 없어요."

그러면 어머님은 할 말을 잃으시고 더 이상 잔소리를 안 하신다. 나는 속으로 항상 시댁이 좋다고 생각하므로 항상 웃는 얼굴로 대해 드리면 더 이상의 갈등은 없다. 남편도 이런 나의 자세를 맘에 들어 했다. 직장생활을 하는 나에게 대학원에 다니라며 학비를 내주기도 했다. 항상 어떤 일을 할 때마다 편안하게 할 수 있도록 도와주는 동반자가 되었다.

이런 모습을 보고 자란 우리 두 아들도 항상 자신들이 바라는 미래의 꿈에 대해 많이 얘기해 준다. 아이들에게 커서 뭐가 되고 싶은지 수시로 상기시켜주는 것이 좋다.

얼마 전에 우리나라 대학에서 강의하시는 캐나다인을 만났다. 그는 자식을 교육 시킬 때 "What do you want to be when you grow up? (커서 무엇 하고 싶니?)"라고 수시로 물어보라 했다. 한 달에 한 번이라도 아이들이 성장할 때 꼭 물어보라 했다. 아이들의 꿈은 계속 진화하고 바뀌기 때문에 무엇을 하고 싶은지 부모가 질문해줘야 한다는 것이다. 무엇을 하고 싶은지 스스로 찾아내어 사회 속에 맞춰서 사는 내가 아닌 참된 자아로 살아가기 위함이다. 이런 생각을 어릴 때부터 해 보지 않으면, 성인이 되어 뭘 좋아하고 무얼 하고 싶은지 잘 모르게 된다.

남편을 꿈의 상대로 만드는 방법으로는 때로 여우 같은 웃음으로 남편을 내 편으로 만드는 것이다. 하고 싶은 것들을 원 없이 해보고 후회 없는 삶을 살기 위한 꿈의 실천을 위해 남편을 내 쪽으로 잘 끌어당겨야 한다. 평소 남편에게 잘 대해주어 아내가 하고 싶은 일이 있을 때 원 없이 할 수 있도록 물밑 작업이 필요하다. 가장 중요한 것은 다들 공감하겠지만 대화다. 남편과 깊은 대화를 통해 아내 마음속 욕구를 표현한다. 남편이 기꺼이 나의 꿈을 이룰 수 있도록 협조하게 만들어야 한다.

　톨스토이의 생애는 비극적이었다. 아내가 사치스럽고 화려한 것을 좋아했지만, 톨스토이는 그런 것을 싫어했다. 부인은 부를 갈망했지만, 그는 부(富)를 죄악시 여겼다. 부인은 톨스토이가 마음에 들지 않은 것이 있을 때마다 신경질적으로 소리쳤다. 부인의 시끄러운 잔소리, 불평, 신경질이 불러낸 비참한 결말을 보더라도 가정에서 행복을 위해서 잔소리와 불평 이런 부정적인 것들을 몰아낼 필요가 있다. 모든 관계의 근본 갈등은 이 가정의 부부 관계의 잔소리에서 비롯된다. 부부간에 계속된 꿈의 관계를 유지하기 위해서는 대화를 진지하게 할 필요가 있다.

　잔소리를 들으면 누구나 짜증이 난다. 자신이 좋아하는걸 할 수 있는 꿈의 통로를 차단한다. 그렇다면 어떻게 하면 잔소리를 줄일 수 있을까? 결혼생활에 대해 허심탄회한 태도로 이야기를 나누어야 한다. 가장 바람직한 것은 관계에 관한 책이나 긍정적인 마음의 중요성에 관해 가르쳐줄 적당한 책을 읽고 사람들과 대화하는 것이다. 자기 계발 모임이나 부정적인 이야기로 대화하는 집단이 아닌 긍정적인 대화를 많이 하는 모임에 참여하는 것도 좋은 방법이다. 멘토나 삶에 도움이 되는, 나를 이끌어줄 스승 같은 분을 만나서 조언을 듣는 것도 필요하다.

행복은 말에 달려 있다고 하지 않는가? 오지에서 돌아온 탐험가들은 하나같이 여행 중에 가장 그리웠던 것은 '다른 사람들과의 대화'였다고 말한다. 심리학자들은 사람이란 어떤 이유에서건 자기 자신을 표현할 수 없을 때, 마음속에 쌓이는 생각이나 감정들을 공유할 수 없을 때 불행과 고독이 극대화된다고 한다. 소중한 나의 가족을 잘 지키고 가족들이 꿈을 키우고 이루고 노력하기 위해서는 대화하는 적극적인 노력이 필요하다.

유명한 텔레비전 사회자가 하는 대화의 말도 그리 거창한 것이 아니다.
"정말요?"
"아유, 그러셨군요."
"아, 그렇구나. 대단하시네요."
"어머, 저런!"
"그러세요? 그것에 대해 좀 더 자세히 말해 주세요."
이렇게 대화를 거창하게 토론 수준으로 하지 않아도 상대방의 이야기를 듣고 맞장구를 쳐 주는 것만으로도 꿈의 관계 향상에 도움이 된다.

엄마가 마음 편히 무엇이든 할 수 있을 때 비로소 아이의 꿈을 응원해 줄 수 있다.

대부분의 아이들은 김연아 선수같이 체육이나 미술, 음악에 재능을 보이는 상위 1%가 아니고 99%에 해당한다. 지금 자녀가 1%가 아닐지라도 아이가 가진 능력을 발견해서 행복하게 세상을 살아가게 해 주는 역할이 부모이다. 부모가 먼저 행복한 관계를 유지해야 아이의 꿈 보물 상자를 끌어내 줄 수 있다.

김연아 선수의 어머니는 딸의 꿈을 위해 파트너 역할을 했다. 스무 살 김연아 선수의 스케이트를 직접 조여주고 따라다니면서 함께 울고 웃었다. 김연아 선수가 쉰 살에 "엄마, 나 이런 일을 하고 싶어요." 하면 이렇게 말씀하실 거다. "그래 우리 딸 최고다. 우리 딸 잘 할 수 있도록 도와줄게. 힘든 거 있으면 엄마한테 다 털어놓고 또 뛰자."

이렇게 부모의 역할은 자녀의 꿈 능력 상자를 열 수 있도록 끝까지 믿어주고 응원해주는 것이다.

자녀는 그런 부모의 꿈을 보고 죽을 때까지 끊임없이 여러 능력을 펼쳐보면서 시행착오를 겪으면서 살 것이다. 그때마다 엄마는 펼쳐진 보물 상자들 앞에서 과감하게 손뼉 쳐주고 격려해주어야 한다. 부모는 자식을 격려해주고 박수를 보내는 영원한 동반자이다. 이 관계가 부모와 자식뿐 아니라 남편과 아내에게도 해당한다. 남편이 힘들 땐 아내가 좋은 꿈 상대가 되어 남편에게 위로의 말을 건네주고 안아준다. 용기도 준다. 아내가 힘들 때는 남편이 도와주며 서로의 꿈의 보물 능력 상자를 꺼내야 행복한 결혼생활이 유지되는 것이다.

결혼생활을 하면서 겪는 모든 관계 때문에 실패하고 좌절할 수도 있다. 하지만 그 길에서 새로운 꿈의 길을 찾지 못하면 가족들의 꿈을 이룰 가능성을 무너뜨리게 된다. 가족과 대화하여 관계에 대한 통찰력과 용기로 새로운 화해와 행복과 꿈의 기회를 다시 찾아야 한다.

인생의 매력을 아는 사람은 성공했을 때보다 실패했을 때 중심을 잡고 흔들리거나 주저함이 없이 다시 도전할 수 있는 용기 있는 사람이다.

가족관계에서 생기는 소소한 부정적인 감정, 기류, 갈등은 입 밖으로 소리 내고 표현하는 것으로 꽤 많이 해소된다. 남편의 사소한 말실수 한마디로 상처받았다면 "어제 기분 나빴지? 잘 생각해 보니 내가 먼저 당신의 성질을 건드려서 그랬어. 미안해."라고 말해 보자 아내가 얼마나 고민했는지 말로 표현해 주는 것이 중요하다. 가족을 내 꿈의 상대로 만들기 위해서는 실수와 실패에 대해서 거침없이 대화를 솔직하게 하는 것이 꿈을 이루는 데 도움이 된다. 대화를 평소에 어떻게 하는지 모르면 배워야 한다. 적극적으로 꿈을 이루기 위해 대화하는 방법을 책이나 강연을 통해 배우는 것이 행복한 가정과 꿈을 이루는 데 도움이 된다.

04
파티하듯
사회 관계망 넓히기

꿈을 이루기 위해 도움을 주는 관계는 비단 가족뿐만 아니라 다양한 사회 속에서 맺는 관계에서도 가능하다. 우리는 매일 수많은 사람과 관계를 갖는다. 그중에 도움이 되는 관계가 있는가 하면, 만나기만 해도 기분만 상하게 하는 관계가 있다. 사회적 관계로는 친구나 직장에서 만나는 사람들, 내 주변에 항상 있는 사람들, 어떤 단체에 가입되어 있으면 단체에서 만나는 사람들, 소속되어 있는 곳의 사람들과 맺는 관계들이 있다.

매슬로우의 욕구 5단계 이론에 의하면 대부분 사람은 생리적

욕구, 안전의 욕구, 소속 및 애정의 욕구, 존경의 욕구, 자기실현의 욕구를 추구한다고 한다고 하는데 그중 3단계의 소속의 욕구가 아주 강하다고 볼 수 있다. 사람들은 어떤 모임에 들어가 자신의 소속감을 느껴 안전해지고 싶고, 여러 가지 사회 활동 속에서 자신의 위치를 확인하려 한다.

여러 모임 중에서 자신의 꿈을 이루기 위해서 도움이 되는 소속 집단은 큰 에너지를 주어 실제 꿈을 이루게 한다. 반면 매번 모일 때마다 서로 다른 사람들의 뒷말을 하거나 부정적인 대화를 하는 관계는 꿈을 이루는 데 전혀 도움이 되지 않는다. 직접 본인에게 가서 부정적인 얘기를 할 용기가 없다면 뒤에서도 하지 말아야 한다. 꿈에 대해 지지받기도 모자란 시간에 부정적인 에너지만 가득 받아오면 계속 그것을 떠올리게 되고 친구 따라 강남 가듯이 되어 결국 나 자신도 부정적인 성향이 강한 사람이 될 가능성이 크다.

타인의 나쁜 점을 말한다는 것은 언제나 자기 자신에게 손해를 가져온다. 현재 자신이 사회생활을 하고 있거나 전업주부이거나 혹은 다양한 사회의 구성원이라면 그 안에서 남을 험담하거나 타인을 깎아내리는 것은 좋지 않다. 넓은 인간관계를 위해 남들과 어울리는 방법은 참으로 많다. 하지만 그들과 친해지고 소속감을 느끼기 위해 타인을 비난한다면 그것은 자신 얼굴에 침을 뱉는 행위이다. 부정적인 말을 듣는 사람은 만날 때는 아무렇지 않지만 헤어지고 나면 뭔가 기분이 찜찜해 진다. 말은 돌고 돈다. 언제든지 그 말을 내뱉은 사람이 똑같이 비난받을 수 있기 때문에 늘 남에 대해 좋은 말만 하는 습관을 지녀야 한다.

 가족 간의 화목, 기념일을 축하하는 파티 계획 역시 아내들의 소속 욕구를 잘 해결해 주는 중요한 행사이다. 특정 결혼기념일이나 생일뿐만 아니라 일상에서 타인과 맺는 관계 속에서 파티하듯 즐겁게 지낼 수 있다. 단, 마음에 맞는 행복한 엄마들과의 만남만이 이런 관계를 잘 유지해 줄 것이다.

 예전에 둘째 아이의 반 아이들에게 여름 방학 전에 즐거운 추억을 쌓게 해주려고 아파트 강당을 빌려 파티를 열어주었다. 엄마들이 서로 도와서 음식을 준비하고 아이들과 노는 것을 좋아하는 나는 레크리에이션 아줌마가 되어 아이들과 4시간을 신나게 놀아주었다. 이때 아이들은 평소에 가족 간의 놀이에서 느낄 수 없었던 새로운 사회 관계망의 파티에서 아주 큰 재미를 얻어갔다.
 "아줌마 오늘 너무 재미있었어요. 다음에는 언제 또 이런 파티 해줄 거예요?"
 아이들이 너무 재미있다고 하면서 끝나는 걸 아쉬워했다. 엄마들도 서로 도와주고 긍정적인 마음을 가진 엄마들이 많았다.

 남에 관한 험담을 하기보다는 진취적이고 꿈을 이루어가는 이야기를 대화의 주제를 삼는 것을 보고 내가 제대로 된 집단에 소속된 느낌이 들었다. 큰 행복감과 안정감을 느꼈다.

 많은 사람 특히 여성들이 마음이 힘들어 종교를 찾는다. 그리고 다수가 가는 종교가 옳다고 생각하며 그곳에 소속된다. 하지만 요즘 많은 종교가 스스로 생각하는 자체를 파괴하는 쪽으로 몰아가고 있다.
 여성의 자유 의지를 존중하지 않는 종교는 인간을 인격체로 보는 것이 아니고 물체로 보고 있다. 나를 물체로 대하는 신을 존중할 이유가 있을까? 신이 인간을 사랑한다면 절대 그럴 리가 없으니 그런 가르침을 주는 종교에 소속되어 있다면 그 종교 지도자를 의심해 봐야 한다.

 무조건 믿기를 요구하고 의심을 거부하는 모든 종교적 가르침은 이미 종교가 아니다. 여성은 스스로 생각할 수 있고 자신이 생각한 대로 살 수 있다. 행복해질 권리가 있다. 내 생각대로 미래를 만들 수 있다. 진정한 선생이란 제자가 스스로 걸어 나가게 가르치는 사람이다. 물고기를 잡아서 먹여주는 것이 아니라 스스로 물고기를 잡는 방법을 알려 준다.

가족관계도 하나의 작은 사회다. 이 가족관계가 먼저 잘 형성되어야 비로소 사회의 다른 관계망이 잘 이루어진다.

가족을 무시하고 밖으로만 돌면서 사회 관계망을 형성하는 것은 겉으로는 다른 사람들을 위해서 사는 것처럼 보이지만 빛 좋은 개살구에 불과하다. 겉만 번지르르하고 속은 텅 비어 있다. 먼저 가정에서 행복한 관계를 맺고 난 후에 그 에너지를 밖으로 공헌하는 것이 바람직하다.

우리는 모두 빈손으로 태어나 온전히 자기 몸 하나 가지고 이 힘겨운 세상을 헤쳐 나간다. 인간은 혼자서는 살 수 없다. 인간이 살 수 있는 건 사회적 관계를 맺고 살아가기 때문이다. 쌀 한 톨도, 몸에 걸치는 실오라기 하나도 자신이 손수 생산하는 사람들은 많지 않다. 각자 자기의 역할을 통해 교환하며 이 많은 사람이 먹고 사는 것이다. 사회적 관계 속에서 내가 어떻게 하면 더 파티하듯 즐겁게 사회적 관계망을 넓혀갈 수 있는지 고민하길 바란다.

05
혼자 있으면
비로소 보이는 것들

크리스마스에 반드시 텔레비전으로 나오는 영화가 있다. 바로 〈나 홀로 집에〉이다. 영화 줄거리는 이렇다. 크리스마스 때 온 가족이 여행을 가기로 했는데 그날따라 바람이 너무 심하게 불고 전선이 다 끊어지고 할 정도로 날씨가 좋지 않았다. 가족은 허둥지둥 비행기 시간에 맞춰 공항에 갔는데 케빈을 집에 혼자 두고 온 사건이 발생하게 된다.

케빈은 항상 가족이 없어지고 자기 혼자만 남아있으면 좋겠다는 상상을 하곤 했는데 정말 이루어진 것이다. 케빈은 "크리스마스 선물로 하나님이 나에게 혼자 있게 도움을 준 거야, 예스!"라고 말하며 기뻐한다. 오히려 이 상황을 즐기면서 집에 든 빈집털이범 2인조를 아주 코믹하게 잡고 가족과 재회한다. 가족의 소중함과 사랑을 그려낸 아주 재미있는 영화다.

누구나 원치 않는 고독에 직면하게 되면 외롭고 쓸쓸한 기분이 든다. 하지만 적극적으로 케빈처럼 홀로 되고 싶다고 생각해 그 상황을 만들어내면 감정은 달라진다.

행복 가정재단의 김병후 이사장은 행복한 가정을 위한 실천법으로 1, 2, 3, 4운동을 제안했다.

1 하루에 **한 번** 배우자에게 애정을 표한다.
2 일주일에 **두 번** 감사 혹은 칭찬의 말을 한다.
3 한 달에 **세 번**은 가족과 함께 식사하며 대화한다.
4 **4주**에 한 번은 부부가 서로 혼자만의 시간을 갖는다.

부부가 행복한 가정생활을 이끌어 나가려면 여러 사람과 같이 있는 사회적 관계망에 속해 있는 것도 중요하지만 혼자만의 시간을 갖는 것도 필요하다. 오롯이 혼자 있게 되면 같이 있을 때 느끼지 못했던 가족의 소중함과 사랑을 애틋하게 느낄 수 있다.

취미가 캠핑이고 백패킹인 나는 실제로 한겨울에 전기도 없는 자연 휴양림 캠프장에서 가족이 없이 혼자만의 시간을 가지고 싶어 1박 2일로 캠핑했다. 혼자 텐트 안에서 추위와 싸우면서도 자연과 함께 있고 가족의 속박에서 벗어나 홀로 여행하는 기분이 완전히 즐거웠으나 가슴 한편에는 뭔가 싸늘하고 허전하고 부족한 기분이 들었다. 손에 핫팩이 있었는데 '우리 가족이 그 따뜻한 핫팩 같은 존재였구나.'란 생각이 들어 가족에게 감사했다. 바로 가족이 내 옆에 없다는 사실을 발견한 순간 가족의 소중한 온기와 가정이 있다는 것은 축복임을 깨달았다. 집으로 돌아와 엄마와 아내로서 벗어나 온전히 나 혼자였을 때의 기분을 가족에게 말해줬다. 아들 둘과 남편이 너무나도 소중하다는 애정 표현도 잊지 않았다.

Chicago의 〈Hard To Say I'm Sorry〉 노래가 머릿속에서 맴돌면서 그 가사의 의미가 뭔지를 알게 되었다.

Everybody needs a little time away
누구나 서로 약간 떨어져 있는 시간이 필요하다고
I heard her say, from each other
그녀가 말하는 걸 들었어요.
Even lovers need a holiday
연인들조차도 서로 멀리 떨어져 있는

Far away from each other

휴일이 필요하죠.

Hold me now

나를 지금 잡아주세요.

It's hard for me to say I'm sorry

미안하다고 말하기는 어려워요.

I just want you to stay

그저 당신이 머물길 원해요.

After all that we've been through

이러한 모든 것을 겪고 난 이후

I will make it up to you

난 당신에게 보상할 거예요.

I promise to

약속하지요.

And after all that's been said and done

말하고 행했던 모든 것들 이후

You're just a part of me I can't let go

당신은 나의 일부가 되었어요. 놓칠 수 없어요.

Couldn't stand to be kept away

떨어져 있는 것을 참을 수 없었어요.

Just for the day, from your body

당신과 떨어져서는 하루도

Wouldn't want to be swept away

내가 사랑하는 사람과

Far away from the one that I love

멀리 떨어져 있고 싶지 않아요.

Hold me now

나를 지금 잡아주어요.

    오랫동안 떨어져 있고 보니 '그 사람이 얼마나 소중했던지 그 가치를 알게 되었다'는 노래이다. 우리의 삶도 마찬가지이다. 가족과 생활하다 보면 나를 잃어버리게 된다. 내가 무엇을 좋아하는지 내가 무엇을 하고 싶은지 미래의 꿈이 무엇인지 알지 못한 채 하루라는 시간을 흘려보내는 것이다.

    무엇이 가장 중요한지 알아보기 위해서는 적극적으로 혼자되는 시간이 필요하다. 그러면 가족과 곁에 있는 사람이 중요함을 깨닫게 된다.

    사람들이 불행해지는 가장 큰 이유는 잘못된 우선순위에 있다. 다른 사람의 기대를 나의 자유 의지보다 더 높은 자리에 두기 때문이다. 홀로 있는 시간에는 자신이 어떤 삶을 살고 싶은지 내면과 대화할 시간을 가질 수 있다. 사람들과 같이 있을 때는, 사회적 알람에 맞춰 언제 무슨 학원을 보내야 하고 언제 아이들을 결혼시켜야 하고 교육은 어떻게 하는 것이 정답이며 등등이 주요 주제다. 타인의 기준에 의한 시계가 돌아가고 있으므로 그 알람을 끄고 일어나지 못한다. 자신의 자유 의지로 삶을 살아가는 데 중요한 목적과 방향성을 상실할 가능성이 크다.

아인슈타인은 학생에게 이런 질문을 받았다.
"선생님, 선생님은 누가 봐도 성공하신 분이십니다. 성공 비결을 알려주십시오."
"알았다. 성공의 비결은 다음과 같은 방정식이다.
$S = X+Y+Z$다. S는 성공인데 성공하기 위해서는 X가 방정식에서 가장 먼저 나와야 한다. 즉, 말을 많이 하지 않는 것이다. Y는 어떤 것도 즐겁게 하는 것이다. 여기에는 일도 포함된다. Z는 혼자 있는 시간을 가지는 것이다."
"선생님, 다른 건 다 알겠는데 왜 혼자 있는 시간이 필요한가요?"
"혼자 있는 시간을 가지지 않는 사람은 삶의 목적을 잃어버리게 된다. 혼자 있는 시간에 조용히 나만의 시간을 가지면서 목표한 바가 무엇인지를 항상 되새겨야 한다."

누구나 인생을 살아가는 동안 한 번은 혼자 여행을 떠나야 한다. 그렇지 않으면 내가 원하는 대로가 아니라 남이 정해준 대로 살게 된다.

여행은 내가 원하는 삶을 발견하고, 삶의 우선순위를 정리하는 가장 좋은 방법이다. 혼자 있기 가장 좋은 시간은 새벽일 수도 있고 명상하는 시간일 수도 있고 걸으면서 생각하는 시간일 수 있다. 꼭 그 시간을 자주 가지라고 말하고 싶다.

행복한 사람들은 누구나 '자기 자신'이라는 친구가 있다. 가족이 함께 있을 때는 같이 있으며 사랑을 준다. 각자 있을 때는 각자의 시간을 가진다. '따로 또 같이' 보내며 행복한 것처럼 따로 있을 때는 혼자만 있는 것이 아니라 '자기 자신'이라는 친구가 같이 있다. 그 친구에게 말을 걸어보자.

"무엇을 좋아하는지 어떻게 살고 싶은지, 무엇이 부족한지, 내 인생의 꿈은 무엇인지, 그것을 어떻게 이뤄야 할 것인지."

홀로 여행을 떠나 본 사람만이 무엇이 소중한지를 알 수 있다. 여행을 통해 아무것도 깨닫지 못해도 상관없다. 그 혼자 떠나는 자체가 대단한 용기와 자신감을 얻는 행위이며 그 행동을 통해 두려움을 없애는 중요한 인생의 전환점을 맞이하게 될 것이다.

예전에 한 중년 여성을 상담해 드렸다. 그분은 법원에서 근무하는 전문직 여성이었다. 그녀는 "남편이 없으면 아무것도 못 한다, 어떻게 하면 남편의 구속에서 벗어 날 수 있을까요?"라는 질문을 했다. 혼자 여행하시고 혼자서 무엇인가를 해 보시도록 도전할 것을 권유했다. 하지만 용기가 없다는 말만 반복했다. 결국 회사에 일이 있어 정말 더 상담받고 싶지만 못 받겠다는 말을 전했다. 마음 안에 있는 두려움을 극복해야 새로운 나를 발견할 수 있는데 그걸 회피해 버림으로써 자유로울 수 있는 기회를 놓쳤다.

교육 수준이 높고 삶에서 이미 많은 것을 이루었음에도 아직 자신의 존재를 발견하지 못한 아내들이 많다. 그런 아내들은 자신 삶을 희생하고 있다고 생각한다. 그래서 원하는 걸 마음껏 할 수 없다며 불평한다. 하지만 삶에서 1% 부족한 무엇인가 그 존재가 꿈을 찾고 있을 것이다. 의도적으로 혼자 있는 시간을 가지게 되면 그 꿈이 무엇인지 발견할 수 있다.

만약 아무런 제약이 없다면 진정으로 하고 싶은 일이 무엇인지 알고 있는가? 무엇이 마음을 두근거리게 하는가? 어떤 일과 목표에 전념하고 싶은가? 어린 시절 가졌던 꿈은 무엇인가? 이는 언뜻 보기에는 간단한 질문이지만 이 질문에 선뜻 답하지 못하는 아내들이 많을 것이다. 여성은 무엇에 종속되어 있어서 자신을 희생해야 한다는 운명을 타고난듯하다.

예전에 개그콘서트 두 분 토론 코너에서 남하당 대표 역할의 박영진, 여당당 대표 역할의 김영희 두 사람의 개그를 재미있게 시청한 적이 있다.

"해외여행~, 해외~여행~~?

어디, 여자들이 감히~, 우리 때는 해외여행 그런 것 꿈도 못 꿨어. 여자들이 해외여행이라고 말할 수 있는 것은 남자들이 한 번씩 '아, 바람 쐬고 싶다, 마누라, 나서~'라고 해서 뗏목 타고 뚝섬 가는 거지. 그러면 그게 해외여행이야. 집 벗어나는 것이 해외여행이지. 해외여행이 뭐 별거야~.

여자들이 집 밖으로 싸돌아다니는 것 자체가 문제야!

여자들이 나가면 소는 누가 키워, 소는~"

여자들은 가정이 있으므로 밖으로 여행을 못 간다는 인식이 강했던 시절이 있었을 것이다. 요즘은 친구들끼리 많이 가기도 하지만 혼자서 여행을 간다는 걱정과 사회 불안정인 요소들과 여러 가지 상황 때문에, 뭐 때문에 못 간다는 아내들이 많다. 하지만 이런 인식의 틀을 깨면 많은 부분에서 두려움을 극복하고 자신감을 얻을 수 있다. 결국 인생은 혼자 와서 혼자 가는 여행이다. 마지막에 혼자 남았을 때 내 인생이 정말 행복했다고 할 수 있는 사람은 행복하다. 자신이 진정으로 무엇을 하고 싶은지를 고민해서 그것을 다 실천하는 사람이라고 할 수 있다. 그들은 원 없이 자신의 꿈을 이루고 살았기 때문에 후회가 남지 않는다.

혼자 있게 되면 나에 대해서 많이 알 수 있다. 내가 어떤 풍경을 좋아하는지, 어떤 사람들과 이야기를 나누고 싶어 하는지, 걷는 걸 좋아하는지, 무슨 음식을 먹고 싶은지, 이제까지는 한 번도 생각해 보지 않았던 나에 대한 정보가 미킷속에서 마구 쏟아져 나온다. 다른 사람들과 함께 할 때는 분위기를 망치고 싶지 않아 언제나 남에게 나를 맞춰왔는데, 혼자 있으니 내 마음에 더 귀를 기울이고 내가 좋아하는 게 무엇인지를 고민하게 된다.

처음 혼자 떠났을 때 어색하기도 하다. 다른 사람들은 가족과 함께 왔는데 나 혼자만 온 것을 보고 사람들이 이상하게 생각할 것 같은 시선도 무시 못 한다. 하지만 그런 불안과 걱정이 커지는 만큼 삶의 용기도 생긴다. 혼자 떠나서 할 수 있는 것들은 많다. 자신이 좋아하는 책을 한 권 가지고 가서 읽는다든지, 일기장을 꺼내어 자신의 감정을 쏟아낼 수도 있다. 중요한 것은 혼자 되어야 비로소 내 안에 나 자신이 보인다는 것이다. 그렇기에 기존의 삶이 평범하고 새로운 것도 없이 혼자서만 우울하다면 과감히 새로운 나를 만나기 위한 홀로 있기 도전을 시도하라.

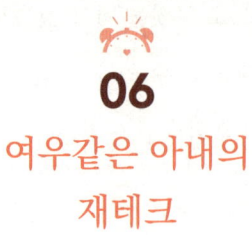

06
여우같은 아내의 재테크

"부자들은 투자하고 가난한 사람들은 소비한다. 백만장자들은 저축하고 난 뒤에 남는 것을 쓰지, 쓰고 난 뒤에 남는 것을 저축하지 않는다. 이것이 그들만의 성공 비결이다."

《How to Grow Rich》를 쓴 프랭크, 뮤리엘 뉴먼의 말이다.

재테크라는 용어를 들으면 경제를 주제로 공부한 사람은 쉽게 풀어나간다. 하지만 젊은 시절에 재테크해 부(富)를 많이 축적한 사람들도 있지만 대부분에게는 어렵기만 하다. 나의 경우 재테크는 젊은 시절 '소비를 많이 하지 않고 저축을 많이 하기'였다.

2002년은 집값이 지금보다는 비싸지 않았다. 전세와 집을 사는 것의 가격 차이가 거의 나지 않았다. 그래서 신혼집을 사는 게 낫다는 판단이 들어 시댁에다 집을 사겠다고 말씀드렸다. 남편이 직장 다니면서 저축해 둔 돈과 내가 저축한 돈 그리고 시댁에서 보태주신 돈으로 24평 집을 의정부에다 사서 신혼을 시작했다. 집 사는 데 모자란 돈은 시댁에서 갚으라고 빌려주셔서 150만 원씩 2년 동안 저축한다 생각하고 착실히 갚아 나갔다. 결혼할 당시에는 재테크에 관한 관심보다는 집은 하나 있었으면 좋겠다는 생각이 들었다. 저축과 유사한 돈 관리가 큰 재테크였음을 나중에 알게 되었다.

《바빌론 부자들의 돈 버는 지혜》에서 고대나 지금이나 재테크에 어느 정도 공식이 있음을 알려주었다. 무일푼으로 부자가 된 아카드가 사르곤 왕의 지시로 시민들에게 부자들의 지갑을 두툼하게 해 준 방법을 소개했다. 그중 하나가 '집을 가져라.'였다. "여러분 자신과 가족을 지켜줄 집을 마련하십시오. 바빌론 남자들은 열악한 환경에서 가족을 부양하며 살아가고 있습니다. 비싼 임대료를 집주인에게 내지만 여자의 가슴을 따뜻하게 해주는 화초를 키울 공간조차 아내에게 허락할 수 없습니다. 집과 땅을 사들일 돈이 한 푼도 없다면 곤란하겠지만 필요한 액수의 적정한 몫을 준비해 두고 있다면 어떤 대금업자도 부족한 돈을 빌려줄 것입니다. 집이 완성된 후에 집주인에게 지급했던 집세 정도를 대금업자에게 지급한다면 오랜 세월이 지나지 않아 여러분은 모든 빚을 청산하고 어엿한 집주인이 될 수 있습니다. 그때부터 재산세만 낸다면 여러분은 상당한 재산가가 되는 것입니다. 자기 집을 가진 사람들은 여러모로 이익이 많습니다. 무엇보다 여러분의 허리를 휘게 만들던 임대료에서 벗어날 수 있어 생활비가 줄어들 것입니다. 그러면서도 훨씬 풍요로운 삶을 누릴 수 있을 것입니다. '당신만의 집을 가지십시오!' 이것이 얄팍한 지갑에서 벗어날 수 있는 비결입니다."

고대로부터 전해져 내려온 재테크 잘하는 방법이 이것인데, 집을 산다는 것이 재테크에 도움이 되었다. 신혼 초기부터 집을 사서 시아버님께 갚아 나갔던 방식이 우리 가족의 재테크에 큰 도움이 될 것이란 걸 집을 살 당시에는 몰랐다. 단지 직장생활을 하니까 계속 벌면서 갚으면 된다는 생각만 한 것이다. 그러나 그것이 나중에 우리 가족의 자산을 늘리고 안정된 생활을 할 수 있도록 하는 첫 단계였다는 것만은 확실하다.

아이를 낳고 서울로 이사를 와야 하는데 의정부의 집값이 서울의 전셋값과 똑같았다. 그러나 우리 부부는 서울에서 아이를 봐주시는 친정엄마 때문에 이사를 와야 했다. 전세로 이사를 와야 했지만 집을 다시 못 가지는 것에 대한 불안이나 이런 것이 전혀 없었다. 아이를 잘 돌보는 것이 급선무였다. 계속해서 맞벌이하는 과정이므로 돈을 저축해서 모으면 되는 것이고 집은 언제든지 살수 있다. 서울에 24평 전세로 살다가 33평 아파트 전세로 옮기고 꾸준히 저축해 집을 마련했다. 신혼 때 처음부터 집을 산 것이 저축하는 습관에 도움이 되었다.

《그들은 어떻게 강남 부자가 되었는가》의 저자 오지혜는 자산관리사다. 올리치컴퍼니 대표인 그녀는 강남지역에 자산관리를 하면서 주인이 전세를 반전세로 돌려 아이들 학교 때문에 옮기지도 못하고 매달 들어가는 월세 때문에 고민인 고객들에게 이렇게 상담을 해준다.

"수입이 계속 나올 수 있는 공급원이 있다면 지금과 같은 저금리 시대에는 대출받아 집을 사는 것이 더 나을 수 있습니다. 무리한 가계 대출은 부담이 되지만, 매달 월세를 내다보면 시간이 지나서 통장에 남는 금액은 계속 줄어들게 됩니다. 가정의 자산이 계속 줄어들게 됩니다." 밑 빠진 독에 물 붓기처럼 저축을 할 수 없고 계속 '하우스 푸어'로 산다는 이야기인데 맞는 말이다. 구체적인 재정 **목표**를 세워서 명확하게 재테크를 하지 않는다면 미래를 위한 대비가 불안할 수 있다.

어떻게 하면 수입원을 창출할 수 있을까? 여러 가지 방법이 있지만 보통 가정에서 가장 쉽게 실천할 수 있는 것이 절약이다. 무심코 사는 물건들이 정말 필요한지를 살펴보면 그렇지 않을 때가 많다. 그런 물건들은 잡동사니로 전락할 때가 많아 집 안에서 쓸데없이 자리를 차지한다. 일단 먼저 집안에 불필요한 잡동사니를 처리하고 나면 불필요한 소비가 많이 줄어든다. 불필요한 물건들은 기부하거나 중고로 팔면 또 다른 수입이 생겨 돈도 벌 수 있다. 무엇보다 집 안에 불필요한 물건이 없으면 기분도 상쾌해진다. 몸도 가벼워져 다이어트 효과도 생긴다. 홈쇼핑이라든지 인터넷 쇼핑을 많이 줄일 필요가 있다.

자본주의 사회에서 광고는 소비자들에게 쓸데없는 물건을 많이 사지 않으면 행복할 수 없다고 유혹한다. 그 유혹에 넘어가선 안 된다.

그리고 아주 중요한 절약의 비밀은 신용카드를 잘라 버리고 현금이나 체크카드를 쓰는 것이다. 연 매출 1조 원, 가장 성공한 재미 한국교포 탑 10위, 전 세계에서 가장 큰 도시락 회사를 가지고 있는 Snow Fox의 김승호 회장은 아이들이나 조카들에게 신용카드를 만들지 말라고 가르친다. 금융자본주의 시대를 살아가는 인간은 두 종류인데 하나는 은행에 이자를 주는 사람이고 하나는 은행에서 이자를 받는 사람이다. 신용카드를 만드는 순간 90%의 사람들이 평생 은행에 이자를 주며 사는 인생을 살게 된다. 신용카드는 편리하다. 하지만 절약 정신이 습관으로 자리 잡고 현금으로 계산하는 것이 과소비를 막을 수 있다.

김 회장은 현금이 생길 때까지 기다리고 열심히 모으라고 한다. 새 차를 살 만큼 돈이 모이지 않았다면 중고차를 타고 다니고, 큰 집을 살 정도로 돈이 모이지 않았다면 작은 집에서 살고 친구나 다른 사람들이 어떻게 살든 신경을 쓰지 말라고 한다.

세계적인 재력가 1위인 워런 버핏은 아직도 55년 전에 구매한 집에서 싸구려 스테이크와 햄버거로 끼니를 때우고 있다. 삼성그룹 이건희 회장도 절약을 으뜸으로 생각하여 '절약해'라는 말을 자주 했다. 우리나라 재벌도 절약의 중요성을 강조하고 일본의 부자들도 아주 검소한 삶을 산다.

인생을 성공적으로 디자인하고 싶다면 명확하고 구체적인 목표를 세워야 한다. 이제는 재테크를 위한 목표를 사회생활을 시작하면서부터 접하게 되는 것이 아니라 조금 더 이른 나이 때부터 듣기 시작하는 말이 되었다. 그만큼 재테크는 이제 우리 삶에 없어서는 안 될 단어이자 관심사가 되었다. 진정한 재테크란 바로 자신과 가족의 삶에서 펼쳐질 미래에 대해 계획하는 것이다. 미리 준비함으로써 생애 전반에 걸쳐 필요한 시기에 원활한 자금 공급이 이루어지도록 경제에 관해 평소에 공부해 놓는 것이 좋다.

재테크란 삶의 가치가 점점 더 높아지도록 효율적인 자산관리로 자신을 관리해 나가는 것을 말한다. 제테크를 잘하는 방법은 먼저 '세 살 버릇 여든까지 간다'라는 속담이 있듯이 어린 시절부터 부모님이 절약하면서 저축하는 모습을 먼저 아이들에게 모범을 보이는 것이다. 그래야 자식들도 돈을 함부로 쓰지 않는 습관이 생긴다. 그리고 경제신문 구독을 통해서 경제의 흐름을 익히는 것도 도움이 될 것이다.

또 다른 재산 증식의 방법으로는 자산관리사의 도움을 받는 것이다. 대부분 전업주부나 워킹맘은 살아가는 데 있어 어려움에 처했을 때 어떤 고민거리가 있을 때 혹은 잘 모르는 문제가 생겼을 때 함께 이야기를 나눌 수 있고, 때론 조언을 구할 수 있으며, 나의 이야기를 진솔하게 들어줄 수 있는 상대가 필요하다.

자산관리사는 일반인들이 모르는 금융 지식이나 정보를 잘 알고 있으므로 우리 가족에게 맞는 자산증식 방법을 잘 알려준다. 자신의 투자 성향이나 재무적 환경 등과 재무 목표를 수립하는 데도 자산관리 멘토가 있다면 큰 도움이 될 것이다.

절약을 통해 저축하고 마음이 가는 곳에 투자해야 할 때는 발품을 팔아서 부지런히 알아본다. 다양한 금융정보에 관한 컨설팅을 해 줄 수 있는 멘토가 주변에 있다면 부자로 살 가능성은 충분하다. 그러기 위해서는 부지런해야 한다. 남들 자는 시간에 다 자고 남들 노는 시간에 다 놀고 그렇게 똑같이 살면 나도 남들과 똑같은 사람이 된다. 하지만 남들보다 아침 6분 정도 일찍 일어나서 한 페이지이라도 경제에 관한 책을 읽거나 신문을 읽으면서 미래의 목표를 세우면 삶의 방향이 부자로 가까워진다. 자기 계발하는 '나 테크'를 할 때 우리 가정의 재테크는 큰 효과를 볼 수 있을 것이다.

07
여보! 나 지금 애들이랑 한라산 정상이야

따르릉~

"여보세요! 당신 나 지금 한라산 정상에 재혁이 업고 성민이 손잡고 올라왔어요."

"당신이 거길 어떻게 올라가? 그것도 재혁이는 12개월밖에 안 되었고 성민이는 6살이잖아?"

"올라오는데 등산객들이 엄마 대단하다고 손뼉 쳐 주고, 사탕이나 과자 같은 먹을 것도 주면서 잘 올라왔어요."

"정말 대단하다. 어떻게 그 높은 곳에, 어른들도 힘들게 올라가는 산에 애를 업고 갔어?"

"와 대단하다." 남편이 이렇게 칭찬해 주고 전화를 끊었다. 실제로 정상에서 사람들은 우리 모자 세 명을 보며 막 웃으면서 칭찬해 주었다.

"어떻게 이 어린아이 둘을 데리고 엄마 혼자 험한 코스로 올라올 수가 있어요? 여기 초코파이 있어요. 애들 줘요. 대단해요."

박수! 짝짝짝! 우리는 그렇게 윗세오름 대피소에서 사발면을 먹으며 정상에 도착한 기분을 맘껏 누렸다.

엄마로서의 꿈은 아이들을 도전하는 사람들로 키우는 것이었다. 어떻게 어른들도 힘들어서 '헉헉'거리며 올라가는 한라산 영실 코스를 아빠도 없이 혼자서 두 살짜리 아이와 여섯 살짜리 아들을 데리고 정상에 올라갔을까? 지금 생각해 보면 그때는 말도 안 되는 도전을 하고 싶단 생각이 내면에 강했다.

심리상담 공부하면서 내면에 집중하는 방법을 터득했다. 남편 없이도 불가능할 것 같은 두려운 도전을 한번 해 보고 싶었다. 무엇인가에 이끌려 김포공항으로 거침없이 달려갔다. 엄마 혼자 아이 둘을 데리고 도전하러 제주도로 떠났다. 그렇게 생애 처음으로 남편 없이 나는 아이 둘을 데리고 제주도 공항에 내려 렌터카도 해 보고 정해진 목적지 없이 그렇게 여행했다.

친구들과 제주도로 여행을 몇 번 왔어도 한라산을 한 번도 안 가봤기에 꼭 가보고 싶다고 생각했던 찰나, 관광하면서 모터보트 타는 곳에 가서 직원에게 저 배를 탈 수 있느냐고 물었다. 매표소 직원이 "아이가 너무 어려서 안 됩니다."하고 막았다.

"제가 아기 띠 매고 있으니까 타면 되는데, 타게 해 주시면 안 될까요? 전 너무 타고 싶은데……"

아이를 업고 온 나의 행색이 꼭 구걸하는 사람처럼 느껴졌다. 그래서 오기가 생겼다.

"전 이 두 아들을 데리고 한라산 정상에 올라갈 겁니다."

직원이 대답했다. "말도 안 됩니다. 남자도 아닌 여자분이 어떻게 이 어린아이들을 데리고 저 산에 올라간단 말입니까? 내 머리에 총을 들이대도 그건 불가능한 일입니다. 만약 저 산에 올라갔다 온 인증사진을 가져오면 나중에 공짜로 태워주겠습니다."

좋다. 나에게도 꿈이 생겼다. 남들이 하지 말라고 하는 것을 성취했을 때의 짜릿한 기분을 느껴보고 싶었다. 아니, 그때는 그런 걸 잘 몰랐다. 할 수 있을 것만 같았다. 그렇게 엄마와 어린 아들 둘의 꿈의 한라산 등반이 시작되었다. 지금도 우리 큰애가 그 어린 시절에 도전한 경험을 얘기한다. 그때 그 경험을 바탕으로 무슨 일이든 한번 도전해 보자고 하면 잘한다. 마라톤도 엄마와 함께 뛰고 산에 올라가 엄마와 둘이서만 백팩킹 했다. 이 아이가 지금은 대학생이 되었다. 운동을 좋아해 체육학과에 들어갔다.

어려운 일을 성공시키고 나니 그다음부터의 도전은 쉬웠다. 엄마가 어린아이 둘을 데리고 안 가본 산이 없을 정도로 업고 손잡고 많은 도전을 해내 꿈을 이루었다. 한라산, 월악산, 설악산, 지리산, 치악산 등 악산이란 악산을 그것도 험난한 코스로 남편 없이 엄마인 나 혼자 거의 정상에 다 도전했다.

어떻게 이런 일이 가능할까? 단지 엄마라서 그랬을까? 아니면 강인한 체력이었을까? 아니다. 그건 어떻게 해서라도 저 산을 꼭 올라가 보고 싶다는 간절한 꿈이 있었기 때문이다. 내가 도전한 것은 다른 사람에 비하면 아무것도 아니라는 생각을 우연히 신문을 보고 알았다.

한쪽 손과 두 다리가 없는 선천성 장애를 딛고 2009년 런던 19세 미만 세계 장애인 수영선수권 대회의 접영 50m와 자유형 150m, 개인혼영 200m 부문 등에서 금메달을 따 3관왕에 오른 '로봇 다리 수영선수' 김세진 군. 어머니 양정숙 씨는 세진 군을 강하게 키우기 위해서 미국 로키산맥 3,870m 고지를 등반하는 데 성공했다. 의족으로 걷는 아이에게 불가능은 없다는 것을 보여준 세진이 엄마의 꿈은 그 누구도 따라 할 수 없을 정도로 크고 멋진 것이었다. 그 어머니만큼은 아니더라도 엄마의 도전은 항상 아이들에게 좋은 영향을 미치는 건 틀림없다.

아이들과 소통하면서 독립적인 자아를 키워주는 이상적인 부모상은 무엇일까? 전문가들은 "아이가 내면까지 성숙할 수 있도록 하려면 부모가 빗자루 같은 역할을 해야 한다"라고 말한다. 아이가 극복할 수 없는 큰 장애물을 만났을 때 빗자루로 청소하듯 거들어 주는 부모를 말한다.

부모가 판단해 아이를 필요한 곳에 헬리콥터처럼 이동시키는 '헬리콥터 맘'이나 호랑이처럼 이끌어 시험 성적을 높이는 '타이거 맘'은 이상적인 것과 거리가 멀 수 있다. 아이에게는 어려움을 느낄 때 어린 시절 엄마와 아빠가 같이 행한 도전들이 살면서 큰 자산이 된다.

아이들과 소통하기 위해서는 공부 이외에도 아이들이 추억할 만한 행복했던 경험을 많이 할 필요가 있다. 엄마의 이러한 도전이 아빠의 도전으로 이어지기도 한다. 아내가 아이들을 돌보는 방식이 올바르면 남편도 그것을 따라 하게 되어 있다. 엄마가 몸으로 직접 아이들과 도전하는 것을 보고 우리 남편도 아이들과 잘 놀아주고 대화해주고 소통을 잘해준다. 그리고 아이들이 큰 장애물을 만났을 때 평소에 쌓아온 유대관계로 빗자루로 청소해 주듯이 필요한 부분만 거들어주어 아이들의 독립성과 자립성을 키워준다.

미국 심리학자 스테판 포터는 '모든 인간관계의 핵심 요소는 아버지'라고 주장했다.

그는 아버지의 유형을 세 분류로 나눴다. '성공지향 아버지' 밑에서 자란 자녀는 남의 이목을 지나치게 신경 쓰고, '시한폭탄형 아버지'의 자녀는 사람을 두려워한다. 이 중 가장 이상적인 아버지는 '배려하는 아버지'다. 다른 아버지들이 안 하는 활동을 자녀와 함께하며 아이가 자신의 장점을 건강한 방식으로 발전시키도록 격려하기 때문에 자녀가 자긍심을 가진다.

두란노 아버지 학교의 김성욱 상임이사는 "아버지가 부정적인 영향을 줬더라도 자식인 내가 그 속에서 좋은 점을 찾아내 긍정적으로 받아들이면 좋은 영향력을 얻을 수 있다"고 말한다. 자식이 긍정의 힘을 찾아내기 위한 가장 좋은 방법은 어린 시절 부모가 많이 안아주고 '사랑한다.' 말해 주고 '고맙다'라는 표현해 주며 스킨쉽을 자주 해 주는 것이다. 그리고 아이들이 힘든 시기에 공감해줄 수 있고, 잘한 것을 아주 많이 칭찬해 주며 남들이 하지 않는 우리 가정만의 특별한 놀이해 준다면, 아이들은 어린 시절 부모와 맺은 아주 튼튼한 유대관계를 통해서 삶의 어려움을 잘 헤쳐가리라 생각한다.

아이들이 스스로 자신의 마음을 잘 조절할 수 있게 부모가 가르쳐 주어야 한다. 일상에서 우리는 즐거운 일과 괴롭고 힘든 일을 항상 맞이한다. 그때마다 어깨를 축 늘어트리고 우울해하거나 화를 낸다면 이 감정들은 금방 아이들에게 전염된다. 아이들은 부정적인 부모의 기운을 잘 느낀다.

그렇기에 재빨리 작고 행복했던 부모와의 추억들을 떠올리며 행복에 집중해야 한다. 부정적인 감정에 휩싸여 있더라도 웃음을 잊지 않으려면 마음을 조절하는 방법을 익히자. 부모가 먼저 터득해서 자식에게 가르쳐 주어야 한다.

우리의 인생도 한라산에 올라가는 것과 같다. 평탄한 길만 있는 것이 아니라 가파른 바위를 올라가야 할 때도 있고, 시원한 바람이 불어와 잠시 쉬어갈 때도 있고, 또다시 경사가 나와 숨을 헐떡거리며 올라갈 때가 있을 것이다. 하지만 명확한 꿈의 목표만 있다면 그 어떤 어려움이 있어도 마침내 정상에서 감동을 맛볼 수 있을 것이다.

제 5 장

가족의
새로운 아침을
여는 아내

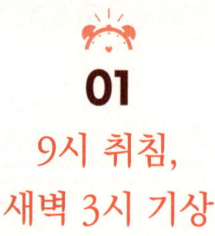

01
9시 취침, 새벽 3시 기상

'아침 일찍 일어나는 새가 벌레를 잡는다.'

아침에 일찍 일어나는 사람이 먼저 먹이를 쟁취한다는 뜻의 이 속담은 나에게 항상 해당하는 말이다. 시골에서 잠시 살아본 경험이 새벽에 일찍 일어나는 것에 별다른 저항이 없게 만들었다.

어린 시절 가난했기에 남들보다 더 열심히 살아서 꼭 원하는 꿈과 목표를 이루고자 하는 강렬한 의지가 있었다. 일찍 일어나서 많은 걸 이루었기에 지금의 내가 있다.

처음부터 일찍 일어났던 것은 아니다. 너무 무기력한 삶을 새롭게 바꾸고자 하는 간절한 바람에서였다.

스노우 폭스의 김승호 회장은 성공의 요인으로 다음 세 가지를 꼽는다. 약속 시간을 철저히 지키기, 공부하기, 일찍 일어나기이다. 여기서 일찍 일어나는 것은 공부하기와 약속 시간 지켜주기를 위해 선행되어야 할 부분이다. 성공을 위한다고 해놓고 남들과 똑같이 잠자고 똑같이 놀고 똑같이 행동해서는 평범함의 범주에서 빠져나오지 못한다.

평범함이 나쁜 것은 아니다. 하지만 삶에 이루지 못한 꿈이 있고 그것을 못내 아쉬워한다면 변화되어야 한다. 새로움이 부족하다고 생각된다면 삶을 좀 더 신선하게 살 방법이 있다는 걸 알아야 한다.

얼마 전 동네 빵집을 갔다. 나는 평소 9시에 자서 새벽 3시에 일어나 나만의 고요한 시간을 가지고 아침 일찍 활동을 시작하기 때문에 빵집이 열리자마자 찾아갔다.

그날도 가족이 좋아하는 빵을 사러 갔다. 동네에서 가장 맛있고 친절한 그 B 빵집은 항상 사람들로 붐빈다. 잘 되는 이유가 여러가지 있겠지만, 그곳은 덤으로 하나라도 뭔가를 준다. 퍼주는 장사치고 안 되는 장사 없다더니 정말이다 장사가 아주 잘된다 그리고 그 가게는 한번 온 손님도 다음에 가면 얼굴을 기억해 언제나 친절한 인사로 반긴다. 빵이 맛있을 뿐만 아니라 유기농 재료를 써서 빵을 만들고 직원들까지 친절하니 사람들이 항상 많은 것이다.

그날도 내가 첫 손님이라며 사장님이 갓 구운 빵들을 덤으로 챙겨주셨다. 나는 내가 산 빵과 사장님이 챙겨준 빵을 받아들고 대화를 나눴다.

"아주 유명한 속담 중에 '일찍 일어나는 새가 먹이를 잡는다.'라는 말이 있는데 저에게 해당하는군요. 하하하."

"맞아요. 정말 부지런한 분들은 아침 일찍 나오셔서 운동도 하시고 빵도 사가시고 그러시잖아요. 부지런한 게 좋을 때가 많지요." 사장님이 대답했다.

그렇게 기분 좋은 아침의 선물을 받고 나서 생각해 보았다. 아침 일찍 일어났을 때와 그렇지 않았을 때의 삶이란 천지 차이라는 것을.

아침 일찍 일어나는 것은 행복한 가족을 만드는 지혜로운 선택이다. 아내가, 엄마가 아침 일찍 일어나 자신의 시간을 가지고 가족이 좋아하는 빵으로 주말의 아침을 맞이하는 기분이란 그 누구도 설명할 수 없는 행복감과 만족감을 가져다준다.

밥을 먹을 때도 있지만 주말에는 빵을 먹기도 한다. 매 주말을 새로운 모습으로 맞이하게 된 행복이 일찍 일어나는 습관을 들인 후부터 가능해졌다.

아내들이 아침에 일어나는 시간을 몇 시간이 아니라 단 6분이라도 당길 수 있다면 가족들의 행복과 미소는 저절로 따라온다. 엄마가 행복하게 아침 시간을 맞이하면 가족들도 같이 행복하게 미소가 전염될 것이기 때문이다. 아내들이 아침에 일찍 일어나 어제와 다른 새로운 하루를 시작하는 것은 평범한 일상에서 오아시스와 같다. 자신은 물론 주변 사람들까지도 행복하게 만드는 아내와 엄마의 미소, 그 미소가 아이들과 남편에게 주는 행복이다. 매일 새롭다.

처음부터 새벽 3시에 일어난 것은 아니다. 삶이 어쩌다가 원하는 방향으로 흘러가지 않았다. 매일 다람쥐 쳇바퀴 돌던 그런 삶이 아닌, "내가 정말 원하는 것을 하면서 행복하게 살 수는 없을까?"라는 고민을 많이 했다. 그러던 중 그 해답을 아침에 6분 일찍 일어나기에서 발견했다.

'운명적인 만남'이라는 말이 있다. 누구나 그런 '만남'을 한두 번쯤은 경험했을 것이다.

'우리의 만남이 우연이 아니라 그것은 우리의 바람이었어'라는 노래의 가사가 있다. 내가 간절하게 뭔가를 가슴 속에서 찾고 있었기 때문에 그런 운명적인 만남이 가능하다. 그 만남이 연인일수도 있고, 남편일 수도 있고, 또 선생님이나 친구일 수도 있겠다. 어쨌든 다양하다.

그렇다면 그 '운명적인 만남'은 과연 여러분들을 행복하게 해주었을까?

나는 자신 있게 나의 운명적인 만남은 책이었고 그 만남이 나를 행복하게 해주었다고 말할 수 있다. 《미라클모닝》에서 저자는 "매일 아침 어떻게 일어나고 그 시간을 어떻게 사용하는지가 하루의 삶에 엄청난 영향을 미친다고 말한다. 집중력 있고, 생산적이고, 행복하고 뿌듯한 아침은 집중력 있고, 생산적이고, 행복하고 뿌듯한 날들을 만들어낸다. 같은 방식으로 집중력이 모자라고, 비생산적이고, 불만족스럽고 불평하는 아침은 집중력이 모자라고, 비생산적이고, 불만족스럽고 불평하는 하루와 평범한 삶으로 이어진다. 그저 아침에 일어나는 방식을 바꾸는 것만으로도 삶을 더 빨리 완전히 바꿀 수 있다"고 말한다.

아침 일찍 일어나는 삶을 살기 이전의 모습은 하루가 그날이 그날 같았고 뭔가 새로운 것도 없었으며 "내 인생은 왜 이렇게 흘러갈까? 나도 꿈 많은 여자인데 왜 이렇게 결혼해서 아이를 낳아서 내가 이러고 있지?"하면서 인생을 한탄하고 있었다.

책도 많이 읽어보고 모임에도 참석해보고 다양한 경험을 해 보아도 풀리지 않은 삶의 의문들이 많았다. 순간의 만족은 있었지만 뭔가 가슴이 텅 빈 것처럼 공허하고 행복하지 않았다. 뭘 해도 찰나의 만족만 있을 뿐 영구히 나를 행복하게 해 주는 뭔가가 없을까 항상 찾아 고민하는 시간을 많이 가졌다.

보통 나는 하루를 시작할 때 "아이들을 학교에 보내야 해서, 남편 출근시켜야 해서 일어나야 하니까"라고 어떤 삶의 뚜렷한 목표가 없이, 아침잠을 더 자고 싶은 걸 참아가며 일어났다. 하지만 지금은 아침에 왜 일어나는지 꿈의 목표가 확실해졌으며 아침에 일어나는 자세가 달라졌고 행복한 아침 습관을 하루도 빠짐없이 매일 실천한다. 그러다 보니 하루가 행복이 더 많은 쪽으로 그려지고 있다.

하루 6분 만이라도 일찍 일어나 1분은 고요하게 눈을 감고 천천히 숨을 들이쉬고 내쉬면서 오늘의 할 일과 감사할 일을 떠올린다면 내 하루의 방향은 어떻게 변할까?
또 다음 1분을 나의 무한한 가능성과 우선 과제들을 상기시켜 주는 다짐과 확신의 말을 꺼내 들고 처음부터 끝까지 큰 소리로 한 번 읽고 하루를 시작하면 내 생활이 어떻게 달라질까?
또 1분을 눈을 감거나 내가 좋아하는 이미지, 되고 싶고 갖고 싶은 꿈의 이미지를 붙여 만든 비전 보드를 보며 그것이 이루어진 것을 마음껏 상상하며 하루를 시작하는 것은 어떤 하루의 결과를 만들어낼까?

또 다른 1분은 감사의 대상과 나에 대해 칭찬하는 글을 적어보는데 투자하는 것은 내 인생을 어떻게 바꾸어 놓을까?

그리고 다시 1분을 집에 있는 자기계발서를 뽑아서 1쪽이나 2쪽을 읽으면서 영감이 떠오르는 새로운 아이디어를 생활에 적용하면 어떤 기적이 일어날까?

마지막 1분은 일어나서 몸을 움직이는데 간단한 제자리 뛰기나 팔 벌려 뛰기, 팔굽혀펴기나 체조 등으로 자는 동안 낮아졌던 심장박동을 올리고 에너지를 활성화해 정신을 깨우고 집중력을 높이는 활동을 하면 어떨까?

흔히 일찍 일어나면 세 가지를 얻을 수 있다고들 한다. 첫째, 건강해지고, 둘째 부유해지고, 셋째 현명해진다. 벤자민 플랭클린은 "아침에 일찍 일어나는 사람은 건강, 부(富), 지혜를 얻을 수 있다"라고 말했다.

'일찍 일어나기'가 좋다는 건 누구나 인정한다. 하지만 '일어나서 무엇을 할 것인가?'라는 목표가 없으면 일어나기가 쉽지 않다. 그래서 무기력한 아침을 바꾸고자 하는 간절한 목표를 가졌다.

처음에는 6분씩만 일찍 일어나자고 결심했다. 그리고 위의

6가지 아침 행복 습관을 6분 동안 하기로 했다. 하루 24시간은 분으로 치면 1,440분이다. 그중에 나에게 투자하는 시간을 6분조차 뺄 수 없는 사람은 없을 것이다. 아무리 아침잠이 좋아도 하루를 활기차게 시작하는 방법이 있다. '6분만 기상 시간을 당기자'라고 생각하면 아침에 일찍 일어나는 일이 그렇게 어려운 것만은 아니다. 처음부터 목표를 너무 크게 잡으면 작심 삼일로 끝날 수 있으니 하루에 6분, 나만의 시간을 온전히 아침에 가지는 것으로 강력하고 절실한 목표를 가지길 바란다.

나는 아침에 일찍 일어나는 것으로 벤자민 플랭클린이 말한 3가지를 다 이루어가고 있다.

첫째, 살이 빠지면서 건강해졌다. 40세가 넘으면서 생겼던 몸의 저린 증상, 너무 많이 자서 생긴 허리 아픈 증상이 사라졌다.

그리고 둘째, 부유해지는 것이 마음뿐만 아니라 실제 생활에서도 풍족하게 되었다.

셋째, 매일 아침 명상으로 얻은 지혜로운 판단력으로 하루를 현명하게 보내고 있다. 시간을 허투루 쓰는 것이 아닌 목표를 가지고 명확하게 미래의 꿈을 응원하면서 살고 있다. 완전히 예전과는 다른, 새롭고 신선하게 상쾌한 아침을 매일 맞이한다.

처음에는 6분으로 시작하였으나 아침 일찍 일어나길 매일 지속하면서 이 좋은 습관을 6분만 지속하기에는 시간이 부족한 감이 들었다. 그래서 아침에 일찍 일어나는 시간이 처음에는 평소보다 6분 더 빨랐다면 10일 후에는 20분 정도를 더 늘리고 그렇게 해 보니 독서를 하면서도 읽을거리도 많고 감사할 점도 많아지고 운동도 유튜브의 요가를 따라 하면서 시간이 더 늘려지게 되었다. 그래서 지금은 저녁 9시에 잠을 자서 새벽 3시에 일어난다. 새벽 시간의 고요함은 이제 무엇이라도 바꿀 수 없는 내 꿈이 되었다.

아침잠을 인생에서 가장 큰 지출이라고 생각하고, 반드시 삶을 변화시키고 바꿔야겠다는 나의 의지와 절실함이 정말 강했다. 혼자서 하는 것은 의지가 약해질 수 있으니 일찍 일어나는 모임을 온라인으로 여러 사람이 같이하면 지속할 수 있겠다는 생각했다. 그래서 네이버에 카페도 만들어서 운영하고 있다.

'한국 미라클모닝' 카페에 가입한 분들께서 "아침에 일어나기 힘들었어요. 혼자 하기는 너무 버겁고 작심삼일을 넘기지 못했는데 한국 미라클 모닝 카페에 글을 올리니 매일 아침을 차분하고 행복하게 보낼 수 있어서 감사해요." "혼자는 지속하기 힘들지만 이렇게 여러 사람이 같이 실천하니 100일을 넘기게 되어 매우 감사합니다."라고 말씀하시며 선물을 보내오시는 분들도 있다.

이런 글들을 읽으면 마음이 참으로 풍족해진다. 소원을 금방 이루는 분, 감사할 일이 많아졌다는 분, 행복하게 아침을 시작하니 하루가 즐겁다고 얘기하는 분들이 매일 삶의 이야기를 공유해 주어서 아주 감사할 따름이다.

다음은 카페에 S 회원님이 쓴 글이다.

> **2016년 6월 28일**
>
> 미라클 모닝을 시작한 지 오랜 시간이 되진 않았지만 정말 제 삶에 변화가 일어나고 있는 게 느껴집니다. 전 직장에서 야근에, 새벽부터 메일 체크하고 전화하고, 주말에도 컴퓨터 붙들고 있고…. 뭐하면서 사는 것인가 하는 생각도 들고 아무 생각도 안 들기도 하고, 지쳐가면서 나는 이렇게 약한 인간이었나 자괴감도 들고, 어떻게 살아야 잘 살아야 하는 것인지에 답도 모르겠고, 기다리던 주말엔 또 컴퓨터 앞에 앉아있고….
>
> 이게 다 삶에 대한 정확한 목표가 없고, 내 삶을 내가 통제하지 못하다 보니 그랬던 것 같아요. 매일 미라클모닝을 하면서 확언하기, 백 번 쓰기를 하다 보니 막연히 가지고 있던 꿈들이 점점 구체화하여가고, 그러면서 해야 할 것이 생기니 힘이 나고, 하고 싶은 것을 이루기 위해 바빠지니까 쓸데없는 생각들과 고민이 사라지고 있습니다.
>
> 수년 전 한동안 자기계발서를 열심히 읽다가 어느 순간 책들마다 모두 같은 얘기를 하는 것이, 그 점이 오히려 와닿지 않아

> 서 읽기를 그만뒀었는데, 지금 보니 제가 그것을 행동에 옮길 생각은 하지 못하고, 읽으려고만 했으니 당연히 아무 변화도 느끼지도 못하고 와 닿지도 않았던 것 같아요. 지금 읽는 자기계발서들은 그때와는 분명 다르게 읽히는 것 같습니다. 잘 정리된 좋은 생각들 공유해 주셔서 언제나 감사해요:) 주무시겠네요. 좋은 밤 되시고 내일도 즐거운 하루 보내세요!

 인생은 단 한 번뿐이고 언제까지나 무한히 쓸 수 없다는 것을 안다면 꿈을 이루기 위한 시간을 확보하는 것은 그리 어렵지 않다. 지금까지 아침에 일어나는 것이 너무 힘들었다면 크게 일찍 일어나지 않아도 된다.

 아침에 6분만 일찍 일어나서 1분은 명상에, 1분은 운동에, 1분은 감사할 점을 몇 개 떠 올리며 가슴 속으로 깊이 느끼고, 1분은 나에게 힘을 주는 긍정적인 자기 암시의 말을 외치며 읽고, 1분은 미래에 내가 되고 싶은 모습을 그리는 시간을 가진 후 시작한다면, 마법처럼 아침이 행복해질 것이다.

02
즐거운 아내는
가족을 춤추게 한다

"오예~~오예~~"

"하나, 둘! 하나, 둘!"

이 소리는 매일 아침 신나게 몸을 흔들면서 내는 나만의 활기찬 구호다. 유튜브를 검색하다 세계 여러 나라의 댄스를 보면서 나도 배우고 싶다는 마음이 생겼다. 그래서 그날부터 매일 아침 레게 댄스, 아프리카 댄스 등 다양한 댄스 운동하고 있다. 아침 일찍 일어나면 나는 명상으로 정신을 먼저 깨운 뒤 몸을 깨운다. 에너지를 채우는 다양한 방법 중에 운동을 시작하면서 더욱 활기찬 하루를 시작하게 되었다.

무료한 하루를 보내던 엄마의 모습에서 탈바꿈해, 생기 가득한 모습을 갖추고 나니 가족에게도 행복 바이러스가 전달되고 있다. 남편과 아이들에게도 매일 새로운 아내, 엄마의 모습으로 아침을 열어주니 집의 분위기가 달라지고 있다.

"당신 오늘 피곤하지 않아?"
"괜찮아. 갔다 올게." 한 번 안아준다. 엉덩이도 토닥토닥 두드려 준다.
"잘 다녀 와."
현관에서 손을 흔드는 내내 남편의 모습이 찡하다. 가족을 위해 일터로 나가는 남편의 뒷모습이 어떨 때는 참으로 무거워 보인다. 하지만 애써 웃으면서 밝게 보내려고 한다.

중1 큰 아이가 학교에 갈 때는 꼭 안아주면서,
"오늘 학교 가서 재미있게 놀다 와. 오늘 하루도 파이팅이야. 파이팅." 이렇게 말해 준다.
큰 아이는 씩씩하게 엄마를 안아주면서 여느 사춘기 남자아이처럼 수줍어한다. 하지만 엄마의 포옹을 참 좋아한다. 매일 아이를 대하는 게 새롭다. 안을 때의 느낌도 항상 다르다. 어렸을 적 너무나도 작아서 걱정했던 그 아이가 지금은 엄마보다 키가 더 커져 세월의 속도를 느낄 수 있게 해 준다.

이렇듯 매일 아침 남편에게 화사한 미소로 친절하게 출근길을 배웅해주고, 아이들에게도 엄마가 신나게 춤추며 노래로 아침을 준비해주니 웃음꽃이 가득하다. 예전에는 아침이 무거워서 약간 찡그리고 힘든 얼굴이었다면 이제는 그때와 전혀 다른 새로운 분위기로 아침을 맞이하고 있다.

설레는 아침을 맞이하게 된 것은 인생의 큰 전환점이 되었다. 불과 얼마 전까지도 의무적으로 학교에 다니듯, 눈이 떠지니 살 수밖에 없는 그런 마음으로 살아왔다. 목적 없이 방향을 잃고 살다 보니 오히려 걱정하는 마음은 더욱 커져서 불안감이 더욱 심해졌다.

마치 도살장에 소가 끌려가는 심정으로 살다 보니 점점 더 무기력해졌다. 그러면서 어느새 나에게 아침은 남편의 출근 준비와 아이들 등교를 위해 일어나야 하는 의무가 된 것이다.

마음의 힘듦이 몸으로 전이가 된 것일까? 마흔이 넘어가면서 갱년기 증상으로 인해 몸도 무거워지면서 허리통증과 손발이 저리기 시작했다. 주도적인 삶을 살지 못하니 몸도 마음도 내 마음대로 통제할 수 없게 되었다.

이렇게 계속하다가는 더 병을 키울 것 같아 한의원을 찾았다. 예전과 달라진 내 몸에 대한 변화 진찰받고 규칙적인 생활 습관의 중요성을 다시금 깨달았다.

"여성들이 마흔이 넘어가면 갱년기 증세가 시작됩니다. 열 명 중 일곱에서 여덟 명은 예전의 몸과 달라집니다. 그래서 규칙적인 생활과 운동은 꼭 필요합니다."

내 몸을 진찰하고 한의사가 나에게 내려 준 처방전이었다. 예전부터도 알고 있던 이야기였지만 그 이야기의 주인공이 내가 된 것이다. 먹는 것에 비해 소비되는 열량이 적고, 운동도 안 하다 보니 한약을 한 달 동안 먹으며 기력을 보강하고 몸을 건강하게 만들기로 결심했다.

건강한 몸은 건강한 마음에서 나온다고 하는 말도 있지 않은가? 건강한 몸을 만들기에 앞서 나는 지금의 생활 습관을 바꿔야 했다. 좋은 습관을 갖추기 위해 서점에 들러 책을 둘러보던 중 기적의 아침 《미라클 모닝》을 읽게 되었다. 책 제목부터 내 눈을 사로잡은 이 책은 식어있던 내 마음의 열정 온도를 높여주었다.

목적 없이 하루하루를 살아온 나에게 일찍 일어나는 아침은 새로운 삶을 살 수 있도록 도왔다. 불규칙하고 무거운 마음으로 맞이한 아침을 기적의 아침으로 바꾸고 싶었던 내 간절함이 행동으로 하나씩 옮겨진 것이다.

아침에 눈을 뜨면 독서, 명상, 시각화, 운동, 일기 쓰기, 확신의 말하기를 1분씩 했다. 6분 동안 6가지를 하고 나니 벌써 아침에 많은 일을 한 것처럼 기분이 좋았다. 매일 아침 이 시간을 통해 나만의 생각과 계획도 세우며 달콤한 꿀맛을 맛보는 시간이 되었다.

'나를 위한 온전한 시간'

이 시간을 차츰차츰 늘려가면서 잊고 있었던 내 꿈이 생각났다. 가슴 속 깊이 꿈틀거리는 뭉클한 감정. 그 꿈에 집중하면서 내 삶도 조금씩 새롭게 변화되고 있었다. 간절히 이루고 싶은 꿈을 시각화하면서 내 미래를 그려보고, 일기 쓰기로 모든 일에 감사하는 감사의 여왕이 되고 있었다. 가족 모두 잠든 시간, 홀로 깨어 조용히 명상하니 평소 느꼈던 불안감도 사라졌다. 마음의 짐이 가벼워지면서 즐겁게 운동할 수 있는 몸과 마음의 준비를 하게 되었다.

아침 운동은 나에게 가장 중요한 일과가 되어 우리 가족에게도 즐거운 아침을 맞이할 수 있게 한 활력소이다. 땀으로 흠뻑 젖을 만큼 운동을 한 뒤 개운하게 샤워하고 나면 내 몸은 최고의 컨디션이 된다. 이렇게 몸과 마음이 역동적인 에너지도 가득 찰 즈음 가족들이 하나둘 일어난다.

남편도 처음엔 내가 무기력하지 않고 씩씩하게 웃어주니 어색해했다. 하지만 아내가 매일 아침 일찍 일어나면서 집안의 분위기도 좋아지니 남편의 일상도 바뀌었다. TV 채널만 돌리던 남편이 주말 아침 일찍 운동을 하러 스포츠 센터에 가고, 우리말 퀴즈도 신청해서 합격했고, 도서관에 가서 책을 빌려 공부를 하기 시작했다. 기적에 가까웠다. 매일 잔소리를 했어도 절대로 듣는 법이 없었는 데 아내에 습관의 변화로 남편이 말하지 않아도 스스로 좋은 습관을 기르게 된 것이다.

남편이 변화되니 이제는 아이들 차례다. 매일 춤추는 엄마의 모습을 아이들도 따라 한다. 엉덩이를 실룩샐룩, 어깨를 들썩들썩! 춤추며 노래하는 엄마의 리듬에 아이들의 아침도 신난다.

지금은 대학생이 된 큰아들이 중학생이었을 때, 사춘기를 겪고 있는 아이의 엄마로 나도 어떻게 하면 잘 키울 수 있을지 고민이 많았다. 이때 엄마가 항상 행복해하는 모습을 보고 아이들에게 많이 안아주고 웃어주고 욕구를 들어주고 항상 친절하게 대해주려고 노력하니 아이들도 아주 평화로워졌다. 아이들은 집에서 나에게 '대장님'이라고 부르고, 나는 아이들에게 '소대장님'이라고 한다. 딱딱한 군대문화가 아닌 통통 튀는 즐거운 분위기인 아침에는 큰 소리로 인사하며 배웅한다.

"소대장님, 안녕히 다녀오십시오."

"네! 대장님. 소대장 학교 잘 다녀오겠습니다."
현관에서 장차 큰 믿음이 될 아이에게 큰절한다.

이렇게 큰아들을 등교시키면 둘째 아들이 눈을 뜬다. 초등학교 3학년인 막내의 볼을 비비며 아침 세례로 사랑을 전해준다.
"우리 사랑하는 재혁이 일어났네. 잘 잤어?"
"응. 잘 잤어, 엄마."
"항상 밝은 미소로 엄마에게 사랑을 주는 재혁이. 재혁아, 우리 사랑하는 재혁아. 재혁아, 우리 사랑하는 재혁아!" 노래를 만들어 매일 아침 불러준다. 지금은 행복한 중학생이 되었다.

무표정으로 맞이한 예전에는 상상할 수 없었던 새로운 광경이 우리 집에서 나타나고 있다. 아침 식사도 아이들이 좋아하는 음식을 먹으며 즐거운 활동을 하니 아이들에게 변화된 아침은 천국이 따로 없다.

불교의 창시자인 고타마 붓다는 어두운 미래를 이치에 맞지 않거나 망령된 생각으로 보려고 하지 않았다. 그렇다고 이치에 맞지 않는 밝은 미래만 상상하지도 않는다. 오히려 지금 할 수 있는 일을 아주 소중히 여기며, 바람직한 삶을 살 수 있도록 희망 있게 매일 소망한다. 미래에 나의 인생이 잘 될 것이라 믿는 마음의 상태가 희망이다. 미래에 대한 불안과 무기력함으로 힘든 시간을 보냈지만, 고타마 붓다의 가르침처럼 아침 일찍 일어나는 습관을 통해 이제 내 장래는 밝게 펼쳐지고 있다.

'아침 일찍 일어나기'

이것을 실천할 때 나에게는 굳은 신념이 있었다. 첫째, 나의 미래에 대해서 막연하게 밝게만 상상하지는 말자. 행동하며 실천하자.

둘째, 바람직한 삶을 살 수 있도록 매일 아침 희망 품으며 내가 할 수 있는 주어진 일에 최선을 다하자.

이 신념을 통해 내 삶은 180도 바뀌었다. 그래서 자신 있게 이야기할 수 있다. 나와 같이 아침 일찍 일어나 생활 습관을 1도씩만 바꾸어도 가족의 행복은 99도로 높일 수 있음을…. 생활 습관 1도가 새로운 행복의 물이 펄펄 끓게 했다.

행동을 바꾸면 자동으로 우리의 감정도 변화시킬 수 있다. 행복해서 웃는 것이 아니라 웃어서 행복해진다고 하지 않는가? 아내, 엄마의 행동이 바뀌면 가족들의 감정도 변한다. 가정의 행복 바이러스를 퍼트릴 준비가 된 분들이여! 평소보다 아침에 6분만 일찍 일어나 자신만의 시간을 가져보자. 즐겁게 아침을 준비한 분들은 가족들을 춤추게 할 것이다.

03
자연이 주는
초록 힐링 에너지

《아나스타시아》라는 책에서 이런 구절을 읽었다. "모든 사람은 임금으로 태어난다. 대천문(大泉門)은 엄청난 양의 우주 정보를 받아들인다. 아이는 9년간 세상의 이치와 사람의 존재 의미를 모두 깨달을 수 있다. 부모는 아이를 완벽한 창조물(자연)로부터 떼어놓지 않아야 한다. 태어나자마자 시멘트벽 안에서 장난감을 만지고 성장하면 아이들은 인생의 의미를 깨닫지 못한다. 인생의 의미는 진리, 기쁨, 사랑이다. 아이들에게 장난감보다는 텃밭의 일을 같이 해야 한다. 아이들은 별을 보고 자라야 한다."

이 글을 읽고 갑자기 큰 깨달음이 와서 가족을 데리고 서울에서 양평 전원주택으로 이사 갔다. 남편을 설득해 아이들을 자연에서 별을 보고 자라게 해 주자는 취지로 전세기간이 1년이 더 남은 아파트를 어떻게 해서든 다른 분이 들어오도록 하고 자연으로 갔다. 친구들이 양평으로 이사를 한 터라 나도 그런 결정을 내릴 수 있었다.

나는 자연을 아주 좋아한다. 누구보다도 자연을 열렬히 사랑한다. 그래서 자연이 있는 곳에서 살고자 아이들을 데리고 큰애가 6살, 작은애가 2살 때 양평에 있는 그림 같은 전원주택에서 아주 행복하게 8개월을 살았다. 그곳에서 우리 가족은 아주 행복했다. 아침에 일찍 일어나는 습관이 나를 부지런하게 만들었고 그 부지런함이 행동력을 불러오는 중요한 계기가 되었다.

큰 전원주택에서 아이들과 자연에서 곤충과 놀고 자연을 장난감과 놀잇거리로 삼아 매일 신나게 아이들을 위해 놀아주었다. 텃밭에다 옥수수, 배추, 채소들을 심고 그것들이 커 가는 과정을 지켜보면서 아이들과 수확하는 날의 기쁨도 누렸다. 곤충을 관찰하면서 큰 아이는 곤충학자의 꿈을 키웠고, 자연에서 아이들이 키우고 싶은 애완동물을 원 없이 키웠다. 햄스터, 앵무새, 장수풍뎅이, 사슴벌레, 거북이, 물고기 등 아이들이 자연에서 하고 싶은 것을 다양하게 경험하게 해 주었다. 아이들은 아직도 그런 자연에서의 삶이 지금까지의 행복 중에서 가장 좋은 추억이라고 회상한다.

아이들은 많이 컸을 때도 애완동물을 길렀다. 자연의 생명들을 키우고 돌보아 주며 애벌레가 장수풍뎅이가 되는 모습을 보면서 기뻐하고 관찰하는 모습에서 아이들의 순수한 생명에 대한 사랑의 감정을 느낄 수 있다. 어린 시절에 아이들을 양평이라는 아주 좋은 자연에서 잠시 키웠던 경험이 아주 중요하단 생각이 든다.

아이들 교육 때문에 다시 서울에 오긴 했지만, 자연이 그리워 다시 캠핑하면서 자연의 고마움과 초록의 힐링 에너지를 느낀 덕분에 우리 가족은 주말마다 행복이 충전되었다. 캠핑하다 보니 '땅을 사서 내 땅에 텐트를 치고 싶다'라는 꿈이 생겼다. 캠프장 근처에서 땅을 알아보다가 가평에 조그마한 땅을 마련해 그곳에서 주말마다 텃밭을 가꾸었다. 우리 가족은 텃밭에다 고구마, 옥수수, 고추, 호박, 배추, 무, 토마토, 완두콩, 상추, 해바라기, 감자, 오이, 가지 등을 심어 먹거리를 자급자족했다. 그 먹을거리가 풍성해서 먹고 또 먹어도 계속 나왔다. 잣나무에서 나오는 피톤치드 덕분에 우리 가족은 건강하게 초록이 주는 힐링 에너지의 혜택을 많이 받았다. 모든 것이 독서에서 비롯된 실천의 행동이며 그것들이 가족의 행복에 큰 영향을 미친 것은 틀림없다.

피톤치드는 인체의 면역력 향상에 도움이 되는 것으로 알려져 있다. 피톤치드 효과란 면역력을 떨어지게 만드는 스트레스 호르몬을 감소시키면서 자연히 인체의 면역 세포가 활성화되어 우리 몸의 자연 치유력이 강해지는 것이며 여기에 포름알데히드 등의 각종 독성 화학물질을 분해하고 제거하는 데도 탁월한 효과를 보인다. 30분 이상 피톤치드에 노출되었을 때 포름알데히드의 90% 이상이 제거된다는 연구 결과도 있다.

그리고 빼놓을 수 없는 피톤치드 효과로써 피부를 강하게 만들고 피부 질환에도 좋은 역할을 한다는 점이 있다. 피톤치드는 아토피 피부염의 대표 증상인 가려움증을 완화하고 땀샘 밑의 여드름 원인균을 살균하여 여드름 질환에 효능을 보인다. 피톤치드가 많은 나무는 잣나무, 소나무, 전나무, 편백, 구상나무 등이 있다.

책에서 아나스타시아가 아이들은 텃밭에서 직접 흙을 만지고 식물을 키워봐야 한다고 말했다. 나는 우리 아이들이 자연에서 흙을 갈고 돌멩이를 걷어내어 흙을 고르게 하여 씨앗을 뿌리고 식물들이 매주 성장하는 모습을 지켜보게 했다. 그 결과 아이들의 정서가 자연에서 놀아서 그런지 많이 안정되었고, 수줍음이 많았던 첫애는 사회성이 좋은 아이로 커 가고 감수성이 좋은 둘째는 자연이 주는 초록 힐링 에너지로 클래식 기타를 연주하는 꿈을 키웠다. 자연에서의 꿈을 향해 달려가고 있다.

　자연이 좋은 것은 누구나 느낄 수 있다. 왜냐하면 자연은 우리의 어머니의 자궁처럼 따뜻하고 편안하고 포근한 느낌을 주기 때문이다. 누구나 자연에 있으면 초록이 주는 힐링 에너지가 스트레스를 없애주고 편안한 느낌과 행복감을 안겨준다.

　삶에는 무한한 가능성과 기회의 문이 열려있다. 그 가능성과 기회를 잡으려면 아침에 일찍 일어나야 한다. 모든 생명이 움트는 시간은 아침이다. 이 중요한 아침을 잠으로 헛되이 보내게 되면 인생에서 많은 시간을 그냥 버리고 마는 것이다. 일찍 일어나기 위해서는 잠드는 시간도 중요하다. 해가 지면 잠을 자는 선조들의 지혜에서 배워야 한다. 불필요한 잠으로 버려지는 시간을 모아 1년이면 어마어마한 재산이 된다.

　가족과 행복하게 자연에서 시간을 보낼 수 있는 것으로 오토매틱캠핑을 추천하고 싶다. 누구나 어린 시절 소꿉놀이해본 경험이 있을 것이다. 누가 시킨 것도 아닌데 아빠, 엄마 역할 놀이를 하고 인형을 가지고 놀면서 친구들과 "너는 남편 해. 나는 아내 할게."라고 말하며 친구들과 재미있게 소꿉장난했던 놀이 말이다. 오토매틱캠핑은 자연을 외면하고 살아가는 도시의 현대인들에게 어린 시절 소꿉놀이를 즐기던 순수한 감정을 회복시켜 초록이 주는 에너지로 힐링이 되게 만들어 준다.

아침에 일찍 일어나게 되면 가족의 행복을 위해 가정의 중심이 엄마가 아내가 가족을 위해 무엇을 하면 행복할까를 생각하게 된다. 그 생각한 것을 상상으로만 끝나게 하는 것이 아니라 적극적으로 실천하고자 하는 의지도 생각하게 된다. 가족을 위해 자연을 자주 접하게 했으면 하는 바람이 있다. 이 좋은 자연에서의 새로운 가족 경험이 진정한 행복을 선사할 것이다.

봄이 되면 아파트 베란다에다 상추, 당귀, 치커리, 방울토마토, 새싹 채소의 씨앗을 뿌리거나 모종을 심어 가족이 먹는 먹거리를 직접 키워서 먹었다. 베란다에서 커가는 식물들이 꽃을 피울 때면 '지금이 봄이구나, 이제 여름이구나'하며 계절을 느낄 수 있어 참 행복하다.

식물에 물을 주고 있노라면 마음의 먼지가 씻겨 나가는 걸 느낄 수가 있다. 그런 활동들은 아침에 일찍 일어나기 때문에 가능한 것이다. 하루를 알차게 보내게 해주는 아침 시간은 평소하고 싶었던 취미들을 도전하게 해준다.

자연이 주는 초록 에너지 덕분에 '백팩킹'이라는 새로운 취미에 도전하여 산에 올라 텐트 하나만 달랑 들고 땅에서 자연에서 잠을 자기도 한다. 백패킹은 야영 장비를 등짐에 메고 다니며 산과 들, 계곡, 바닷가 등 자연을 배경으로 트레킹을 즐기다 야외에서 잠자리를 마련하는, 트레킹과 캠핑의 재미가 복합된 아웃도어 활동이다. 작은 텐트와 배낭 하나만 있다면 발길 닿는 곳 어디든지 자연에서 힐링을 할 수 있다. 가볍게 동호회 활동을 하며 사람들과 같이 다니거나 가족과 함께 산에서 휴양림에서 텐트 치고 캠핑하는 것을 즐긴다. 안전하고 즐거운 취미생활을 가지는 것은 스트레스 해소에도 참 좋다.

《잘 산다는 것에 대하여》의 저자 박상설은 이런 말을 한다. "우리는 자녀에게 유산을 남길 것이 아니라 자연에 사는 심성을 심어주어야 한다. 캠핑에서 아무것도 하지 않을 자유와 누구에게도 간섭받지 않는 해방감, 즉 자기 자신마저 잊은 공백을 느낄 수 있다."

텐트는 자연의 대 기운을 그대로 마실 수 있는 공간이다. 하늘의 별들을 바라보며 풀벌레 소리, 물소리, 바람 소리와 함께 밤을 지새운다. 흙과 숲과 열린 하늘에 놓여 있는 이 자연 속의 휴시을 계획할 수 있는 여유는 평소 일어나는 시간보다 6분만 당기면 가능하다.

04
10초 청소,
새집 같은 우리 집

    사람들은 뭔가 새로운 결심 하거나 분위기를 바꾸거나 무언가 새로운 일을 시작하기 전에 반드시 하는 것이 있다. 바로 청소다. 마음을 새롭게 하려고 뭔가 내 마음에 쌓인 먼지를 제거하는 것처럼, 물리적인 환경을 청소하는 것으로 새로운 무언가를 시작하게 된다. 그렇게 청소하다 보면 마음의 정리가 잘 되기도 한다.

    지금 생활이 만족스럽지 못하고 불평이 가득 차 있을 때, 뭔가 변화가 필요하다고 느낄 때 가장 먼저 해야 할 일은 주변을 청소하는 일이다. 어질러져 있던 쓰레기와 잡동사니를 버리고, 청소기를 돌리고 빗자루로 먼지를 쓸고 물걸레로 먼지를 닦아내고 어수선한 물건을 제자리에 원래 있어야 할 곳에 가져다 놓으면 기분이 상쾌해진다.

물리적인 환경을 청소하면 마음속 불필요한 생각들이 많이 사라진다. 불행한 생각이 들 때 그냥 내달리기보다 일단 멈추어 서서 주변을 청소하여 내 마음속을 한 번 '청소'하는 일은 무엇보다 중요하다. 고민과 스트레스, 나쁜 감정의 찌꺼기와 괴로운 기억들, 매일 매일 집 안에 먼지가 쌓이듯 마음도 그렇게 먼지가 쌓여 가면 일상이 다 불만과 불평이다.

쓰레기는 시한폭탄과 같다. 지금 바로 처리하면 폭발하지 않게 만들 수 있지만 그대로 내버려 두면 언젠가 반드시 인생에 커다란 문제를 일으킬 수 있다. 그것이 일에 관련한 문제가 될 수도 있고 가족 혹은 건강, 돈, 인간관계, 직업상의 문제일 수도 있다. 쓰레기를 그대로 놓아두는 것은 시한폭탄의 타이머를 작동시키는 것과 같다. 언제 터져도 터진다.

그걸 방지하기 위해서 하루 10초만 청소한다고 마음먹고 하루에 하나씩만 버리면 청소가 그리 부담되지 않을 것이다. 처음부터 너무 크게 잡동사니 정리를 시작하면 할 게 너무 많아 좌절할 수 있으니 딱 하루 10초만 하자고 생각한다. 아침에 일어나자마자 주변에 널려져 있던 쓰레기중에 하나만 버리는 것을 매일 습관을 들이자. 기분이 상쾌해진다. 그렇게 쉬운 목표를 가지고 청소습관을 실천하게 되면 반드시 주변이 깨끗해져 좋은 일들이 생기게 된다. 일상생활에서 자신감이 생기고 뭐든지 해보고 싶게 된다. 청소란 좋은 습관을 만드는 아주 쉬운 방법이다.

10초 청소를 매일 실천하게 되면 체중이 줄고 식비가 줄고 식욕을 조절할 수 있고, 스트레스가 줄어든다. 직장맘은 상관이 없지만, 주부들은 집에 있다 보니 냉장고에 먹을 게 있으면 보이는 대로 먹는 경우가 허다하다. 먹고 싶지도 않은데 그냥 있으므로 먹는 것이고, 뭔가 마음이 허전해서,

그리고 집안일 때문에 스트레스를 받아서, 아니면 육아 때문에 스트레스를 받기 때문에 먹는 것이다. 그렇게 마음속에 뭔가를 허전함을 달래기 위해서 먹는 것은 영양이 되어 좋은 영향을 미치는 것이 아니라 몸속에 쓰레기를 계속 쌓아 가는 것과 같다. 그래서 그것들이 다 불필요한 체지방이 되어 점점 비만으로 몸이 힘든 지경까지 가게 되는 것이다. 몸도 디톡스가 필요하고 우리 주변도 디톡스가 필요하다. 과식을 방지하기 위해서라도 하루 10초 청소를 매일 아침에 하다 보면 삶의 의욕이 생기고, 공허해서 먹는 대신 다른 무언가 나에게 행복감을 주는 활동을 하게 된다.

다음은 한국 미라클모닝 카페 회원님의 10초 청소 후 변화된 삶의 모습을 소개한다.

> "청소를 한 번에 몰아서 뒤집어엎고 모든 에너지를 쏟아서 하는 습성이 있었는데, 그러다 보니 한꺼번에 하려고 미루는 습관까지 생기고…. 지난번 10초 청소 얘기해 주신 것 보고 아침에 매일 잠깐이라도 청소기 밀기, 보이는 거 바로바로 닦고 치우기, 그리고 방의 각 구역 정리하는 날을 나누어서 하다 보니 정말 예전보다는 좀 더 부지런하게 실행에 옮기게 됩니다. 작은 것에서부터의 실천이 삶의 변화를 불러오네요."

《나는 단순하게 살기로 했다》에서 작가는 물건을 정리하기 전에 자신을 쓰레기라고 표현했다. 가지고 싶은 것을 다 가지고 있어도 남과 나를 비교하는 삶을 살면서 행복을 밀어냈다. 자신을 그렇게까지 표현할 정도로 삶이 고통스러웠는데 잡동사니를 정리하기 시작하자 불행이 사라지고 매일 행복을 느낀다고 한다.

요즘 미니멀리스트와 정리 정돈에 관한 책들이 인기가 많은 것을 보면 물질만능주의에 대한 거부감이 표출되는 듯하다. 많은 사람이 물건을 많이 사면 행복할 거로 생각한다. 그래서 남들이 가지고 있는 물건들은 반드시 사는 행위를 통해서 얻는 잠깐 동안의 만족이 영원한 행복일 것이라고 생각한다. 그런데 막상 사면 그 행복이 지속되지 않는다. 물질은 언젠간 인연이 끊어지는 성질이 있다. 물질에서 얻는 행복은 그 성질처럼 잠시만 행복해지고 곧바로 원래의 나로 돌아오게 한다.

잡동사니 청소의 대가라고 할 수 있는 캐런 킹스턴이 쓴 《아무것도 못 버리는 사람》이란 책을 읽고 잡동사니를 많이 버렸다. 버릴 때마다 마음이 가벼워져 삶에 새로운 좋은 경험들이 많이 들어왔다. 예를 들어 혼수품으로 사 온 앤틱 가구를 불편하게 계속 썼는데 재활용 센터에서 다 사 가게 했다. 그리고 선물로 받은 오디오도 한 번도 듣지 않아 장식품으로 전락했는데 그런 것들도 다 팔았다. 한 트럭 버리고 나니 삶이 아주 가벼워지면서 우리 가족이 새롭게 행복한 경험을 할 수 있게 만들어 준 전원주택에서 살게 되었다. 그때부터 불필요한 물건이 공간의 에너지를 빼앗지 않도록 제때 잡동사니가 쌓이지 않게 했다.

캐런 킹스턴은 잡동사니에 대한 정의를 다음과 같이 내린다. 쓰지 않거나 좋아하지 않는 물건들, 조잡하거나 정리되지 않은 물건들, 좁은 장소에서 넘쳐흐르는 물건들, 끝내지 못한 것들이다. 잡동사니가 인생에 미치는 영향은 어마어마하다. 잡동사니가 쌓이기 시작할 때 우리 삶에 문제가 생겼다는 신호일 가능성이 크다.

잡동사니는 늘어나면 늘어날수록 정체된 에너지를 불러오기 때문에 그 자체가 문제가 되고 만다.

잡동사니를 버리지 않아서 생기는 문제는 다음과 같다.

피로와 무기력을 불러온다. 과거에서 벗어날 수 없다. 몸이 무거워진다. 살이 찐다. 마음이 혼란하다. 상대방이 나를 좋지 않게 대한다. 미루는 습관을 지니게 한다. 주변 사람들과 잘 못 지낸다. 수치심과 죄책감을 느끼게 한다. 인생이 정지된 느낌이다. 우울증이 생긴다. 짐이 많아진다. 물건 때문에 발 디딜 틈이 없다. 감정을 둔하게 하고 인생의 새로운 것이 없고 그날이 그날이다. 서두르게 만든다. 건강이 나빠진다. 불운이 쌓인다. 돈을 모을 수가 없다.

지금 주변에 이런 잡동사니를 청소하거나 치우지 못해서 위와 같은 문제가 있고 삶이 정체된 느낌이 든다면 하루 10초 청소를 해보라고 권하고 싶다. 에너지가 많아서 바로 실행 할 수 있는 사람이라면 쓰지 않은 물건들을 당장 버릴 수 있겠지만 그렇지 않은 분들은 매일 꾸준히 필요 없는 물건들을 하나씩 버리는 10초 청소를 통해서 잡동사니를 정리할 수 있다. 쓸모없는 물건을 버리고 기부하거나 중고 나라와 같은 곳에 파는 것은 자원을 재활용시킬 뿐만 아니라 불필요한 물건을 다시 사지 않아 경제적으로도 절약할 수 있다.

잡동사니와 청소하지 않은 지저분함은 해가 되는 것이 많다. 지인 중 한 분이 대학도 좋은 곳을 나왔고 남편도 의사인데 자신의 잠재된 능력을 펼치지 못하고 매일 우울해했다. 새로운 도전을 하지 못하고 그날이 그날인 것처럼 사는 분이었다. 그래서 상담을 통해 잡동사니를 정리하고 10초 청소를 매일 하라고 가르쳐 드렸다. 그랬더니 당장 수많은 잡동사니를 쓰레기 봉지 수십 장을 쓸 정도로 버렸다. 집에 있는 불필요한 짐을 다 버리고 나서 마음이 너무 가벼워졌다고 하면서 새로운 멋진 일을 시작하게 되었다.

예전에 온라인 게시판에 '화장실 명언 1위'라는 글을 읽었는데, 화장실 문에다가 누가 이런 낙서를 했다. 니체의 명언 '신은 죽었다'라고 쓴 것이다. 그러자 위의 글을 비웃듯이 누가 아래에 '니체, 너 죽었다'라고 낙서를 한 것이다. 여기에 '청소 아줌마'라고 밝힌 사람이 '너희 둘 다 죽었다'라고 적어서 니체와 '신'을 순식간에 화장실 벽면 낙서꾼으로 만들어 사람들에게 미소를 선사했다.

불필요한 물건을 치우는 것은 누구에게나 성가신 일이 된다. 사지 않고 들여놓지 않는 것이 좋겠지만 그렇지 못하면 제때 치우는 것이 중요하다.

매일 10초 청소로 내 마음속에 쓰레기와 먼지를 청소한다. 아침의 시작을 청소로, 행복하고 상쾌하게 연다면 하루가 밝을 것이다. 꽃밭에서 나오면 몸에서 꽃내음이 나고 쓰레기장에서 나오면 악취가 진동하는 것처럼 내 주위가 청소되지 않은 쓰레기장 같은 분위기를 풍긴다면 주변에 안 좋은 에너지장이 형성된다. 그 에너지가 자꾸 기분을 가라앉게 만들 수도 있다. 청소는 내 영혼이 맑아지는 활동이다. 그래서 '청소부는 영혼의 치유사'라고도 말한다. 청소를 하는 것은 내 영혼을 치유하는 활동이니 하루 6분 아침 일찍 일어나서 10초 청소를 꾸준히 하면 삶의 변화가 반드시 찾아오리라.

오프라 윈프리가 《내가 확실히 아는 것들》이란 책에서 이런 말을 했다. "체중과 호된 시련을 겪으며 내가 깨닫게 된 것은 감정적인 문제를 해결하지 않으면 진정한 다이어트는 없다는 것이었다. 인생에서 앞으로 나아가고자 하는데 잘 안 나가는 이유는 우리의 발목을 붙잡고 있는 두려움 때문이다. 하고 싶은 것을 못 하게 우리의 길을 가로막는 모든 기억과 물건들 때문이다."

그 기억과 물건들을 하나씩 하루에 10초 동안 버린다고 생각하자. 삶을 짓누르고 있는 무거운 짐에서 벗어날 수 있을 것이다. **집은 우리 인생의 모든 것을 반영해 준다.** 새들은 날기 위해서 날개를 털며 가다듬는다. 매일 새로운 내가 되고자 한다면 먼저 집에 있는 쓸데없는 물건부터 10초씩만 청소하며 버려보자. 며칠 후 새로운 집과 나를 발견하게 될 것이다.

05
여유로운 아침을 만드는
아내의 식탁

우리 큰아이가 지금은 키도 크고 건강하지만 어린 시절 아주 작았고 먹는 것이 까다로웠다. 어른들 말로 '입이 짧다'라고 해야 하나? 그럴 정도로 먹는 걸 아무거나 잘 먹지 않고 편식하는 습관이 있어 또래 아이들보다 크지 않아 걱정을 많이 했다. 할아버지께서 우리 성민이는 항상 '소나기 밥'을 먹는다고 말씀하셨다. 왜냐하면 이 아이의 식사 패턴은 한꺼번에 몰아서 많이 먹는 습관이 있었기 때문이다. 내 어린 시절에는 먹을 것이 별로 없어서 아무거나 잘 먹었는데 요즘 아이들은 먹거리가 넘쳐나서인지 자기들이 먹고 싶은 것만 달라한다.

엄마로서 이렇게 까다로운 아이를 위해서 무엇을 먹일 것인가는 항상 고민이 된다. 아이만 그러면 괜찮은데 남편까지 요구사항이 많으면 요리할 때마다 끼니때마다 신경이 쓰인다. 하지만 이런 가족의 습관이 엄마와 아내인 내가 아침 일찍 일어나는 것으로 많이 바뀌었다.

엄마가 일찍 일어나서 개인 시간을 가지고 마음이 행복한 상태에서 아이들과 남편에게 밥을 해 주니 맛있다고 잘 먹는다. 자주 식사하면서 "맛있다."라고 아이들은 엄마에게 칭찬해 준다. 큰애는 항상 식사를 끝내고 나면 "맛있게 잘 먹었습니다. 감사하게 잘 먹었습니다."라고 꼭 인사를 한다. 엄마가 딴 일을 하고 있으면 쫓아 와서 감사의 인사를 꼭 전한다.

우리 큰애가 그 감사의 인사를 하고 나서부터는 갑자기 성장이 빨랐다. 키도 크고 근육도 많아지고 얼굴도 환하게 웃는 상으로 바뀌었다. 학교에서 인사를 잘한다고 칭찬도 받고, 교내 마라톤 대회에 나가 1등을 할 정도로 달라졌다.

무엇이 아이에게 이렇게 달라지게 만들었을까? 내 생각에는 아이가 어렸을 때부터 쓴 감사일기와 엄마의 감사 실천 때문인 듯하다. 감사의 씨앗은 뿌려야 되돌아온다는 말이 있듯이, 예전부터 뿌려놓은 감사 일기장에 먹는 것에 관해 감사한 내용들이 싹이 트기 시작하는 듯하다.

"삶은 부메랑이다. 우리들의 생각과 말과 행동은 언제가 될지 모르나 반드시 되돌려 받는다. 그리고 희한하게도 정확하게 우리 자신을 늘 명중시킨다." 플로렌스 스코벨 쉰이 말했다.

감사는 파생되고, 전파되고, 영향을 끼친다. '촌철활인(寸鐵活人)'이란 말이 있는데 그 뜻은 '한치의 혀로 사람을 살린다. 어떤 말을 만 번 이상 되풀이하면 반드시 미래에 그 말이 이루어진다'라는 것이다. 반복적인 생각과 말은 결국 현실이 된다. 부정적인 생각과 말은 절망의 열매를, 선하고 긍정적인 생각과 말은 성취의 열매를 맺는다.

우리 가족의 여유로운 식탁 문화도 아침에 일찍 일어나서 긍정적인 생각과 에너지로 가족들을 대하고 감사를 실천하는 엄마의 습관 때문이다. 무엇을 먹는가가 중요한 것이 아니다. 내 앞에 있는 음식을 얼마나 감사하게 먹느냐에 따라서 그 음식이 내 몸에 필요한 영양분으로 바뀌어 건강하게 몸을 운용하게 해준다.

《물은 답을 알고 있다》의 저자 에모토 마사루가 한 물의 결정체에 관한 실험에서 감사와 사랑의 말을 들은 물은 아주 아름다운 결정체를 보이지만, 저주와 미워하는 말을 들은 결정체는 아주 괴물같이 흉측한 모습을 보인다. 우리 몸은 물이 70%로 이루어져 있다. 식사하면서 어떤 마음을 가지느냐에 따라서 그 음식이 우리 몸에서 영양이 되기도 하고 건강을 파괴하기도 한다. 삶을 가장 크게 변화시키는 것은 감사의 태도이다. 신이 오늘 하루 우리에게 선사한 86,400초의 시간 중 단 1초라도 밥을 먹으며 감사한 생각이 들었는가? 그렇지 않았다면 오늘부터라도 식사하며 감사한 마음을 가져보자.

둘째 아이를 낳아 육아 휴직을 했을 때 아주 답답한 마음이 생겼다. 때론 뭔가 새로운 나만의 재미있는 일을 할 수 있는 출구가 필요했다. 그래서 새로운 것에 대한 도전을 많이 했다. 요리도 도전했다. 블로그에다 완성 사진도 올려 봤다. 요리책을 보면서 정성을 들여 요리에 전력했다. 요리법을 인터넷에서 찾아 그대로 만들어 보고 요리책을 사고, 아이들이 좋아하는 요리를 만들기 위해 좋은 식자재와 유기농 식품을 사용하여 천연재료로 요리해 주었다. 그런 정성들이 우리 가족을 건강하게 만들었다. 마트도 이용하지만, 제철 식품을 신선하고 저렴하게 파는 재래시장도 많이 이용한다.

제철 식품으로 요리를 하게 되면 일단 식품의 제맛을 느낄 수 있고, 저렴한 가격에 최고의 맛을 낼 수 있다. 최상의 영양가는 보너스다. 제철 식품은 우리의 몸과 균형이 맞아서 음식을 먹고 난 뒤에는 소화가 잘되고 영양 섭취도 원활해 건강에 좋다. 우리 몸은 절기에 맞춰 산과 들, 바다에서 햇빛을 듬뿍 받고 적절하게 비를 맞으며 자란 식품들을 갈구한다. 그것이 바로 웰빙이다. 제철 에너지를 듬뿍 담은 질 좋은 재료로 만든 음식이 우리 몸을 편안하게 하고 즐겁게 만든다.

의식동원(醫食同源)이라 했다. 음식과 약의 근원은 같다는 것이니 바로 음식이 약이라는 뜻이다. 예로부터 조상들은 인간과 자연과의 조화를 삶의 바탕으로 삼았다. 식생활에서도 예외는 아니어서 기후변화에 따라 재료를 선택해 음식을 만들어 먹었다. 제철에 나는 과일도 역시 마찬가지로 건강을 위해 아이들에게 먹인 필수 음식이다. 맛도 좋고 언제든지 먹기가 편한 장점이 있어 자주 먹인다. 엄마가 제철 과일을 좋아하니, 아이들과 남편도 과일을 좋아한다.

식사는 아이들이 원할 때 하는 것을 원칙으로 한다. 배가 고프지도 않은데 꼭 밥을 먹어야 한다는 강제적인 규칙은 없다. 밥은 배가 고플 때 먹어야 한다. 저녁에 고열량 식사하면 아침에 밥맛이 없는 것은 당연하다. 그런데 아침밥은 꼭 먹어야 한다는 고정관념이 박혀 있으면 아침밥은 내 인생에 곤욕스러운 노동이 된다. 밥 먹는 것이 즐겁지 않고 억지로 먹으면 힘들고 몸이 좋아할 리가 없다. 아이가 먹고 싶을 때 먹는 것이 우리 가족의 식사 원칙이다. 그리고 반드시 주말에는 가족이 다 같이 식탁에 앉아 식사하면서 대화한다. 그때도 가족이 좋아하는 특별 요리해서 가족의 입과 몸이 즐겁게 해 준다.

아침에 일찍 일어나서 자신의 시간을 가지는 것이 여유로운 아침을 만드는 비결이다. 하고 싶은 일들을 정리하게 되고 바쁜 일상의 복잡함 속에 내 자아가 매몰되지 않는다. 대신 평화롭고 행복한 마음으로 가족을 대하게 된다. 감사하는 마음을 가지고 가족에게 식사를 챙겨주면서 행복한 기운을 전해준다. 이렇게 지내다 보니 계속해서 가족 구성원이 성장하는 선순환이 일어났다. 이런 행복이 가능했던 이유는 너무 크게 시작하는 것보다 작게 하루 6분 일찍 일어나서 내 삶의 방향을 잡았기 때문이다. 배의 선장인 엄마가 배가 다른 곳으로 가지 않고 정확히 목표한 곳으로 도달할 수 있게 노력하고 있다.

하루 6분 아침에 일찍 일어나는 습관을 실천해 성공하게 되면 그 성공은 또 다른 성공을 불러온다. 그 경험들이 쌓이면 지금까지 상상하지 못한 가족의 행복이라는 결과물을 만들어 낼 것이다. 여유 있는 아침이야말로 가족의 여유 있는 식탁을 만들어 낼 것이다. 하루 전체를 여유롭고 잘 디자인된 행복한 삶으로 만든다.

06
가족의 날, 아내의 특별기획

"성장 축하합니다! 성장 축하합니다! 사랑하는 아들의 성장 축하합니다!"

우리 가족에게는 10년 넘게 꾸준히 해온 특별한 행사가 있다. 바로 '성장 축하 파티'다. 평소 청소하지 않던 아이들이 스스로 자기 방을 깨끗이 청소했다. 그러면 기쁜 마음으로 작은 케이크에 촛불 한 개를 켜고 가족이 함께 저녁 시간에 아이들의 성장을 기념하며 그 성장을 축하해 준다. 이런 작은 행사가 단돈 몇천 원이면 가능하다. 커피값 한 잔을 아끼면, 행복이라는 더 큰 값어치가 생긴다.

옛날에는 아기가 태어난 지 백 일 이상 살아남기 어려울 만큼 유아의 사망률이 높았다. 그렇기에 한 해 나이가 들어갈 때마다 초를 하나 더하는 생일잔치 뿐 아니라 백일잔치와 돌잔치까지 열어 축하해 주었고, 지금까지도 이 가풍이 이어지고 있다. 일본의 시치고산 또한 어린이들이 무사히 성장할 수 있도록 수호해 준 조상신에게 감사하며 축하하고, 앞으로의 행운과 건강을 기원하는 애정 어린 행사이다.

그러나 요즘 같은 경쟁사회에서 아이를 키우다 보면 건강하기만을 바랐던 부모의 초심을 지키기 쉽지 않다. 남들만큼 하는 것은 당연한 일이며 보다 잘나기를 바라는 욕심에 칭찬이나 축하해 주는 경우가 드물다. 태어나 준 것만으로도, 지금 내 곁에 살아 있는 것만으로도 감사하며 축하해야 하는 일인데 말이다.

나는 이 소중함을 기억하고 싶었다. 아이가 태어났을 때 건강하기를 바라면서 축하하던 그 뜻깊은 행사를 평소에 우리 가족에게 적용할 수는 없을까? 뭔가 다른 식으로 성장을 축하해 주고 싶었다. 살면서 나이가 한 해 한 해 더 들 때만 축하하는 것이 아니라 가족이 과거보다 좀 더 성장한 일이 있으면 축하해 주는 '성장 축하' 행사를 가족의 행복과 평화, 즐거움을 위해 만들었다.

큰 아이가 축구를 좋아했다. 초등학교 때 대회에 나가서 골인하면 그것도 축하해 주었다. 저녁에 작은 케익을 사다가 성장 축하를 했다. 엄마가 번역한 책이 출간되어도 성장축하를 하고, 시험에서 한 가지라도 점수를 잘 받아온 것이 있으면 그 잘한 점을 칭찬해 주기 위해서 성장 축하를 해 준다. 성장 축하를 할 때 아주 큰 성취는 무알콜 샴페인까지 동원해서 축하를 한다. 바둑대회에 출전하여 아이들이 상을 받아 와도 축하, 남편이 승진한 것도 성장 축하…. 축하를 할 때에는 생일 축하 노래에서 개사해, 손뼉을 치면서 아주 크게 축하해 준다.

"가정에서 마음이 평화로우면 어느 마을에 가서도 축제처럼 즐거운 일들을 발견한다."라는 퀴리 부인의 말처럼 나 역시 가족들이 어느 곳에 가서도 항상 새로운 축제처럼 재미있고 즐거운 일들을 만들길 바라는 마음에서 가족끼리 특별한 행사를 마련한다.

점점 핵가족화가 진행되고 있다. 혼자 있는 게 편한 시대가 되었다. 사회에서 상대적으로 '가족'의 중요성이 강조되면서 사회 여러 분야에 '가족을 위한' 프로그램이 개발되고, 또 곳곳에서 다양한 '가족 단위'의 프로그램이 시행되고 있다. 가족이 함께 참여하는 캠프 등이 그 예이다. 이런 캠프 등에 참가하면 갔다 올 때는 가족끼리 끈끈한 유대가 형성되지만, 그 행복을 지속하기 위해서는 부단한 노력이 필요하다. 즉, 단발성으로 끝내서는 안 되고 지속되어야 가족 간에 좋은 유대를 형성할 수 있다.

우리 가족만의 특별한 의식과 행사를 축제처럼 치르는 것은 가족 간의 유대가 단단히 형성되기에 아주 좋은 기획이었다. 이런 엄마와 아빠의 노력 덕분인지 아이들은 우리의 좋은 스승이 되어주고 있다. 아이들은 좌절하지 않고 어떤 일이 있어도 긍정적인 자세와 감사하는 마음을 잊지 말자며 엄마인 나를 격려해 준다.

또 한 가지 행사는 '꼬리 무는 그림 그리기'이다. 가족끼리 원탁에 둘러앉아 그림을 그리고 그 그림에 대해 서로 이야기를 나누고 아빠가 한 가지 그림을 그리면 그 그림 뒤에다 이야기를 얹어 또 그림을 그리고 다음으로 첫째가 하나를 더 그려 이야기를 만들어내고 마지막으로 막내가 그림을 그리고 자신이 하고 싶은 이야기를 한다.

이런 활동들은 마치 미술학원에서 아이들이 뼁 둘러앉아 즐겁게 그림을 그리고 행복해하듯 우리 가족에게 즐겁고 새로운 재미를 선사한다. 원탁 책상에서 가족끼리 앉아서 책을 한 권씩 가져와 조용히 읽기도 한다. 가족이 같은 공간에 모여 있는 것만으로도 사랑의 기운이 감돌아 그 시간이 그렇게 행복할 수 없다.

이런 활동이 좋아 주말이면 아이 둘을 데리고 뒷산 밑에 있는 자연 도서관에 가서 가족 독서하고 오곤 한다. 의무처럼 책을 꼭 읽어야 한다는 것이 아니라 가족 도서관 산책한다는 의미로 자연친화적인 그 작은 도서관에 가서 우리 가족은 의자에 앉아 보고 싶은 책을 아무거나 꺼내서 보고 싶은 부분만 보거나 독서기록장을 쓰거나 조용히 침묵한다. 가족과 뭔가를 함께 한다는 것이 좋다.

이런 행사를 만들자고 제안한 것은 엄마인 내가 평소에 독서를 통해 가족 유대를 강화하기 위해 할 수 있는 것은 무엇일까를 끊임없이 생각해낸 결과다. 이런 추억이 아이들의 인생에서 큰 자산이 될 거라 확신한다.

《행복한 가족의 8가지 조건》이란 책의 저자 스콧 할츠만은 24년간 가족의 행복을 탐구해 왔다. 지난 2008년 2월 1일부터 12월 4일까지 '행복한 가족 설문'(Happy Family Survey)을 실시했다. 총 1,266명의 가족 구성원이 설문에 응답했다. 행복한 가족은 8가지 조건이 있다는 결론을 얻었는데 그 8가지란 '가족 가치관', '헌신과 소통', '지원과 지지', '자녀교육', '융화', '갈등 해결', '회복', '휴식'이다.

특히 '회복력'을 가족의 결속을 강화하는 데 가장 영향력이 큰

단일 요소로 뽑았다. 즉, 회복력이란 '위기를 맞은 가족이 최대한 노력을 기울여 원래의 가족애로 돌아가는 것, 그 같은 능력'이다. 저자는 어려운 상황에서 가족이 다시 일어설 수 있는 비밀의 열쇠는 바로 '가족 회복력'에 있다고 말한다.

살면서 가족에게 행복한 일만 일어나는 것은 아니다. 그래서 어떻게 하면 가족 구성원이 더 잘 결속되고 휴식과 자녀의 교육적인 측면에서 갈등을 해결하고 잘 융화되어야 하는지 평소에 고민하게 된다. '우리 가족의 회복력을 위해서 무엇을 할 수 있을까'라는 질문에 가정을 운영하는 경영자적인 측면에서 연구한다.

엄마는 주말 예능을 책임지는 스타 프로듀서다. 항상 새로운 가족 간의 행사를 기획하는 것이야말로 가정의 중심인 엄마이자 아내인 여성들의 가장 큰 역할이다.

아이들과 시간을 보내는 것이 중요하다고 생각하여 위와 같은 활동도 하고 또 아이들과 신나게 놀아주기도 한다. 스포츠 활동을 통해 가족 간에 갈등 문제를 해결하려고 노력했다. 배드민턴을 친다든지 여행을 가서 공놀이하고 축구도 하고 피구를 한다. 아이들이 만들어온 물 로켓으로 발사 이벤트를 하거나 시원한 계곡에서 가족과 함께 캠핑하며 수영을 하는 등 여러 가지 가족 행사를 많이 진행한다. 지금은 코로나로 인해서 제한된 활동이 많지만, 실내에서도 가족 구성원이 행복하게 지낸다.

    가장 즐거운 활동은 음악 활동이다. 우리 가족은 원래 음악을 배워본 적이 없는 사람들이었다. 하지만 아이들이 방문 피아노 선생님에게 음악을 배운 후로 남편과 나는 음악을 배우고 싶다는 열정에 남편은 아이들 선생님께 피아노를 배웠고, 나는 아이들이 다니는 음악 학원에서 바이올린을 배운다. 큰아이는 운동에 관심이 많아 악기를 배우기보다는 스스로 자신이 좋아하는 노래의 계이름을 친구에게 배워 리코더로 분다. 집에 핸드벨이라는 악기도 있고 피아노도 있고 둘째는 기타를 배우기 때문에 우리 가족의 거실은 항상 음악 소리가 넘쳐흐른다. 때론 삑 삑 소리를 내며 불협화음이 되다가도 또 같이 음을 맞춰보면 오케스트라처럼 합주가 된다. 참 재미있다. 다들 악기를 잘 다루지 못하지만 그걸 잘하려 노력하고 연습하는 모습에서 가족 간의 소통과 지지, 휴식과 갈등 회복이 저절로 일어난다.

    가족의 가치관이 서로 맞으면 가장 좋다. 각기 개성이 강한 사람들이 만나 가족을 형성하고 유지하기 때문에 매일 새로운 뭔가를 찾기 위해 달라지려고 노력하지 않으면 무미건조하게 그날이 그날인 삶을 살게 될 가능성이 크다. 그래서 나는 아내들이 남편과 함께 대화하며 어떻게 하면 행복한 가족이 될 수 있는지를 연구해야 한다고 생각한다. 노력하지 않으면 변화하는 것이 아무것도 없다. 갈등 상황을 그대로 두면 곪을 가능성이 크고 그것이 오래되면 터진다. 그렇게 되면 그때는 조금씩 노력했던 것보다 더 많은 갈등이 생겨 몇 배의 힘을 들여야 한다. 그런 일이 발생하기 전에 아이들과 가족을 위해 엄마인 나와 아내인 내가 먼저 솔선수범을 보일 필요가 있다.

가족들이 서로 맺어져 하나가 되어 있다는 것이 이 세상에서의 유일한 행복이다.

인도 속담에 '저녁 무렵 자연스럽게 가정을 생각하는 사람은 가정의 행복을 맛보고 인생의 햇볕을 쬐는 사람이다. 그는 그 빛으로 아름다운 꽃을 피운다.'라는 말이 있다.

가정의 꽃인 아내는 저녁 무렵에만 가정을 생각하는 것만이 아니라 하루의 시작인 아침에 일찍 일어나 가족이 어떻게 하면 행복하게 살 수 있을지를 고민한다. 그 고민이 있었기에 지금의 행복한 가정을 이끌 수 있지 않았나 생각한다.

이 세상에 태어나 우리가 경험하는 이 멋진 가족애가 존재 이유가 아닐까? 세상에서 가장 가치 있고 멋진 일은 가족의 사랑을 배우는 것이다. 성경에 이런 말이 있다. '마른 빵 한 조각을 먹으며 화목하게 지내는 것이, 진수성찬을 가득히 차린 집에서 다투며 사는 것보다 낫다.' 빵 한 조각이라도 가족과 함께 행복하게 먹으면 그것이 바로 사랑이요, 먹을 것이 풍요로워도 그것을 즐기지 못하고 다투기만 하면 행복과는 멀어지는 것이다.

　매일 아내와 엄마들이 가족의 행복을 위해서 아침 6분 일찍 일어나 새로운 하루를 계획하고 행복한 가족이 되기 위해서 어떤 이벤트를 마련할지를 생각한다면 가정에 항상 웃음꽃이 피리라.

07
엄마는 하나, 아이는 둘! 개성에 맞게 다르게 키우다

한 번은 〈우리아이가 달라졌어요〉에 출연한 오은영 교수님을 만났다.

교수님께 "두 아들을 행복하게 키우려면 어떻게 해 줘야 하나요?"라고 질문을 드렸다.

교수님께서는 "큰애와 작은애 각각 엄마를 독차지할 수 있는 시간을 가지세요. 그리고 아이들의 각자 개성을 존중해 주면서 엄마와 난독으로 혼자 있는 시간을 늘려주세요."라고 말했다.

아이들은 엄마의 사랑을 독차지하고 싶은 욕구가 있다는 것이다. 작은 아이를 볼 때 큰 아이가 소외되기도 하고 큰 아이를 볼 때 작은 아이가 소외되기도 한다. 그러니 각각 아이별로 엄마와의 특별한 데이트 날을 정해서 한 명씩 데리고 나가 아이가 좋아하는 활동을 해 주라는 것이다. 한 아이씩 포근하고 따뜻한 엄마의 사랑과 냄새를 새기게 하라는 처방이었다. 아이들은 엄마와의 특별한 경험을 통해 미래에 난관을 헤쳐갈 힘이 생긴다.

엄마가 아이에게 항상 옆에서 따뜻하게 믿어 준다는 느낌을 심어주는 것은 아주 소중한 경험이다.

세계적으로 유명한 〈ET〉, 〈쥬라기 공원〉 등을 제작한 영화감독 스티븐 스필버그는 어린 시절 눈에 띄는 아이가 아니었다. 하지만 자연과 사물에 대한 호기심만은 최고였다.

그의 어머니는 스필버그를 자유롭게 키웠다. 아이가 학교에 가기 싫다고 하면 아프다는 핑계를 대서 학교에 안 보내기도 했고, 그가 어렸을 때 찍은 영화에 기꺼이 배우로도 출연했다. 일단 아들 이야기를 들어본 뒤 옳다고 생각하면 만사가 통과였다. 자녀가 호기심과 열의를 느낄 수 있는 일에 부모도 관심을 가지고 참여해야 한다고 그의 어머니는 말한다. 학업 성적에 연연하기보다는 자녀가 몰두하며 평생 잘할 수 있고 행복해할 수 있는 분야를 찾아줘야 한다는 게 그녀의 생각이었다. 언론과의 인터뷰에서 스티븐 스필버그의 어머니는 "솔직히 나는 단 한 번도 전형적인 어머니였던

적이 없어요. 아들이 원하면 들어줘야 한다고 생각했을 뿐이에요. 그것이 아이의 독창성을 살리는 길이라고 믿었습니다."라고 대답했다. 어머님의 아들에 대한 믿음이 스티븐 스틸버그를 세계적인 감독으로 탄생시킨 것이다. 전형을 벗어난 특별한 어머니였지만, 남과 다른 아들의 개성을 인정하고 아들이 원하는 것을 마음껏 누릴 수 있게 해준 교육 방식이 아들의 큰 창의성을 키웠다.

스필버그는 한 인터뷰에서 "내 이야기를 가장 재미있게 들어주고 늘 대화를 충분히 나누며 옆에 있을 수 있는 사람은 어머니뿐이라고 생각한다."라고 말했다.

필자는 어린 두 아들을 혼자 보면서 힘들었다. 작은애를 볼 때는 큰애가 엄마에게 사랑을 달라고 징징거려 몸과 마음이 힘들었다. 그렇다고 남편이 주말에 아이들을 전적으로 다 돌보냐 하면 그렇지도 않았다. 남편은 TV 앞에 앉아서 가만히 앉아있었고 낮잠을 자야 하므로 주말에도 육아의 몫은 엄마일 때가 많았다. 엄마는 정말 24시간 아이에게 매여 있어야 했다. 아이들이 좀 크니까 이제는 스스로 자기가 맡은 일은 다 해낸다. 그래서 엄마의 손이 덜 가기 때문에 아이들이 크면 육아가 좀 수월해진다.

아이가 둘이라면, 한 아이는 아빠한테 맡겨놓고 다른 아이를 데리고 엄마와의 특별한 데이트 해준다면 아이는 특별히 자신이 사랑받는 느낌이 들 것이다. 한 아이를 키우는 엄마라면 아빠와 엄마가 번갈아 가면서 둘만의 데이트해 주면 아이가 정말 사랑받는다고 생각할 것이다.

어릴 때 첫애와는 찜질방 데이트, 마라톤 뛰기, 한강 자전거 타기 등을 해주었고 작은애와는 큰애가 학교에서 수련회를 갔을 때 가까운 일본 오키나와를 다녀와 둘만의 시간을 마련해 주었다. 아이들은 그 각각의 경험이 좋았던지 감성적으로나 정서적으로 풍부한 사랑을 받고 자라는 아이들로 커가고 있다.

캥거루족, 헬리콥터 부모가 갈수록 많아지는 오늘날, 점점 부모들의 육아가 너무 힘들어지다 보니, 젊은 세대에게 아이를 가지는 것은 힘든 것이라는 인식이 팽배한다. 그래서 저출산이라는 심각한 사회 현상을 초래하고 있다. 하지만, 아이를 키운다는 것이 그렇게 힘든 것만 있는 것은 아니다.

모든 것은 행복한 가정을 이루는 과정이라서, 부모가 각각 위와 같은 방법으로 두 아이 혹은 외동아이의 개성을 다르게 대해주려고 노력한다면 반드시 아이는 행복하게 자라서 부모에게 행복을 안겨줄 것이다. 그래서 이런 행복한 아이들이 다시 행복한 아이들을 출산한다면 저출산 문제가 사라지지 않을까?

유대인 부모들은 자녀에게 늘 "모든 일은 다 잘 될 거야"라는 말을 한다고 한다. 나도 매일 아침 일어나서 "오늘은 아주 재미있는 일이 생길 거야. 다 잘 될 거야. 넌 할 수 있어. 사랑하는 우리 아들들 학교 잘 다녀와!"라며 항상 긍정해 준다.

아침에 일찍 일어나서 엄마가 즐겁게 아이들을 맞이하니 아이들은 행복하고 긍정 에너지를 공명으로 받게 되는 것이다. 엄마가 낙천적으로 되려고 노력한 덕분에 아이들은 차분하고 즐거운 아침을 맞이한다. 처음부터 그렇게 키운 건 아니지만 노력한다.

아이들은 둘이지만 서로의 개성을 구별하여서 한 아이씩 집중적으로 사랑을 퍼부어준다. 그렇게 우리 가정의 아침은 많이 달라졌다. 아이에게 진짜 필요한 건 물질적인 것이 아니라 낙천적이고 즐거운 집안의 분위기다.

어느 유대인 사상가는 말했다.

"아이의 일은 스스로 해결하게 내버려 둬라. 부모가 지나치게 간섭하게 되면 아이는 자신감을 잃는다. 이런 아이는 성인이 되어도 결코 독립된 인격체로 홀로 설 수 없으며 뛰어난 성과를 거둘 수 없다."

부모가 자식들에게 애정 어린 사랑은 주되 스스로 할 수 있는 일에는 관여하지 않는 것이 좋다는 뜻이다. 나는 아이들에게 사랑을 줄 때는 주고 스스로 해야 할 일이 있을 때는 전혀 도와주지 않는다. 그러니 엄마의 아침은 아주 여유롭다. 스스로 알아서 다 챙기므로 엄마는 아침 운동하거나 집안일을 하고 아이들은 자신이 하고 싶은 것을 한다. 그러니 우리 가정은 아침이 평화롭다. 항상 새로운 시도를 하려고 아침 습관을 바꾼 것이 지금의 행복한 아침을 만들었다. 물론 처음에는 시행착오도 있었다.

아이들에게 인간이 살아가는데 가장 기본이 되는 자기 자신을 믿고 존중하는 자존감과 자신에게 주어진 몫을 이루어낼 때마다 생겨나는 성취감을 심어주는 것이 중요하다. 각각 다른 개성을 가지고 있고, 두 아이가 좋아하는 것이 다르므로 각각 다르게 칭찬해 준다. 칭찬해 줄 때도 한 아이가 안 보이는 곳에서 집중적으로 칭찬해 준다. 다른 아이가 보면서 왜 나는 칭찬을 안 해줄까 하는 생각이 들어 자존감이 낮아지지 않게 될 수 있으면 한 아이씩 집중적인 사랑을 준다.

육아에서 타이밍이 중요하다고 한다. 젖을 먹는 아이에게는 아이가 울 때 젖 주는 타이밍을 맞춰서 주지 않으면 아이의 무의식에 지대한 영향을 끼친다. 아이가 도움의 손길을 내밀었을 때 엄마의 사랑이 필요하다고 몸짓 언어로 말로 이야기할 때 적절하게 아이와 함께 눈을 맞추어 주고 안아주고 놀아주고 도와주어야 한다.

그렇지 않으면 아이들은 엄마의 사랑을 듬뿍 먹고 자랐다는 생각이 안 들어 커서도 사랑과 인정에 목말라 하게 된다.

엄마들은 꼭 아이들을 개성에 맞게, 사랑을 달라는 타이밍이 있으면 그것을 적절한 시기에 적절한 장소에서 사랑을 줘야 한다. 그렇지 않으면 아이들이 커서 부모에게 받지 못한 사랑을 계속 달라고 하면서 부모 주변을 맴돌아 심리적으로 독립하지 못한다. 여자아이를 둔 엄마라면 쇼핑하러 마트에 간다든가 한 아이만 데리고 목욕탕에 가보기도 해서 '네가 정말 엄마에게 소중한 존재라는 점'을 인식시켜줘야 한다. 남자아이라면 몸으로 놀아주는 것을 좋아하니 몸으로 신나게 놀아주는 것이 좋다. 스포츠 활동도 좋다. 스포츠는 스트레스를 밖으로 발산하는 효과가 있다. 그렇게 사랑받은 아이들은 사춘기도 잘 넘기고 행복하게 성장하게 된다.

소설가 오스카 와일드는 형에게 어머니의 애정을 빼앗기는 것이 두려워 명성을 얻고자 온갖 기이한 행동과 스캔들을 일으켰다. 형제자매 간의 갈등과 반목은 서로에 대한 질투에서 유래한다.

형제들은 태어나자마자 경쟁자 즉 경쟁 관계에 들어간다. 우수한 아이와 열등한 아이, 혹은 부모에게 사랑받는 아이와 사랑받지 못하는 아이 간의 불평등이 생긴다. 형제자매에 대한 반감과 갈등의 뿌리에는 부모와의 잘못된 관계가 자리 잡고 있다. 부모가 아이들에게 쏟는 애정의 격차가 아이의 마음속에 비뚤어진 애정을 싹 트게 한다. 그러므로 똑같이 한 아이씩 평등하게 시간을 내어 특별한 데이트를 해 줄 필요가 있다. 동등하게 사랑받았다고 느낄 수 있게 각각 아이의 개성에 맞게 '한 아이와 데이트하는 날'을 정해 보는 것도 좋다. 그렇게 아이가 부모의 사랑을 나누는 것이 아니라 독차지하는 경험을 통해서 지난 과거의 상처는 치유되고 충분히 사랑받았다는 경험을 통해 자존감과 자신감을 회복할 수 있을 것이다.

엄마는 온종일 분주하게 이리저리 뛰어다니다 저녁이 되면 어느새 휴대전화의 배터리가 방전된 것처럼 힘이 없어 쉬고 싶어진다. 우리의 몸과 마음도 배터리를 채워 주는 휴식이 필요하다. 아이 보느라 집안일 하랴 회사 일하랴 몸이 7~8개라도 모자를 지경이다. 이런 상태가 계속되면 삶에 에너지를 얻을 수 없어 결국 모든 게 싫어지는 우울증이 오거나 만사에 의욕을 잃게 된다. 그렇게 되면 아이들도 덩달아 힘이 빠지게 되니까 엄마가 스스로 아이들에게 할 수 있는 힘을 기를 수 있도록 아이와의 특별한 시간을 마련하는 것도 좋은 휴식의 방법이다. 아빠한테 둘 중 한 아이를 맡기고 엄마는 집중적으로 다른 아이와 시간을 보내면 훨씬 더 육아가 수월할 것이다. 기다린 아이는 자신의 차례가 오니까 조급하지 않아도 되고 가족이 서로 기다려 주고 용기를 북돋아 주게 된다.

그런 활동을 가능하게 하는 것은 엄마가 아침 6분만 일찍 일어나서 자신을 돌아볼 수 있는 시간을 가지면 된다.

08
따로 또 같이, 부부간 사생활은 절대 사수

"당신 오늘 운동 가는 거야?"

"응~, 스포츠 센터 갔다 오려고." 남편이 대답했다.

"그래 잘 다녀와. 오면서 맛있는 것도 사 먹고 오구." 남편에게 아주 밝은 미소로 현관에서 배웅해 준다. 우리 부부의 주말 대화다.

부부간에 행복한 결혼생활을 하고 매일 새로운 아침을 열 수 있는 비밀은 '따로 또 같이'에 있다. 함께 있어야 할 때는 함께 있고, 따로 개인의 시간이 필요할 때는 혼자만의 시간을 존중해 줘야 한다. 즉 부부간에 상호 자율성과 자유 의지를 존중해야 한다. 아내는 아내만의 시간이 필요하고 남편도 남편만의 시간이 필요해서 그 시간은 서로 간섭하지 않는 것으로 정하고 무엇을 하든지 그냥 있는 그대로 자율적으로 하고 싶은 것을 하게 해 주어야 한다. 그래야 서로 숨통이 트이고 새로운 활력이 생겨 가정에서 행복한 결혼생활을 이어갈 수 있다.

필자는 가정 내에서 평소에 하고 싶은 것들을 많이 이루고 누리며 사는 편이다. 아내와 엄마가 얼마나 자신의 시간을 많이 가져 그 시간에서 얻는 행복으로 가족에게 좋은 에너지를 주느냐가 행복의 열쇠이다. 남편도 마찬가지로 개인적으로 가정에 매여 있어 의무적으로 봉사해주는 것이 아니라, 본인만을 위한 자율적인 시간이 꼭 필요하다.

아내가 먼저 아침에 일찍 일어나 그 시간을 적극적으로 좋아하는 활동을 해 스트레스를 풀고 나면 그 좋은 기운이 남편에게도 전해진다. 남편은 좋은 기운으로 회사에 출근해 일을 잘할 것이고 남편도 스트레스를 풀 수 있는 자신만의 시간을 가지고 싶다는 생각이 들 것이다.

예를 들어 주말 같은 시간에는 아내가 남편이 쉴 수 있도록 배려해 주고 남편은 또 아내를 혼자만의 시간을 가지게 하여 쉴 수 있도록 배려해 주는 것이다. 우리 남편은 쇼핑을 좋아한다. 나는 쇼핑을 별로 좋아하지 않는다. 이런 차이점 때문에 같이 쇼핑을 잘 가지 않는다. 남편이 쇼핑을 좋아하는 점을 인정해야 한다. 남편 혼자 쇼핑가서 따로 있는 시간에서 얻은 에너지 충전으로 가정으로 다시 그 에너지가 합치게 되면 또 가족이 뭉쳐서 행복한 시간을 보낼 수 있다. 많은 부부가 간과하고 있는 것이 부부간의 사생활 간섭이다. 그것은 행복한 부부생활에 득이 되지 않을 때가 많다.

인간은 누구나 다 혼자만의 시간을 가지면서 자신과 대화하고 싶어 한다. '내가 좋아하는 것은 무엇인지, 나는 무엇을 할 때 행복한지, 어떻게 살아야 잘 사는 것인지' 이런 질문들을 하면서 자신을 성찰할 시간이 필요하다. 그러나 많은 부부가 육아와 집안일에 치이고 회사에서 스트레스받아 시댁과 친정과의 갈등으로 인해서 하루도 편할 시간이 없다. 그 시간을 부부가 '따로 또 같이' 실천해서 행복한 시간으로 만들어야 한다. 그것을 가능하게 만드는 시간은 평소보다 6분 일찍 일어나는 아침 시간이다. 아침 시간에 자신만의 시간을 가진다는 것은 누구도 줄 수 없는 행복을 가져다준다.

'따로 또 같이'의 시간을 잘 활용할 수 있는 것이 주말 아침 시간이다. 남편은 주말이면 집에서 텔레비전만 본다거나 낮잠을 자는 경향이 많은데 그 시간을 아내가 일찍 일어나서 먼저 자신의 시간을 많이 가지고 나서 그 행복한 기분으로 남편이 정말 원하는 것을 하는 시간을 만들어 주는 것이다. 아내가 아이들과 같이 있어 주고 나가서 남편이 좋아하는 활동을 하고 오라고 격려하고 권유해 주며 자율성을 인정해 준다. 남편은 나가서 새로운 곳에 들러 새로운 것들을 보면서 일주일 동안 쌓인 스트레스를 풀고 가정에 다시 들어와 그 행복한 기운을 전달 할 수 있다. 또 다른 시간에는 남편이 아내에게 나가서 본인이 원하는 재미있는 활동을 하고 오라고 격려해 주는 것이다. 이렇게 시간을 알차게 보내려면 아침에 일찍 일어나는 것이 중요하다. 잠으로 시간을 보내기에는 하루가 너무 빨리 지나간다. 이렇게 아침 시간을 활용해 하루를 부부가

각자 자신이 하고 싶은 걸 하고 이 시간을 통해 스트레스를 풀 수 있다. 스트레스를 풀고 나면 가정에서 모여 두 부부가 아이에게나 서로에게 좋은 영향을 미칠 수 있어 행복한 결혼생활을 지속할 수 있다.

부부가 행복하게 생활하기 위해서는 다음과 같은 노력을 해야 한다. 부부 개인으로서 자신의 존재를 살리기 위해 중요한 것은 자신만의 시간을 가지는 것이다. 이기심이 아니라 주체적으로 생각하고 가족을 위해 행복하기 위한 노력이라는 것을 인식해야 한다.

가족 공동체로서 부부가 또 함께 우리를 살리기 위해서, 따로 개인을 부정함이 없이 가족에 대한 사랑과 협동심을 유지해야 한다. 그런 사랑을 유지하기 위해서는 **부부도 각자가 개인의 시간을 가질 필요가 있다.** 부부는 개인적 자유와 주체성을 존중하면서 가족 공동체로서의 우리를 유지하기 위해 서로 노력해야 한다.

하지만 모든 부부가 매일 행복할 수는 없다. 5월 21일은 부부의 날이다. 이날 삼성생명 은퇴연구소에서 기혼남녀 820명을 대상으로 부부간에 상처가 되는 발언을 조사해봤더니 남성 응답자 중 1위를 차지한 말은 자신의 인격이나 능력을 무시하는 말이라고 대답했다. '당신 하는 꼴이 뭐냐? 당신은 늘 그렇다, 남편답지 못하다, 그런 걸 왜 꼬치 캐물어. 몰라도 돼.'라는 말에 쉽게 상처받았고 아내가 집안을 비교할 때, 다른 사람 앞에서 자신을 비난할 때 가장 상처받는다고 한다.

서로의 다름을 인정해 주는 개인 시간을 많이 가져본다면 어떨까? 남편이 어떤 상황에 있는지, 어떤 심정인지 관심을 가져야 한다. 남편이 내 소유라는 생각을 하지 않아야 한다. 남편의 취향이나 사생활을 존중해줘야 한다. 언제나 남편의 입장이 되어서 생각해 본다. 남편에게 부드러운 언어, 따뜻한 마음으로 대해 준다. 그러기 위해서 아내들은 아침 6분 일찍 일어나 자신에게 집중하는 시간을 꼭 가지는 것이 좋다.

    부부가 함께 있지만 따로 있는 시간을 서로에게 주어 자신을 성찰하고 좋아하는 활동을 하게 해 주는 것은 행복한 부부관계가 되기 위한 필수요소다. 따로 떨어져 있는 시간에 자신을 가장 잘 볼 수 있는 순간은 아침에 아무도 깨지 않는 6분, 그 고요한 시간이다.

    여성으로서 행복한 나를 위해 떼어둔 6분을 어떻게 사용할지 매일 아침 기록해 보자.